맛있는 요리를 만드는 레시피가 있는 것처럼 웃음, 힐링, 성장을 만드는 레시피도 있을까요?
레시피팩토리는 모호함으로 가득한 이 세상에서 당신의 작은 행복을 위한 간결한 레시피가 되겠습니다.

평생 가는 기초체력 키우는 초등학생 건강밥상

유아식 끝나자마자 시작하는
6~13세
기본 아동식

PROLOGUE

아이들의 밥상을 차리는 여정과 함께
또 한 권의 책을 썼습니다

뱃속에 있을 때부터 야무지게 잘 챙겨 먹은 엄마 덕일까요? 집밥을 고집하며 부지런히 만든 그 정성을 알아서일까요? 제게 어깨동무를 할 정도로 키가 큰 첫째 훈이도, 와락 안기면 제법 묵직해진 둘째 준이도 여전히 "엄마 밥이 제일 좋아!"라며 식탁에 마주 앉곤 합니다.

너무도 바쁜 요즘 아이들, 너무나 풍족한 요즘의 먹거리
둘째까지 학교에 입학하고 나니 관심사가 다양해졌어요. 어떻게 좋은 습관을 잡아줄지, 흥미에 맞는 책은 무엇일지, 어떤 경험을 해보게 할지 등 챙겨야 할 것도 얼마나 많은지요. 아무리 신경 쓸 일이 늘어나도 제가 결코 포기할 수 없는 것은 바로 우리 아이들이 매일 먹는 음식에 대한 것입니다.

아이가 사회생활을 시작하면서 외부 음식에 대한 노출이 많아졌고, 정성스레 만들어 먹였던 이유식처럼 엄마가 주는 것만 먹을 수도 없을뿐더러 달고 짠 음식에 대한 제한도 더 이상 제 마음대로 안 되더라고요. 그래도 그간 먹는 것만큼 늘 신경 썼고 노력했기에 아이들도 어련히 잘 할 거라 안심했는지도 모릅니다.

하지만 하굣길 편의점 앞을 보고 있자면 걱정이 되었어요. 조그만 손에 들린 아이스크림, 의자에 비좁게 앉아 먹는 컵라면과 삼각김밥, 화려한 봉지의 빵과 과자까지…. 이 모든 것이 우리 아이들의 단골 메뉴잖아요. 물론 이걸 먹는 아이들을 탓할 수 있나요? 공부하랴, 뛰어노느라 한창 배고플 시기이니 학교와 학원, 그 사이 허기를 채우기 위해 어쩔 수 없이 편의점이나 분식집에서의 식사는 필수 코스가 된 것이겠지요.

평생 지속되는 우리 아이 식습관

어느 정도 컸으니 어른 먹는 음식을 같이 먹으면 되는 거 아니냐고 생각할 수도 있겠지만, 한창 자랄 나이인 아동기는 먹거리에 더 신경을 써야 할 때예요. 넘쳐나는 음식들 속에 어떤 것이 진짜 음식인지 알 수 없는 요즘에는 더욱 말이지요.

이런 말을 하는 제가 유별난 엄마처럼 보일지 모르지만 어린 시절 만들어진 식습관은 평생 지속되는 만큼 집밥의 중요성은 거듭 강조해도 지나침이 없습니다. 어떤 음식을 주고 어떤 가치를 심어주느냐에 따라 건강과 성장, 학업에도 영향을 미치고, 진짜 음식이 무엇인지, 새로운 식사에 대한 경험이 얼마나 가치 있는 일인지를 배울 수 있답니다.

매일의 식탁에서 아이들은 제철 재료로 봄, 여름, 가을, 겨울 사계절을 경험합니다. 손수 차려 준비한 한 끼는 하하 호호 즐거운 이야깃거리가 되고, 밥상 위 젓가락을 서로 놓겠다고 실랑이하는 것에서 규칙과 질서를 배우지요.
잘 먹겠습니다! 인사와 감사를 통해 음식이란 것은 사랑하는 사람과 함께 나누고 충분히 즐길 만한 가치가 있다는 것을 아는 아이로 클 수 있는 일, 올바른 식사법을 통해 건강한 몸과 마음을 갖게 하는 것, 이것이야말로 지금 그 어떤 교육보다 중요한 진정한 투자가 아닐까 싶어요.

행복한, 지속 가능한 '엄마 밥'을 위하여

요리를 못한다고, SNS에 나오는 화려한 5첩 반상처럼 차려주지 못한다고 부담을 가지거나 미안해할 필요는 전혀 없어요. 정말 중요한 것은 매일 나를 위해 차려진 집밥이 있다는 것, 긴 여행이나 한두 끼의 외식 속에서도 돌아오고 싶은 엄마 밥이 있다는 것이에요.

사실 저 또한 요리를 아주 잘하는 엄마는 아닙니다. 완벽한 엄마는 더욱 아니고요. 때문에 가공식품은 피하고 제철 재료를 쉽고 간단하게 활용해 만들자는 이 두 가지 원칙을 바탕으로 집밥을 차리고 있어요. 이번 책 역시 레시피 편에서는 이를 바탕으로 154개의 요리를 실었습니다. 그러니 어렵지 않게 만들 수 있으실 거예요. 어떤 요리를 해줄까 고민이 되는 분들을 위해 아동기 아이를 둔 엄마라면 관심 있을 성장 포인트, 맛, 활용도별 아이콘 12개를 선정해 실었으니 메뉴 선택에도 도움이 되실 겁니다.

책의 이론 편에서는 아동기의 식사가 왜 중요한지, 아이들에게 챙겨줘야 할 영양소와 피해야 할 음식부터 식단 구성하기, 식재료를 구입하는 기준 등을 꾹꾹 눌러 담았습니다. 어찌 보면 건강하고 좋은 재료를 고르는 그 시작이 가장 중요한 것일 수 있기에 그동안 공부하고 배운 많은 정보와 지식들을 실었으니 찬찬히 읽어가시면 좋겠습니다.

저는 저희 아이들이 커가면서 어려움에 맞닥뜨릴 때면 엄마 밥심으로 이겨내며 힘차게 나아가길 바랍니다. 엄마 밥은 화려하지 않아도 됩니다. 손수 고른 좋은 식재료와 간소한 조리법이면 충분합니다. 초여름의 완두콩이 얼마나 고소한지, 가을의 버섯은 얼마나 향긋한지, 겨울철 매생이는 얼마나 부들부들한지를 느끼며 아이들과 음식을 즐길 수 있도록 재료 중심의 다양한 조리법을 통해 아이들이 다양한 맛을 경험할 수 있었으면 좋겠습니다.

끝으로 레시피팩토리 식구들, 집밥의 고마움을 알게 해 준 우리 엄마, 엄마 밥이 최고라며 늘 조건 없는 사랑을 주는 두 아들, 든든한 나의 평생 친구 짝꿍에게 감사와 사랑의 마음을 전합니다.

2025년 뜨거운 여름 ———
두 아들과 짝꿍을 위한 끼니에
오늘도 온 마음을 쓰는, 이지연 드림

CONTENTS

004 **PROLOGUE** _ 아이들의 밥상을 차리는 여정과 함께 또 한 권의 책을 썼습니다
324 **INDEX** _ 주재료별

010 GUIDE 아동식, 기본 가이드

012 PART 01 먹는 대로 크는 아이 : 아동기 발달과 영양, 식사
- 012 어린이는 작은 어른이 아니다
- 014 아동기, 어떻게 먹여야 할까?
- 021 우리 아이 영양상태 점검하기
- 022 면역력 높이는 키즈마이크로바이옴
- 024 본격적으로! 아이의 하루 식사 구성하기

030 PART 02 집밥의 이유 있는 이야기 : 아동기 식습관과 식경험
- 030 우리 아이들은 '진짜 음식'을 먹고 있을까?
- 034 세상에 먹지 말아야 할 음식은 있다
- 038 아이의 미래를 만드는 건강한 식습관
- 041 제철의 먹거리와 즐길 거리

042 PART 03 엄마의 꼼꼼한 참견 : 아동식을 위한 준비 A to Z
- 042 똑똑하게 장 보는 요령
- 046 깐깐한 엄마의 눈으로 고른 양념들
- 052 쉽고 빠른 집밥을 위한 추천 시판 제품
- 055 환경호르몬 걱정 없는 주방용품

058 CHAPTER 1 만들어두면 간편한 엄마표 밀프렙

060 채소 밀프렙, 단백질 밀프렙, 홈메이드 육수

- 062 과일 맛간장
- 064 만능 라구 소스
- 066 고기소보로
- 068 연어소보로
- 070 오징어소보로
- 072 든든 소불고기
- 074 베이직 미트볼
- 076 닭고기 채소완자
- 078 닭안심텐더
- 080 토핑 병아리콩 & 칙팝

082 | CHAPTER 2 | 하루를 결정짓는 **초간단 아침식사**

- 084 아이들의 아침식사, 왜 꼭 필요할까?
  아침식사 제대로 챙기기
- 086 세 가지 달걀요리_
  반숙란, 달걀 스크램블, 전자레인지 달걀찜
- 088 양배추 오믈렛
- 090 시금치 새우 프리타타
- 092 전자레인지 콩나물밥 / 전자레인지 김치달걀밥
- 094 부추 멸치 치즈주먹밥 / 새우 브로콜리 유부초밥
- 096 접는 삼각김밥
- 098 검은콩 낫또 김치밥 / 명란 아보카도밥
- 100 참치 오이 비빔밥
- 102 연어 지라시스시
- 104 황태 부추밥죽
- 106 누룽지 배추닭죽
- 108 오트밀 미역죽
- 110 새우 순두부탕
- 112 팽이버섯 순두부덮밥
- 114 양배추 순두부그라탱
- 116 들깨 감자옹심이 / 사골 배추 만두국
- 118 단호박 두유수프 / 토.달.감 스튜
- 120 완두콩 감자수프
- 122 그릭 바나나 스프레드 &
  아보카도 스프레드 베이글
- 124 원팬 모닝 또띠야
- 126 사과 에그샌드위치
- 128 제철 과일오나오 & 견과류 초코오나오

130 | CHAPTER 3 | 파이토케미컬 듬뿍 **매일 채소찬**

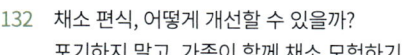

- 132 채소 편식, 어떻게 개선할 수 있을까?
  포기하지 말고, 가족이 함께 채소 모험하기
- 134 후다닥 만드는 초간단 채소찬 레시피
- 136 채소와 친하게 해주는 스무디
- 138 저수분 원팬 나물
- 140 시금치 호두나물 / 칼칼 알배기배추나물
- 142 깨 듬뿍 오이나물 / 새콤 달콤 오이채무침
- 144 당근좋아 당근라페
- 146 당근스테이크 / 당근채 치즈전
- 148 들깨 양배추샐러드 / 요거트 양배추코울슬로 /
  양배추 김무침
- 150 브로콜리 버무리 삼총사
- 152 브로콜리 새우볶음
- 154 살캉 애호박찜
- 156 애호박 쇠고기조림
- 158 담백 표고버섯볶음 / 새송이버섯조림
- 160 매콤 버섯두루치기 / 바삭 팽이버섯구이
- 162 가지장조림
- 164 우엉 당근볶음
- 166 두 가지 양념의 연근무침
- 168 닭고기 연근조림
- 170 무 들깨나물 / 밥새우 무조림
- 172 새콤 숙주무침 / 아삭 감자채무침
- 174 홈메이드 강황단무지
- 176 파프리카 오일절임 / 토마토 오일절임

제철 재료를 더한 매일 국물 요리
- 178 봄 – 봄나물 된장국
- 179 여름 – 감자 애호박 고추장찌개
- 180 여름 – 오징어 뭇국
- 181 가을 – 콩가루 배추국
- 182 가을 – 버섯 들깨 보양탕
- 183 겨울 – 매생이 달걀국

CONTENTS

184 · CHAPTER 4 · 근육 챙기는 **단백질 요리**

- 186 육류와 달걀, 어떻게 골라야 할까?
- 188 생선, 어떻게 얼마나 먹여야 할까?

- 190 쇠고기 청경채 숙주볶음
- 192 발사믹 찹스테이크
- 194 알배기배추 샤부샤부
- 196 무 밀푀유나베
- 198 맵지 않은 파개장
- 200 깻잎 돼지불고기
- 202 치즈 토마토 제육볶음
- 204 구운 파프리카 탕수육
- 206 중화풍 돼지고기 가지볶음
- 208 목살 사과조림
- 210 등갈비구이
- 212 돼지고기 김치말이찜
- 214 뿌리채소 돈지루
- 216 뼈 없는 순살감자탕
- 218 숙주무침 버섯 닭갈비
- 220 일본식 대파 닭조림
- 222 레몬 간장 닭봉조림
- 224 양배추 듬뿍 고구마찜닭
- 226 새송이버섯떡 집코바치킨
- 228 랜치 소스 구운 크리스피치킨
- 230 부추 오리주물럭
- 232 들깨 소스 오리채소찜
- 234 카레 고등어구이
- 235 데리야끼 삼치구이
- 236 깐풍 소스 임연수구이
- 237 버터 레몬 소스 가자미구이
- 238 올리브유 깻잎 오징어구이
- 240 갈릭 마요 소스 새우구이
- 242 해물 백짬뽕
- 244 하얀 비지찌개
- 246 두부 쇠고기전골

248 · CHAPTER 5 · 영양균형을 한 번에 **근사한 한 그릇**

- 250 오야코동
- 252 동남아풍 시금치덮밥
- 254 채소 듬뿍 된장 마파두부
- 256 무수분 토마토카레
- 258 해물 짜장덮밥
- 260 쇠고기 마늘종볶음밥
- 262 콜라플라워 라이스 김치볶음밥
- 264 톳조림밥
- 266 전기밥솥 돼지고기 가지밥
- 268 가자미 매생이솥밥
- 270 버섯 명란솥밥
- 272 통들깨 알배기배추솥밥과 순두부장
- 274 대파 고기 소스 우엉솥밥
- 276 파프리카 닭고기 원팬라이스
- 278 토마토 새우 원팬라이스
- 280 무지개 샐러드 라이스볼
- 282 삼계 도토리묵사발
- 284 감자 닭다리곰탕
- 286 해물 누룽지탕
- 288 원팬 쌀국수 볶음면
- 290 들기름 오이 메밀국수
- 292 두유 옹심이뇨끼
- 294 양배추 고기파이
- 296 토마토 샥슈카
- 298 여름채소와 옥수수 샥슈카 /
  가을 뿌리채소 샥슈카

008

300 ------ **CHAPTER 6** 있을 건 다 있는 **엄마표 편의점**

302 단 음료와 과자, 첨가물로부터 아이를 사수하라!	314 라이트 또띠야와퍼
304 더 나은 간식거리를 위한 작은 습관들	315 모닝빵 딥디쉬 피자
	316 과일살사 나초칩
306 감자 치즈호떡	317 NO오븐 사과쉬폰케이크
307 고구마크룽지	318 NO밀가루 폭신 바나나브레드
308 무 떡볶이	319 항산화 아사이볼
309 채소 듬뿍 떡잡채	320 아보카도 초콜릿무스
310 세 가지 삼각주먹밥_ 고등어 묵은지주먹밥 통들깨 명란주먹밥 당근 우엉 밥새우주먹밥	321 네 가지 홈메이드 아이스크림_ 딸기요거트 아이스크림, 망고요거트 아이스크림 땅콩버터 아이스크림, 초코바나나 아이스크림
312 엄마표 컵누들	322 두유 그릭요거트 & 그래놀라 & 청포도 탕후루
313 라이스페이퍼 새우 애호박만두	

이 책의 모든 레시피는요!

✓ **표준화된 계량도구를 사용했습니다.**
- 1컵은 200㎖, 1큰술은 15㎖, 1작은술은 5㎖ 기준입니다.
- 계량도구 계량 시 가루류는 윗면을 평평하게 깎아서, 액체류는 찰랑찰랑 담아야 정확합니다.
- 밥숟가락은 보통 12~13㎖로 계량스푼(큰술)보다 작으니 감안해서 조금 더 넉넉히 담아야 합니다.

✓ **인분 수는 아동기 아이 기준으로 적었습니다.**
- 아이마다의 식사량에 따라 조금씩 차이가 있을 수 있습니다.

✓ **채소, 과일, 해산물은 중간 크기를 기준으로 제시했습니다.**
- 양파, 당근, 가지, 토마토 등 개수로 표시된 채소는 너무 크거나 작지 않은 중간 크기를 기준으로 개수와 무게를 표기했습니다. 그 외의 것은 사이즈를 함께 적어뒀습니다.

메뉴에 있는 아이콘은요!

🌶️	**매콤한맛**	약간 매콤한 메뉴
🍋	**상큼한맛**	새콤달콤한 맛이라 입맛 돋우기 좋은 메뉴
⏱️	**초간단**	15분 내에 만드는 메뉴
🍱	**도시락**	식어도 맛있어서 체험학습, 나들이에 좋은 메뉴
🍱	**밀프렙**	미리 만들어 소분해 냉장, 냉동해두기 편한 메뉴
🍅	**보양식**	체력 보충, 기력 회복에 도움이 되는 메뉴
🥚	**고단백**	단백질과 아미노산이 풍부한 재료를 활용해 근육 생성, 회복에 좋은 메뉴
🐟	**두뇌발달**	오메가3 지방산, 비타민B와 D, 레시틴과 같이 뇌 건강 영양소가 풍부한 재료를 활용한 메뉴
🥬	**장건강**	대장건강, 변비에 도움 되는 메뉴
🧅	**뼈튼튼**	칼슘, 비타민D, K와 마그네슘이 풍부한 재료를 써 뼈건강에 도움 되는 메뉴
🥕	**철분**	빈혈예방, 학습능력 향상을 위해 철분이 풍부한 육류, 해산물, 해조류를 활용한 메뉴
🎃	**면역력**	항산화, 면역향상에 도움 되는 비타민, 미네랄이 풍부한 재료를 활용한 메뉴

아동식,
기본 가이드

겉모습뿐만 아니라 그 기능이 정교해지고 인지능력이 향상되는 시기인 아동기.
특별히 신경 써야 하는 영양소도 많고, 노출되는 유해물질에 더 큰 영향을 받을 수도 있는
시기인 만큼 '건강한 식생활이 아이를 만든다' 해도 과언이 아니에요.
꼭 필요한 영양소, 건강한 집밥을 위한 슬기로운 장보기와 식단 구성하기,
아이의 미래를 만드는 식습관 만드는 법까지, 아동식을 위한 기본 가이드를 소개합니다.

* 이 책에서는 2023년 부로 변경된 만 나이 기준으로 표기하였습니다.
또한 영양기준은 2025년 6월 기준으로, 최신판인 2020 한국인 영양소 섭취기준을 참고했습니다.

PART 01
먹는 대로 크는 아이:
아동기 발달과 영양, 식사 12쪽

- 어린이는 작은 어른이 아니다
- 아동기, 어떻게 먹여야 할까?
- 우리 아이 영양상태 점검하기
- 면역력 높이는 키즈마이크로바이옴
- 본격적으로! 아이의 하루 식사 구성하기

PART 02
집밥의 이유 있는 이야기:
아동기 식습관과 식경험 30쪽

- 우리 아이들은 '진짜 음식'을 먹고 있을까?
- 세상에 먹지 말아야 할 음식은 있다
- 아이의 미래를 만드는 건강한 식습관
- 제철의 먹거리와 즐길 거리

PART 03
엄마의 꼼꼼한 참견:
아동식을 위한 준비 A to Z 42쪽

- 똑똑하게 장 보는 요령
- 깐깐한 엄마의 눈으로 고른 양념들
- 쉽고 빠른 집밥을 위한 추천 시판 제품
- 환경호르몬 걱정 없는 주방용품

아동식, 기본 가이드 **PART 01**

먹는 대로 크는 아이:
아동기 발달과 영양, 식사

어린이는 작은 어른이 아니다

새 옷 사준지 얼마 안 된 것 같은데 한철 지나고 나니 몇 번 입히지도 못한 옷이 작아지는 경험, 아이를 키우는 집이라면 누구나 있을 거예요. 자고 일어나면 한 뼘씩 쑥쑥 커가는 아이들이 참 신기하기도 하고, 한편으로는 키가 조금이라도 더 컸으면 하는 욕심도 부리게 되죠.

인지 능력이 향상되어 지적으로 더 발달하는 아동기

일반적으로 아동기는 영, 유아기를 지나고 초등학생까지의 나이대를 의미해요. 체중과 키가 천천히 증가하는 듯 보이지만 고학년으로 갈수록 발육이 빨라지고, 겉모습뿐 아니라 인지 능력이 향상되어 지적으로 더 발달하는 시기입니다. 때문에 아동기에는 적절한 영양소를 섭취해 몸속 장기와 두뇌의 성장을 함께 신경 써주어야 해요.

[아동기란?]
- 만 6세부터 만 12~13세까지
- 어린이, 소아 또는 아동, 학령기라 불리는 시기
- 영유아기를 지나고 초등학생까지의 나이대
- 아동 전기에는 유아기의 특성이, 후기에는 청소년기의 전조가 나타나는 과도기적 기간

아동기의 발달 특징 이해하기

'Children are not just small adults(어린이는 작은 어른이 아니다)'라는 말을 들어보셨나요? 어른 밥을 함께 먹는다고 어른의 축소판이라고 생각해선 안 된다는 의미예요. 단순히 몸의 크기가 성인보다 작은 것이 아니라, 고유한 특성이 있으니 반드시 고려해야 한다는 것을 강조한 말이지요.

성인보다 특별히 신경 써서 챙겨야 하는 영양소도 있고, 노출되는 유해물질에 더 큰 영향을 받을 수도 있는 시기라는 것을 명심하세요. 유아기와 마찬가지로 충분한 열량과 단백질 및 칼슘의 공급이 중요하며 특히 제 2차 성징이 나타나는 아동기 후반에는 빈혈 방지를 위한 철분이 충분한 식품을 잘 챙겨줘야 해요. 직접 고른 식재료로 만든 건강한 집밥, 슬기로운 엄마표 식단이 더욱 중요한 이유입니다.

이렇게 시작된 아동기는 만 10세가 되면 정말 신기하게도 위의 용량이 1ℓ 정도까지 증가하고, 소장의 길이도 태어날 때의 2배 정도로 길어져요. 영구치가 나고 식욕이 증가할 뿐만 아니라 이 시기에는 여러 소화액과 효소들도 완전하게 갖추어져 대사능력이 거의 성인과 비슷하게 되면서 어른과 같은 식사를 할 수 있을 정도로 성장합니다.

[한눈에 확인하는 아동기 발달 특징과 영양 가이드]

	아동기 발달 특징	영양 가이드
신장과 체중	• 연간 키 5~7cm, 체중 3~5kg가 증가해요. • 완만하게 성장하다 아동기 후기에는 빠른 성장속도의 급 성장기가 와요. ★개인차가 큰 시기예요.	• 신체적 성장과 활발한 신체활동을 위한 영양섭취가 필수적이에요. • 충분한 열량과 동물성 단백질, 뼈 성장에 도움을 주는 칼슘공급이 중요해요.
두뇌	• 만 7세까지 폭발적으로 자라는 시기로 두뇌무게가 늘며 신경회로의 90%가 완성돼요. • 만 10세 이후 성인 두뇌와 비슷하게 발달해요.	• 두뇌를 자극하는 운동, 수면과 DHA와 같은 두뇌발달에 좋은 음식을 섭취해야 해요.
신체기관	• 심장, 신장, 간, 폐, 위 등의 내장기관과 조직의 성장뿐 아니라 기능도 발달해요.	• 아이들의 정상적인 성장발달에 필요한 무기질과 비타민이 대단히 중요해요. • 특히 칼슘, 철, 아연 섭취에 신경 써야 해요.
림프조직	• 여러 조직 중 가장 급속도로 발달해요. • 흉선, 편도선, 비장과 같은 림프조직이 급 성장해 성인의 2배 수준 크기에 도달해요. 때문에 학령기 전이나 청소년기보다 면역반응이 활발하게 돼요.	• 충분한 영양섭취는 면역력 강화에 도움을 줘 병원균 및 감염에 대한 저항력을 높여줘요. • 비타민, 미네랄과 같은 미량 영양소와 유산균을 잘 보충해야 해요.
생식기	• 사춘기 이전인 아동기 후기에는 2차 성징(남녀의 신체적 특징)이 나타나요. • 남녀 구분이 뚜렷해져요.	• 필요한 영양소를 미리 체내에 저장해야 해요. • 여자아이는 초경을 시작할 경우 적당한 체중유지와 철분, 칼슘섭취가 중요해요.

아동식, 기본 가이드 **PART 01**

아동기, 어떻게 먹여야 할까?

아이마다 성장속도가 다르고 좋아하는 음식, 가리는 음식 등 취향도 분명해지다 보니 무엇을 어떻게 먹여야 할지 고민스러울 때가 많습니다. 맘카페에서 인기 있는 영양제며 환절기마다 먹이면 좋다는 입소문 난 것들, 한약 등 무엇이 좋은지 선택할 것도, 먹을 것도 참 많은 요즘이지요. 과연 어떤 것을 어떻게 먹여야 제대로 된 아동식일까요?

건강한 아이를 위한 핵심, 식사

아동기에는 학교에서의 규칙적인 생활과 활발한 운동으로 인해 체중 1kg당 필요한 영양소의 양이 성인에 비해 훨씬 많습니다. 때문에 이 시기에는 세 끼의 식사 외에도 한두 번의 간식을 먹는 것이 권장됩니다. 적절한 간식의 섭취는 자연스럽게 식욕이 조절되어 필요량과 섭취량 사이에 균형을 유지해줘요. 또한 아이들의 식습관이 중요하게 자리잡기 시작하는 시기인 만큼 한쪽에 편중되지 않는 균형 잡힌 식사가 중요합니다. 단, 간식에 대해서는 좋은 의미의 제대로 된 편식이 꼭 필요하므로 간식 편(302쪽)에서 다시 이야기를 나누도록 하겠습니다.

> 필요한 영양소도, 열량도 많지만 한 번에 많은 양을 먹을 수 없기 때문에 하루 3끼 식사와 간식 1~2회를 꼭 챙겨주세요.

에너지 필요량 & 탄.단.지 다량 영양소 챙기기

① 에너지

- 남자아이가 여자아이에 비해 활동량이 많아 에너지와 관련 비타민의 섭취 권장량이 높습니다.
- 같은 연령, 성별, 비슷한 체격의 아이라도 신체활동에 따라 차이가 많기 때문에 당연히 에너지 필요량의 개인차가 큰 시기이기도 합니다.
- 에너지 필요량을 참고로 우리 몸이 움직일 수 있는 연료가 되는 탄수화물, 단백질, 지방 이 세 가지의 다량 영양소는 꼭 챙겨주세요.

[아동기 1일 에너지 필요 추정량]

나이	남	여
만 6~8세	1,700kcal	1,500kcal
만 9~11세	2,000kcal	1,800kcal
만 12~14세	2,500kcal	2,000kcal

출처 : 한국영양학회, 2020 한국인 영양소 섭취 기준

② 탄수화물

- 탄수화물은 우리 몸의 세포 안에서 분해되어 에너지를 생성합니다.
  특히 뇌세포 및 신경세포, 적혈구는 주로 포도당을 에너지원으로 사용해 기억력과 집중력을 증가시키는 만큼 아동기에도 빼놓지 말고 챙겨줘야 하는 필수 영양소예요.
- 탄수화물이 부족하면 근육과 뼈 발달에 쓰여야 할 단백질을 분해해 에너지로 쓰게 되면서 아이들의 성장불량을 초래할 수 있습니다.
- 탄수화물은 단순당과 복합당으로 나뉘어요. '단순당'은 과자, 케이크, 탄산음료 등에 많이 포함되어 있어요. 탄수화물이 공격받고 비만과 당뇨 등의 원인이 되는 것도 바로 이 때문이지요.
- 칼로리는 높지만 단백질, 비타민이나 무기질은 낮은 빈 칼로리 식품(Empty-calorie foods) 대신 통곡물과 채소, 과일 등에 있는 '복합당'인 식이섬유소를 포함한 좋은 탄수화물을 골라 챙겨주세요.

[추천 식품]
- 통곡물(현미, 보리, 귀리 등 잡곡), 통곡물빵, 현미떡, 오트밀
- 현미국수, 통밀파스타, 그래놀라
- 감자, 고구마, 단호박, 옥수수, 묵, 밤, 채소, 과일

아동식, 기본 가이드 PART 01

③ **단백질**

- <mark>근육, 피부, 뼈, 머리카락 등의 신체 조직을 구성하는 주요 성분으로 몸이라는 집을 짓는 벽돌과 같은 역할을 합니다.</mark>
- 면역을 담당하는데 필요한 항체, 여러 효소와 호르몬 등의 구성 성분으로 한창의 성장과정에 있는 아동기부터 청소년기에 이르기까지 매우 중요한 영양소랍니다.
- 우리 몸에서 단백질을 만들 때 특정 아미노산이 부족하면 나머지 다른 아미노산이 아무리 많더라도 단백질합성에 문제가 생길 수 있어요. 때문에 체내에서 생성이 안되는 아미노산인 '필수아미노산'은 식품으로 꼭 챙겨 먹어야 하지요.
- <mark>20가지 아미노산 중 9가지 필수아미노산을 모두 포함한 단백질을 '완전단백질'</mark>이라고 합니다. 몸속에서의 이용 효율이 높은 완전단백질은 달걀과 우유, 고기와 생선으로 매일의 식단에 골고루 배치하세요. 필수아미노산이 상대적으로 적게 들어 있지만 포화지방산이나 콜레스테롤이 낮은 장점이 있는 콩이나 두부, 견과류, 버섯 등의 식물성 단백질도 빼놓지 않고 챙겨줍니다.
- 단백질은 총 에너지 섭취량의 15% 정도로 섭취하는 것을 권장합니다. 대개 만 11~14세 기준 체중 1kg당 단백질 1g을 섭취하는 것이 좋습니다.

[추천 식품]
- 육류 : 쇠고기, 돼지고기, 닭고기, 오리고기
- 생선류 : 고등어, 꽁치, 연어, 갈치, 가자미
- 조개류, 연체류, 갑각류 : 바지락, 굴, 홍합, 오징어, 문어, 새우
- 난류 : 달걀, 메추리알
- 콩류 : 두부, 두유, 완두콩, 대두, 강낭콩, 렌틸콩
- 견과류, 씨앗류 등

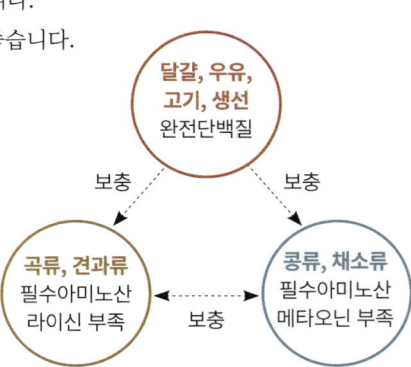

④ 지방

- 비만의 주범이라는 누명을 쓰고 있는 지방. 하지만 지방은 지용성 비타민의 흡수를 돕고 뇌와 중추신경계를 건강하게 만들며 면역기능을 강화시키는 역할을 하는 주요 영양소예요.
- 뇌를 구성하는 물질 중 가장 큰 범위를 차지하고 있는 것이 바로 지방인 만큼 뇌가 제 기능을 유지하기 위해서는 음식을 통한 지방 섭취가 반드시 필요합니다.
- 뇌는 음식을 통해 공급되는 지방산으로 세포막을 형성하고, 필수지방산을 적게 섭취할 경우 집중력이 떨어지고 산만한 행동을 한다는 연구보고가 있는 만큼 좋은 지방을 꼼꼼하게 챙겨주세요.
- 특히 오메가3 지방산은 몸에 좋은 불포화지방산의 한 종류로, 두뇌발달과 망막형성에 도움을 주기 때문에 영유아기부터 아동기, 청소년기까지 꾸준한 영양공급이 이루어져야 합니다.
- 오메가3 지방산은 체내에서 합성되지 않으니 식품을 통해 섭취할 수 있게 도와주세요.

[오메가3 지방산이 풍부한 식품]
- 등푸른 생선 : 고등어, 꽁치, 삼치, 연어, 참치
- 식물성 기름 : 들기름, 들깨
- 견과류, 씨앗류 : 호두, 아몬드, 아마씨드 등

*1일 생선 섭취 권고량은 189쪽에서 확인해요.
*견과류는 1일 기준 1줌 정도가 좋아요.
*들깨가루는 나물이나 국물 요리에 자주 활용해요.
*가공식품에 많이 함유되어 있는 트랜스지방은 주의해요.

NOTE

▶ **공격성, 과민성 행동을 강하게 하는 '트랜스지방'을 주의하세요!**

지방은 보통 포화지방산, 불포화지방산, 트랜스지방산으로 나뉩니다. 이 중 보존성, 가공성을 높이기 위해 액체 기름에 강제로 수소를 첨가해 고체로 만든 기름인 트랜스지방은 가장 경계해야 할 지방 중 하나지요. 보통 마가린이나 쇼트닝에 함유되어 있으며 음식을 바삭바삭하게 하고 냉동식품을 오래 보관하게 해 줍니다. 또한 고소한 맛을 내 시중에 판매하는 과자, 초콜릿, 빵과 튀김음식, 각종 가공식품의 제조과정에 많이 사용되고 있어요. 특히 어린이와 청소년의 경우 트랜스지방 섭취량이 어른보다 많은 것으로 나타나 그 경고가 이어지고 있습니다.

트랜스지방은 LDL-콜레스테롤(나쁜 콜레스테롤)의 혈중 농도를 높이는 반면 HDL-콜레스테롤(좋은 콜레스테롤)의 농도는 감소시켜 비만, 당뇨병 등의 각종 생활습관병과 암 유발가능성을 높여 우리 몸에 안 좋은 영향을 끼칩니다. 아이들이 트랜스지방을 지나치게 많이 섭취하면 공격적 또는 과민성 행동이 강해진다는 결과도 있어 각별한 주의가 필요하지요. 국내에는 가공식품에 트랜스지방 함유량 표기가 의무화되어 있으니 가급적 영양표시를 꼭 확인해 트랜스지방이 적은 식품을 선택하고, 기름에 튀긴 외부 음식은 조금만 먹도록 지도해주세요.

미네랄과 비타민, 미량 영양소 챙기기

- 다량 영양소(탄수화물, 단백질, 지방)가 근육이라면, 미량 영양소인 미네랄과 비타민은 두뇌에 해당된다는 말이 있습니다. 이들 영양소는 다량 영양소가 체내에서 잘 이용될 수 있도록 도와 신체기능을 조절하고, 아동기의 뇌와 신경계 발달에 중요한 역할을 합니다. 차지하는 양은 적지만 인체 모든 활동의 스위치를 켜는 역할을 하는 만큼 없어서는 절대 안 되는 영양소지요.
- 최근 서구화된 식습관과 편식으로 인한 영양불균형, 성장기의 급격한 영양요구량 증가로 어린이들에게 비타민과 무기질 결핍증이 나타나고 있습니다. 특히 무기질 섭취가 부족할 경우 성장 속도가 느려지고, 골격성장 저해나 철 결핍성 빈혈 등이 유발될 수 있어요.
- 부족한 비타민이나 무기질을 보충제로 대신하는 경우도 있지만 보충제는 말 그대로 보조적인 역할일 뿐 건강한 밥상으로 골고루 섭취하는 것이 무엇보다 중요하다는 사실을 잊지 마세요.

① 철분

- 철분은 혈액의 적혈구 속 헤모글로빈의 주요성분으로 부족할 경우 헤모글로빈을 제대로 만들지 못해 온몸에 산소를 충분히 운반할 수 없게 됩니다.
- 창백한 얼굴과 어지럼증만이 빈혈의 증상이라 생각하지만 아이가 자주 피곤해하고 나른함을 느끼며 집중력이 떨어지는 것 같다면 철 결핍성 빈혈을 의심해보세요. 빠른 성장의 아동기에는 철분 요구량은 많아지지만 식사로 충분한 양을 섭취하기 어려워 철 결핍성 빈혈이 흔하게 나타나요.
- 철분은 집중력과 관련이 있는 신경호르몬의 보조효소로도 작용해 부족할 시 학습저하와 공격적인 행동에 영향을 미치기도 합니다.
- 아동기 후반기 초경을 시작하는 여자아이의 경우 월경으로 인한 혈액손실로 철의 요구량이 더욱 증가하게 돼요. 식사나 보충제로 꼼꼼하게 챙겨주세요.
- 동물성 식품에는 헴철(heme iron)이, 식물성 식품에는 비헴철(nonheme iron)이 풍부해요. 헴철이 비헴철보다 흡수율이 높기 때문에 두 가지 형태로 모두 다양하게 섭취하도록 하세요. 비헴철의 흡수율을 높이기 위해서는 비타민C가 풍부한 과일이나 피망, 브로콜리를 함께 먹으면 도움이 됩니다.

[추천 식품]

	헴철	비헴철
체내 흡수율	20~30%로 높아요.	5~10%로 낮아요.
많이 함유된 식품	붉은 고기, 가금류, 생선, 간 등 동물성 식품에 많아요.	통곡물, 녹색채소, 톳, 두부, 건과일, 견과류 등 식물성 식품에 많아요.

② 칼슘

- 뼈와 치아의 주성분으로, 근육과 신경의 기능을 조절하는 역할도 합니다. 하지만 실제 성장기 아이들의 칼슘 섭취량은 권장 섭취량 70% 미만을 훨씬 밑도는 실정이에요.
- 뼈 성장에 직접적인 영향을 미치는 만큼 부족할 경우 성장지연의 원인이 되기도 합니다. 단단한 뼈와 튼튼한 치아, 두뇌발달과 지구력 향상을 위해 식사에서 꾸준하게 섭취할 수 있도록 도와주세요.
- 사춘기에는 뼈에 칼슘이 축적되는 속도가 빠르므로 사춘기 직전인 아동기 후기에는 적절한 칼슘 섭취로 골질량을 높여 성인이 된 이후의 전반적인 뼈 건강에도 도움을 줄 수 있어야 합니다.
- 우유는 체내 흡수율이 높으며 가장 쉽게 칼슘을 섭취할 수 있는 식품으로 매일 2컵(400㎖) 분량을 마시도록 권고하고 있습니다. 만약 우유를 먹었을 때 배앓이를 한다면 유당을 제거한 우유나 치즈, 요거트로 대체해도 좋아요.
- 단, 초코우유나 바나나, 딸기우유와 같은 가공우유는 당과 합성향료가 첨가되어 있으므로 가급적 흰 우유를 먹는 것을 추천합니다.

[추천 식품]
- 우유 및 유제품 : 우유, 요거트, 치즈
- 뼈째 먹는 생선 : 멸치, 뱅어포
- 생선 : 고등어, 꽁치, 동태
- 녹색채소 : 케일, 브로콜리, 무청, 청경채, 근대
- 해조류 : 김, 미역, 톳
- 견과류 : 아몬드, 피스타치오

NOTE

▶ **뼈 건강을 위한다면 비타민D와 매일의 햇빛 샤워를 챙겨주세요**
연어, 고등어, 청어와 같은 기름진 생선이나 달걀노른자, 버섯에 많이 포함되어 있는 비타민D 역시 칼슘흡수를 도와주는 뼈 건강에 중요한 영양소입니다. 비타민D는 햇빛을 최소 20분 이상 충분히 쬐면 피부에서 합성될 수 있어요. 실내에 머무르는 시간이 많은 요즘 친구들이라면 창문에서라도 간접적으로 햇볕을 쬐게 하거나 매일 야외에서 운동하는 습관을 들여 튼튼한 뼈를 만들 수 있게 해주세요.

아동식, 기본 가이드 PART 01

③ **아연**

- 다양한 효소의 구성요소이며, 단백질 합성과 성장을 위한 필수 미네랄로 면역기능을 담당해요.
- 아미노산 대사에 관여하기 때문에 성장과 골격형성, 생식기능에도 작용하는 만큼 ==부족할 경우 성장지연, 면역력저하 등의 우려가 있어 아동기부터 청소년기까지 충분한 섭취가 필요하지요.==
- 돌 전 아기는 모유나 분유를 통해 충분히 공급받을 수 있지만 그 이후에는 추가적인 공급이 필요합니다.
- 아연의 급원 식품인 고기, 조개류, 간 등의 단백질 식품을 매 끼니 잘 챙긴다면 단백질은 물론 아연도 부족함 없이 채울 수 있어요.

[추천 식품]
- 해산물 : 굴, 전복, 꽃게, 새우, 조개류
- 육류 : 붉은 살코기(쇠고기, 돼지고기), 간
- 콩류, 견과류 : 완두콩, 병아리콩, 렌틸콩, 서리태, 아몬드, 호두

④ **비타민**

- 아이들의 정상적인 성장과 발육에 중요한 우리 몸의 작은 거인 같은 존재입니다.
- 몇 가지를 제외하고서는 대부분 음식이나 보조제를 통해 공급해야 하지요. 영양제보다는 자연식품에서 섭취하는 것이 가장 좋으며 다른 영양소들과 골고루 있을 때 시너지를 내요.
- 비타민은 물에 녹는 '수용성 비타민'과 기름에 녹는 '지용성 비타민'으로 나뉩니다. 먼저 수용성 비타민인 비타민B와 비타민C는 물에 오래 담가두지 않고 조리 시에도 찌거나 짧게 데치는 것이 영양소 파괴를 최소화할 수 있어요. 당근과 토마토에 풍부한 지용성 비타민은 기름과 조리 시 흡수율이 높아져 볶거나 올리브유, 들기름 등을 뿌려 먹는 것이 좋아요.
- ==종류도 많고 하는 일도 제각각인 비타민은 채소와 과일, 해조류에 풍부합니다.== 채소나 과일의 색을 내는 성분인 ==파이토케미컬은 색마다 가진 영양이 다르므로 최소 두 가지 이상의 색깔을 끼니에 포함시켜 다채롭게 섭취==하도록 하세요. *파이토케미컬 듬뿍 매일 채소찬 130쪽

[다섯 가지 색깔의 파이토케미컬이 풍부한 식품]

빨강	노랑	초록	보라	흰색
빨간 파프리카 비트, 토마토 사과, 딸기	당근, 호박 노란 파프리카 고구마 귤, 파인애플	시금치, 브로콜리 오이, 피망 케일, 깻잎, 키위	가지, 적양배추 자색고구마 포도, 블루베리	양파, 무 도라지, 배

우리 아이 영양상태 점검하기

우리 아이 전체의 식사구성에서 부족한 것은 없는지, 영양상태뿐 아니라 식행동은
건강하고 안전하게 실천되고 있는지 알 방법이 없어 답답하거나 궁금하지 않으셨나요?

학령기 어린이 영양지수란?

'학령기 어린이 영양지수(Nutrition Quotient for children, NQ = C)'란 어린이의 식행동과
영양상태를 간단하게 평가하는 지수로 식생활의 양과 질을 종합적으로 측정할 수 있어요.
만 6~11세 어린이의 영양 섭취량 충족 정도, 식생활과 신체활동의 균형, 식품안전과 위생뿐 아니라
올바른 식품선택과 식행동에 관한 체크리스트가 있어 아이들의 식사를 챙길 때
고려해야 하는 것들을 파악할 수 있답니다. 어렵지 않으니 한번쯤 꼭 점검해보세요.

[학령기 어린이 영양지수 측정 방법]
- 균형, 절제, 실천의 총 3가지 영역으로 질문이 구성되어 있으며, 매우 간단해 10분 정도면 충분해요.
- 홈페이지에 결과를 바로 입력하면 영양지수 판정결과지를 받아볼 수 있어 아이들의 체격에 따른
  영양지수를 확인하고 각 점수에 따른 건강 및 식생활 개선을 위한 권고사항을 알 수 있어요.

① 식품의약품안전처 [식품안전나라] 홈페이지 접속
② 건강·영양 → 건강·영양정보 → 영양지수 클릭
③ 19개의 평가항목 조사지에 체크
　　균형 : 필요한 식품을 골고루 다양하게 먹는가
　　절제 : 건강에 좋지 않은 식품을 적게 먹는가
　　실천 : 건강하고 안전한 식행동을 실천하는가
④ 영양지수 판정결과지 확인
　　: 일반사항, 종합점수, 영역별 점수,
　　영역별 점수 패턴, 판정결과 및 권고사항 제시

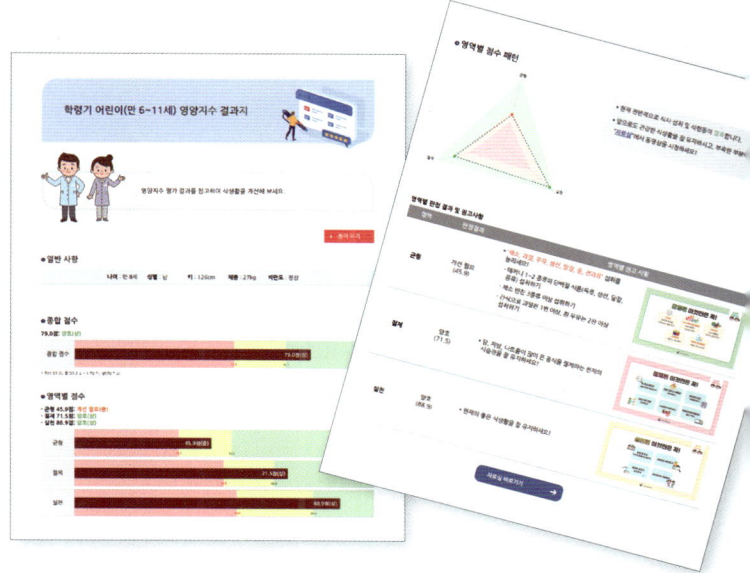

아동식, 기본 가이드 **PART 01**

면역력 높이는 키즈마이크로바이옴

'세 살 버릇 여든까지 간다'라는 속담, 들어보셨죠? 세 살부터 여든까지 가는 것은 장 건강에도 해당됩니다. 어린 시절 장내 마이크로바이옴의 형성이 평생의 면역과 건강을 결정할 뿐 아니라 다양한 질병의 주요 원인이라는 사실이 여러 연구를 통해 증명되고 있기 때문이에요.

최근 가장 주목 받는 연구분야인 마이크로바이옴(Microbiome)은 미생물(Microbe)과 생태계(Biome)의 합성어로 우리 몸에 존재하는 유익균과 유해균의 미생물 군집을 의미합니다. 손가락의 지문처럼 우리 모두는 다른 마이크로바이옴을 지녔고, 이 마이크로바이옴의 95% 이상은 장에 살고 있습니다. 그래서 장내 환경을 좋게 만드는 것은 건강하게 사는 데 꼭 필요한 일이지요.

면역력, 뇌 건강부터 아이들 기분까지 책임지는 장 건강

장은 단순히 음식물의 소화를 돕는 역할을 넘어 영양소 분해, 비타민 생성, 면역체계 조절, 염증억제 등 건강 전반에 중요한 일을 합니다. 특히 장내 유익균은 장벽을 튼튼하게 만들고 면역세포 활성화를 유도하기 때문에 유익균과 유해균의 건강한 비율이 깨지면 아이들의 면역력은 크게 떨어지고 알레르기, 소화불량과 비만 등의 다양한 질환을 유발하게 됩니다.

장과 뇌는 서로 밀접한 관계를 갖고 있어 '장은 제2의 뇌'라고도 불립니다. 이 둘은 자율신경계, 내분비계, 면역계를 통해 서로 영향을 주고받으며 장이 뇌의 기능을 조절하고, 뇌가 장의 기능을 조절하는 상호작용을 합니다. 이처럼 장 건강은 뇌 건강과 인지기능 향상에도 관련이 있으며 '행복 호르몬'이라 불리는 세로토닌의 95%가 장에서 생성되기 때문에 장 건강이 좋지 않으면 아이들의 기분과 행동에까지 영향을 미칠 수 있습니다.

음식으로 만드는 건강한 장내 환경

매일의 식단에 프로바이오틱스와 프리바이오틱스를 함께 제공해 건강한 장내 환경을 유지시켜주세요.

- **프로바이오틱스** 우리가 흔히 말하는 유산균으로 살아있는 유익균을 직접 섭취하는 방법입니다.
  영양제로 많이 챙기지만 유산균이 풍부한 요거트, 김치, 된장 등의 발효식품으로도 섭취 가능해요.
- **프리바이오틱스** 유익균의 먹이가 되어 유익균의 성장과 활성을 돕는 것으로 채소와 과일에
  풍부한 식이섬유가 그 역할을 합니다. 매일 채소와 과일, 통곡물을 섭취하면 건강한 장내 미생물 상태를
  유지할 수 있습니다.

	프로바이오틱스 (Probiotics)	프리바이오틱스 (Prebiotics)
특징	살아있는 유익균	유익균의 먹이
	유산균(Lactobacillus), 비피더스균(Bifidobacterium) 등이 대표적 균주	사람은 소화하지 못하지만 유익균은 분해할 수 있는 식이섬유, 올리고당 등
식품	김치, 된장, 청국장, 요거트와 같은 발효식품	통곡물, 채소, 과일, 해조류

장 건강을 위해 피해야 할 것들

- 아이들의 학년이 높아질수록 자주 접하게 되는 맵고 짠 자극적인 음식들은 장 점막을 자극해요.
- 가공식품 속 식품첨가물과 튀김류는 장내 염증을 악화시켜요.
- 음료 속 액상과당은 장 점막을 약하게 만들어서 피하는 게 좋아요.
- 도정된 하얀 밀가루나 쌀에는 식이섬유가 적어 장내 미생물의 먹이가 되기 어려워요.
  통곡물빵이나 잡곡밥으로 바꿔보세요.
- 병원균뿐 아니라 유익균까지 파괴해 장내 미생물의 다양성을 감소시키는 항생제는
  꼭 필요한 경우에만 사용합니다. 항생제를 먹게 되더라도 이후에 프로바이오틱스를 통해
  장내 미생물 균형을 회복해주는 것이 중요해요. 항생제라고 하면 흔히 아플 때 처방 받는
  약만 생각할 수 있지만 의외로 돼지고기나 닭고기를 통해서도 항생제 내성균을
  섭취할 수 있기에 가급적 친환경 육류를 선택하고 완전히 익혀 섭취하세요. *육류 고르기 186쪽

아동식, 기본 가이드 **PART 01**

본격적으로! 아이의 하루 식사 구성하기

아동기 아이들은 저마다 성별과 나이, 활동량이 다 달라 하루 식사에 정해진 정답이 있지는 않아요.
학령기의 점심은 기관이나 학교에서 먹게 되는 경우가 대부분이므로 점심에 무엇을 먹었느냐에 따라
아침과 저녁의 식사구성이 달라질 수 있고, 끼니마다의 적당한 식사량을 수치로 표현하기도,
실제로 따르기도 어렵지요. 아침식사가 부족했다면 점심이나 저녁을 더 먹을 수도 있고,
가끔은 과식을 하기도, 먹으면 좋지 않은 배달음식을 시켜 먹을 수도 있으니 너무 예민하게
매 끼니를 신경 쓰지는 말았으면 해요.

한 끼에 너무 여러 음식을 모두 먹이려는 강박에서 벗어나 하루동안 다양한 음식을 제공하고,
식사량과 그 종류는 하루 또는 며칠 단위로 점검해도 괜찮습니다. 늘 강조하듯이 완벽함보다는
꾸준히 할 수 있는 지속 가능성이 더 중요하기 때문이지요.

아래 4단계만 기억한다면 하루 전체에 다양한 식재료를 경험하고 어렵지 않게 균형 있는 식사를
구성할 수 있답니다. 이해를 돕기 위해 저희 둘째 8살 남자아이를 사례로 설명할게요.

1단계 우리 아이에게 필요한 1일 에너지 필요량 확인하기

☑ 정확한 수치보다는 아래 표를 확인해
어느 정도 열량이 필요한지 참고하세요.

(kcal)	활동이 적은 편		활동적인 편	
	남자	여자	남자	여자
만 6~8세	1,700	1,500	**1,900**	1,700
만 9~11세	2,000	1,800	2,300	2,000
만 12~14세	2,500	2,000	2,900	2,300

출처 : 한국영양학회, 2020 한국인 영양소 섭취 기준

> 활동적인 8살의 남자아이인 저희 둘째라면 약 1,900kcal의 열량이 하루에 필요해요.

2단계 에너지 필요량에 따른 6개 식품군별 섭취횟수 알아두기

- 매일의 끼니에는 아래의 식품군을 골고루 섭취해야 합니다.
  곡류군 / 고기, 생선, 달걀, 콩류군 / 채소류군 /
  과일류군 / 우유, 유제품군 / 유지, 당류군
- 필요 열량당 어느 정도 횟수로 먹어야 하는지 확인하세요.

> 1일 1,900kcal가 필요한 아이라면 하루에 곡류 3회, 고기와 생선 같은 단백질은 3.5회, 채소 7회, 과일 1회, 우유와 유제품은 2회, 섭취할 수 있도록 해야 해요.

1일 필요 열량 (kcal)	곡류	고기, 생선, 달걀, 콩류	채소류	과일류	우유, 유제품	유지, 당류
1,500	2	2.5	6	1	2	5
1,700	2.5	3	6	1	2	5
1,800	3	3	6	1	2	5
1,900	**3**	**3.5**	**7**	**1**	**2**	**5**
2,000	3	3.5	7	2	2	6
2,300	3.5	5	8	2	2	6
2,500	3.5	5.5	8	3	2	7
2,900	4	6	8	4	2	8

아동식, 기본 가이드 PART 01

3단계 섭취횟수를 세 끼니와 간식에 균형 있게 나눠 넣기

- ✓ 곡류는 매 끼니에 포함시켜주세요.
- ✓ 고기, 생선, 달걀, 콩은 매 끼니 1~1.5회 다양하게 구성합니다.
- ✓ 채소는 매 끼니 2회 이상 챙겨줍니다.

> 신체가 급격히 성장할 때이므로 끼니를 꼭 챙기고, 유아기에 비해 곡류와 고기, 생선, 달걀, 콩류인 단백질의 양도 늘어나게 돼요. 가공되지 않은 건강한 간식도 잘 배분해 주세요.

[배분 예시]

6개 식품군	하루 섭취횟수	아침	점심	저녁	간식
곡류	3회	1	1	1	-
고기, 생선, 달걀, 콩류	3.5회	1	1.5	1	-
채소류	7회	2	2.5	2.5	-
과일류	1회	-	-	-	1
우유, 유제품	2회	1	-	-	1
유지, 당류	5회	기름이나 설탕은 조리에 들어가기 때문에 따로 끼니에 포함시키지 않아요. 특히 당류는 가급적 적게 사용할 것을 권장합니다.			

4단계 다양한 식재료를 사용해 겹치지 않게 메뉴 결정하기

- ✅ 아래 표를 활용해 식품군마다 다양한 식재료를 경험시켜줍니다.
  이때, 유치원이나 학교 급식표와 비교해 식재료가 겹치지 않게 구성하도록 해요.
- ✅ 단백질은 매 끼니 다른 식품을 선택하고 생선은 일주일에 4회는 섭취할 수 있게 해요.
- ✅ 달걀은 1개만으로도 학령기 하루 단백질 필요량의 15~25%를 충족하는 만큼 매일 한번은 챙겨줘도 좋아요.
- ✅ 채소는 매 끼니 2종류 이상을 사용하되, 다양한 색깔을 포함하도록 해요.
- ✅ 다양한 조리법(찜, 구이 등)과 식감으로 미식 또한 발달할 수 있게 도와주세요.

[아동기 식품별 하루 섭취횟수와 섭취 가이드]

식품군		하루 섭취횟수	식품별 1회 분량	섭취 가이드
곡류	곡류	3회	밥 1공기(210g), 식빵 약 3쪽(100g) 국수 90g(조리 전) 가래떡·백설기 150g	정제 탄수화물보다는 식이섬유가 풍부한 잡곡밥과 같은 통곡물을 섭취해요.
고기, 생선, 달걀, 콩류	육류	3.5회	쇠고기·돼지고기·양고기 60g 닭고기·오리고기(뼈는 제외) 60g	가급적 살코기를 선택하고, 지방이 많은 부위나 튀김류는 제한해요.
	생선 및 조개류		고등어·갈치 등 생선 손바닥 크기 1개(70g) 새우·오징어·게·조개 80g, 어묵 30g	중금속 이슈가 있는 만큼 일주일에 250g 이내(생선 기준 3~4번) 섭취해요. ★ 만 7~10세 기준
	달걀		달걀 1개(60g), 메추리알 6개(60g)	매일 한 번은 챙겨줘요.
	콩, 두부		콩 2큰술(20g), 두부 2조각(80g) 두유 1컵(200㎖)	콩을 섞은 밥, 두부 반찬, 두유 등으로 보충해도 좋아요.
채소류	채소	7회	당근·양배추 등 채소 작은 1접시(70g) 우엉·연근 40g, 버섯류 30g 미역 마른 것 10g, 마른 김 1장(2g) 깍두기·배추김치 40g	다섯 가지 색깔 채소를 골고루 섭취해요. ★한 끼 기준 2종류 이상 섭취해요.
과일류	과일	1회	사과·배·귤·바나나 100g 수박·참외·딸기 150g	다양한 색깔의 제철 과일을 챙겨요.
우유, 유제품	우유, 유제품	2회	우유 1컵(200㎖) 떠 먹는 요거트 1개(100g), 치즈 40g	가공우유 대신 흰 우유나 요거트를 추천해요.

*총 6가지 식품군들 중 '유지, 당류'는 조리시 가급적 적게 사용할 것을 권장하여 본 표에서는 제외하였습니다.
*칼슘은 거의 없고 지방 함량만 많은 크림, 버터 등은 미포함이에요.

아동식, 기본 가이드 PART 01

실전 | 아이의 하루 식사 구성하기

이번엔 앞서 소개한 4단계의 방법에 맞춰 1일 1,900kcal가 필요한 남자아이의 식사 구성하기를 한눈에 보여드리겠습니다. 이 방법은 체계적인 수치를 나타내지만, 가장 중요한 건 매 끼니에 영양소를 골고루 먹이는 것이니 부담 갖지 말고 찬찬히 따라 해보세요.

6개 식품군	하루 섭취횟수	아침	점심	저녁	간식
		달걀 당근라페 샌드위치 + 우유	잡곡밥 + 감자미역국 + 토마토 제육볶음 + 가지장조림 + 오이채무침	원팬 쌀국수볶음면	항산화 아사이보울
곡류	3회	잡곡빵	잡곡밥	쌀국수	-
고기, 생선, 달걀, 콩류	3.5회	달걀	돼지고기	새우, 달걀	-
채소류	7회	당근(주황색) 로메인(초록색)	미역(검정색) 토마토(빨간색) 가지(보라색) 오이(초록색)	숙주(흰색) 부추(초록색)	-
과일류	1회	-	-	-	바나나, 블루베리
우유, 유제품	2회	우유	-	-	그릭요거트
유지, 당류	5회	기름이나 설탕은 조리에 들어가기 때문에 따로 끼니에 포함시키지 않아요. 당류는 가급적 적게 사용할 것을 권장합니다.			

아침
달걀 당근라페샌드위치(144쪽) + 우유

점심
잡곡밥 + 감자미역국 + 토마토 제육볶음(202쪽)
+ 가지장조림(162쪽) + 오이채무침(142쪽)

저녁
원팬 쌀국수 볶음면(288쪽)

간식
항산화 아사이볼(319쪽)

> **NOTE**
>
> ▶ **도시락은 이렇게 구성해요**
> - 주식(밥) : 주메뉴(단백질) : 반찬(채소찬)을 3 : 2 : 1의 비율로 담아요.
> - 한 끼 분량의 열량은 도시락 용기의 용량과 비슷하게 준비해요.
>   600kcal를 준비한다면 밥, 반찬을 합쳐 총 600㎖ 용량의 도시락 정도면 돼요.

아동식, 기본 가이드 **PART 02**

집밥의 이유 있는 이야기:
아동기 식습관과 식경험

우리 아이들은 '진짜 음식'을 먹고 있을까?

"아이들 먹성이 어마어마해서 매번 밥을 해 먹이기가 너무 힘들어요."
"방학이라도 되면 삼시 세끼 차리는 게 제일 큰일이라니까요."
"집밥하려고 이것저것 사다보면 되려 돈이 더 많이 들어서 그냥 사 먹거나 시켜 먹는 게 싸죠."

모두 맞는 말이에요. 너무나 공감되는 부분이기도 하고요. 요즘같이 터치 한 번이면 집 앞으로 음식이 배달되고, 유행하는 요리들은 바로 냉동 식품으로 구매할 수 있는 시대에 집밥을 고집하는 것이 어쩌면 미련스럽게 보일지도 모릅니다.

그럼에도 제가 집밥을 고집하는 이유는 단 하나. 아이들이 먹는 음식들 속의 정체를 알 수 없는 첨가물과 성장을 방해하는 고도로 정제된 식품들, 생활습관병을 부르는 초가공식품으로부터 가족과 나를 지키기 위함입니다. 줄 서서 먹는 맛집의 요리도, 친환경적이라는 탈을 쓴 채 우리를 눈속임하는 식품도, 잘 고르고 손질한 식재료와 깨끗한 양념들로 만든 집밥을 따라 할 수는 없지요.

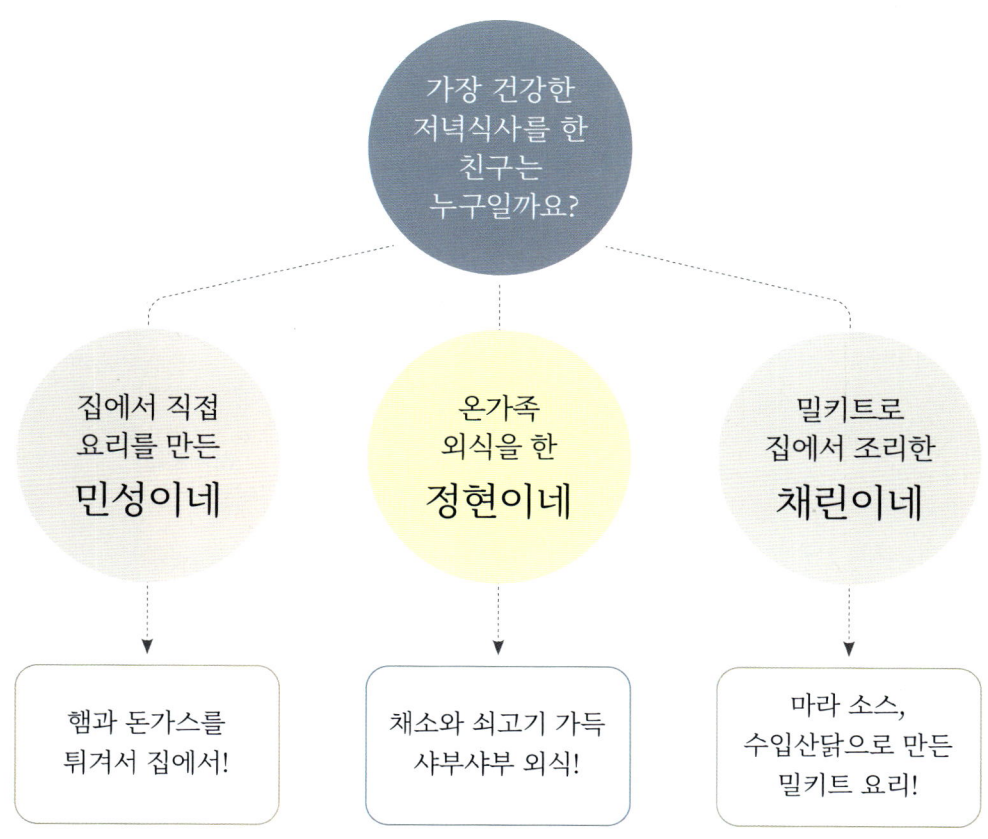

그런데 여기서 질문! 위의 세 친구 중 가장 건강한 저녁식사를 한 집은 누구네일까요?
집에서 먹은 민성이네와 채린이네, 주말 외식을 한 정현이네,
대부분 집에서 먹은 밥을 꼽겠지만 그 메뉴를 잘 살펴보면 답은 달라질 수 있습니다.

집밥이지만 레토르트 흰밥에 햄과 냉동 돈가스를 튀겨 먹은 민성이네,
샤부샤부 전문점에서 채소와 익힌 쇠고기로 외식을 한 정현이네,
동봉된 마라 소스와 수입산 닭으로 만든 마라닭볶음탕 밀키트를 해 먹은 채린이네.

이 세 집 중에서는 정현이네가 가장 건강한 저녁을 먹었다고 볼 수도 있어요.
그 이유가 뭘까요? 바로 자연의 식품을 어느 정도 가공했고, 얼마나 복잡한 단계를 거쳐
조리했는지 역시 중요하기 때문입니다.

리얼푸드 vs 초가공식품

우리 삶에서 떼려야 뗄 수 없는 존재가 된 가공식품 속에서 최근 불고 있는 '리얼푸딩(Real fooding) 운동'은 가공식품을 거의 또는 전혀 섭취하지 않는 라이프스타일을 일컫습니다. 영양학자 카를로스 리오스가 대중화한 이 리얼푸딩에서 '리얼푸드', 즉, 진짜 음식은 가공을 최소한으로 거치거나 전혀 거치지 않는 채소와 과일, 콩류, 생선, 달걀, 신선정육과 같은 식품을 의미합니다.

이와 상반된 '초가공식품(Ultra-processed foods)'은 복잡한 가공과정을 거치고 지방과 당, 나트륨과 각종 인공첨가물이 추가된 식품이에요. 초가공식품은 아이들의 허기만을 채울 뿐 몸에 유익함을 주기는커녕 장기적으로는 건강에 위험을 초래할 수 있습니다.

국제적 영양학회지 뉴트리언츠<Nutrients>의 '초가공식품을 자주 섭취하는 청소년은 또래보다 학업 성취도가 더 낮다'는 연구결과에서도 볼 수 있듯이 포화지방, 당류, 인공 첨가물은 많으나 미네랄 등 필수 영양소는 적은 초가공식품은 영향 불균형을 일으키고 아동기와 청소년기의 인지기능과 뇌 발달에 부정적인 영향을 미치는 것으로 밝혀졌습니다.
특히 과도한 당류섭취는 급격한 혈당 변화를 일으켜 주의력을 감소시키고 피로도를 높이기 때문에 아이들의 건강과 더불어 학습에까지 얼마나 큰 영향을 일으키는지 잘 보여주는 결과라 할 수 있지요. 뿐만 아니라 중독성이 강해 아이들이 폭식을 할 가능성을 높이고 이러한 식습관을 지속한다면 생활습관병으로부터 안전하다고 볼 수 없어요.

> 식품 원재료를 여러 차례 가공해 첨가물이 많이 들어있으며, 영양성분이 부족한 특징이 있으니 피하는 게 좋아요!

[가공식품과 초가공식품의 예시]

	가공식품	초가공식품
빵	밀가루, 효모, 소금, 무첨가버터	+ 유화제, 색소, 방부제
딸기잼	딸기, 설탕	+ 색소, 향미증진제

NOTE

[노바 식품 분류법(NOVA classification)]

식품을 가공정도와 목적에 따라 네 가지 그룹으로 분류한 체계. 식품의 영양성분보다는 가공단계를 주요 기준으로 선정, 소비자가 식품을 선택하고 건강한 식생활을 관리하는 데 도움을 주기 위한 목적으로 개발되었습니다.
2009년 브라질 상파울루 대학의 연구진에 의해 처음 제안되어 현재는 WHO(세계보건기구)를 포함한 여러 국제기구에서 인정하고 사용을 권장하고 있어요.

NOVA 1 무가공식품(리얼푸드) Unprocessed foods

가공되지 않았거나 '분쇄, 건조, 냉동, 저온살균, 진공포장 등' 선도 유지를 위한 최소한의 가공을 거친 식품

 채소   과일   육류

 생선   달걀   우유

NOVA 2 최소가공식품 / 가공식재료 Processed culinary ingredients

NOVA 1 식품을 가공해 얻어진 식재료.
'압착, 정제, 제분, 건조 등' 공정을 거친 신선식품이나 자연에서 추출한 원료

 올리브유    설탕   소금

 식초   버터

NOVA 3 가공식품 Processed foods

일반적으로 2~3가지 성분이 함유된 식품.
NOVA 1, NOVA 2에 소금, 설탕 등을 첨가한 단순 가공식품

 빵   치즈

 통조림 생선

NOVA 4 초가공식품 Ultra-processed foods

맛을 향상시키기 위해 인공색소, 방부제, 감미료, 유화제 등 많은 화학적 첨가물이 여러 단계에 거쳐 함유된 고도로 가공된 식품

 탄산음료    소시지

 마가린   인스턴트식품

아동식, 기본 가이드 **PART 02**

세상에 먹지 말아야 할 음식은 있다

"아이들한테 꼭 먹여야 하는 음식을 알려주세요."
"키 크는데 좋은 요리가 있을까요?"

너무 뻔한 이야기일지 모르지만 '골고루 적당히' 먹는 것이야말로 이 모든 것을 해결해주는
건강한 식사라는 것은 아이 어른 할 것 없이 모두에게 적용되는 정답이 아닐까 싶어요.
물론 특정 증상이나 효능에 도움이 되는 음식들은 있지만 세상에 이것만큼은 꼭 먹어야 한다는 음식은
존재하지 않습니다. 누군가에게 좋은 음식이 누군가에게는 좋지 않을 수도,
아무리 좋다는 슈퍼푸드라도 과하게 그것만 섭취하는 것이 결코 좋은 식습관은 아니기 때문이에요.

약이 아닌 독이 될 수 있는 음식들

아이들한테 뭘 먹여야 하냐는 질문을 받을 때마다 저는 늘 무엇을 먹어야 하느냐보다
먹지 않아야 할 음식을 안 먹이는 것이 더 중요하다라고 이야기합니다.
하굣길 도넛, 탕후루, 추로스 등 아이들이 좋아하는 간식가게를 한집 걸러 하나씩 볼 수 있는 현실에서
우리 아이들이 먹지 말아야 할 음식들을 완벽히 차단하기란 어려운 것이 사실입니다. 하지만 적어도
어떤 음식이 왜 안 좋은지를 알게 되면 열 번 먹을 것을 한두 번으로 줄이게 되고, 이런 엄마의 작은
변화들이 모여 언젠가는 아이의 건강한 식습관을 위한 큰 변화를 만들어 낼 수 있을 거라 믿습니다.

정제당 입에는 달지만 몸에는 쓰다!

초콜릿, 젤리, 탄산음료, 심지어는 감자튀김을 찍어 먹는 토마토케첩까지.
우리 아이들이 하루에 먹고 있는 당류를 합쳐 보면 어마어마한 양입니다. 국민건강영양조사에 따르면
어린이와 청소년 3명 중 1명 이상이 세계보건기구(WHO)에서 권고하는 하루 허용 수준을
초과하는 당류를 섭취한다고 보고했습니다.

* 세계보건기구(WHO)는 1일 당류 섭취량을 총 에너지 섭취량의 10% 이내로,
특히 첨가당의 경우 5% 이내로 섭취할 것을 권고합니다.
에너지 섭취량이 2,000kcal인 아이를 예로 들면 10%는 200kcal이며, 당류는 1g당 4kcal을 내기 때문에
4로 나누면 약 50g(= 각설탕 약 16개 분량)이 하루 제한량으로 계산될 수 있습니다.

어릴 적부터 지속적으로 이런 음식을 먹으면 비만, 고혈압, 2형당뇨병 등 여러 질병에 걸릴
위험이 높아집니다. 심지어는 술을 마시지도 않는 아이들이 과도한 당류의 섭취로
지방간 질환이 늘고 있어 전 세계적으로 설탕주의보가 내려진 상황이지요. 게다가 혈당을 급속히
올렸다 떨어뜨려 저혈당 상태를 유발하고 다시 당류를 갈망하게 되는 중독성 때문에 더욱 위험합니다.

이렇게 요동치는 혈당은 뇌에서 기분을 조절하는 호르몬에도 악영향을 미쳐 어린이들의 과잉 행동장애나 폭력성을 유발한다고도 알려져 있어요. 또한 잦은 당류 섭취는 구강에 서식하는 충치균에 의해 당이 산으로 바뀌며 치아 표면을 부식시키기 때문에 유치가 빠지고 영구치가 발생하기 시작하는 아동기 치아관리에 큰 영향을 미치게 됩니다. 특히 음료나 과자 속에는 가격이 저렴한 옥수수를 원료로 한 액상과당이 다량 들어있어 가급적 섭취를 자제시켜 주세요. 주머니 속에 늘 갖고 다니는 간식용 젤리는 엄마가 과감하게 버릴 수 있는 결단력도 필요하지요.

[당류를 건강하게 먹이는 방법]
- 단맛을 내야 한다면 정제당 대신 영양성분과 미네랄이 남아있는 비정제원당을 요리에 활용해요.
- 단맛이 나는 고구마, 파프리카, 양배추와 같은 채소나 배농축액, 사과농축액 등을 활용해도 좋아요.
- 가당음료는 옥수수 수염차나 보리차 같은 곡물차로 대체해보세요.
- 슈크림이나 설탕 코팅 덮인 단빵보다는 건과일이 박힌 통곡물빵으로 천천히 바꿔요.
- 일주일에 한두 번이라도 의식적으로 단 음식을 제한해요.

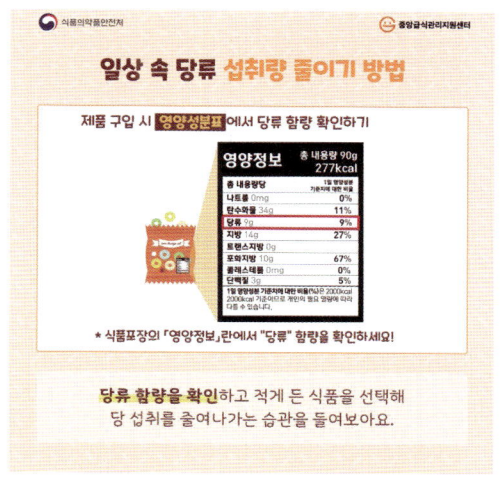

출처 : 식품의약품안전처

[가공식품별 당 함유량 한눈에 보기]
대표 가공식품의 당 함유량을 한눈에 보기 쉽도록, 각설탕 기준(1개당 3g)으로 소개합니다.

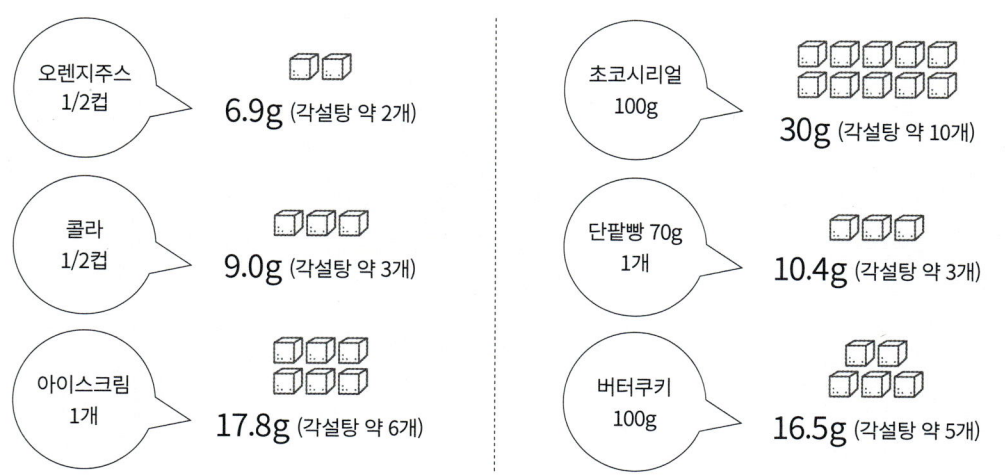

출처 : 식품의약품안전처, 식품영양성분DB

아동식, 기본 가이드 **PART 02**

육가공품 국민반찬 햄과 소시지의 배신

따뜻한 흰쌀밥에 짭조름한 통조림 햄 한 조각 올리면 밥 두어 공기는 뚝딱. 햄, 소시지는 급할 때 구워내면 잔소리 없이도 아이들이 잘 먹어 늘 만족스러운 밥반찬이지요. 예전의 가공육은 고기를 절여 훈연이나 건조, 열처리를 통해 가공해 오래 보관시킬 수 있는 데다 맛까지 좋아져 감사한 먹거리였을 것이 분명합니다. 하지만 현대의 가공육은 그 고유의 색을 유지하고 미생물의 성장을 억제하기 위해 발색제의 한 종류인 아질산나트륨(아질산염)을 사용하는 제품들이 많아 안전성 문제가 끊임없이 제기되고 있습니다.

아질산나트륨은 육류에 존재하는 아민과 결합했을 때 발암물질을 생성, 아토피 피부염이나 천식 같은 알레르기성 질환이 있는 아이들은 특히 주의를 요하는 첨가물입니다.
뿐만 아니라 가공육에는 여러 합성보존료와 착향료, 착색료, 산화방지제 등이 다량 들어가고 대부분 양질의 부위가 아닌 자투리 부위를 긁어모은 잡육과 지방덩어리로 만들어져 일반 육류에 비해 단백질은 낮고 지방과 나트륨 함량이 매우 높아 아이들 건강에 부정적인 영향을 미칠 수 있습니다. 특히 브런치에 빠지지 않는 소시지와 베이컨 등을 아침에 섭취할 경우 체내 나트륨 함량을 높여 수분을 과도하게 끌어들이게 됩니다. 이는 혈압을 높이고 탈수를 유발해 아이들에게 피로감과 집중력 저하를 일으킬 수 있어 주의가 필요해요.

[육가공품을 건강하게 먹이는 방법]
- 햄, 소시지는 적당량 섭취해요. 2주일에 1회 미만이 가장 좋습니다.
- 아질산나트륨과 질산염이 첨가된 훈제오리 역시 오리정육으로 바꿔 요리해요.
- 신선한 정육으로 대체하되 파프리카가루나 카레가루를 뿌려 맛을 내요.
- 채소와 과일을 함께 섭취해 체내 첨가물의 작용을 줄여요.
- 조리 전 끓는 물에 데치거나 칼집을 내면 첨가물 흡수 농도를 낮출 수 있습니다.
- 고온으로 조리시 발암성 화학물질이 더 많이 생성되므로 삶거나 끓이는 조리법을 선택해요.

튀김류   나쁜 지방의 유혹

둘러보면 의외로 기름에 튀긴 것이 참 많습니다. 과자와 라면 포장지의 후면 표시사항을 보면 대부분 '유탕처리식품'이며 치킨, 돈가스, 핫도그와 감자튀김까지. 어디 그 뿐인가요! 이런 것도 튀겨?라고 할 정도로 다양한 학교 앞 분식집 튀김의 세계에 놀라곤 하지요. 튀김류의 가공과정에 사용되는 팜유, 쇼트닝, 마가린 등에는 '포화지방산'이 많이 함유되어 있고 가장 피해야 할 지방 중 하나인 '트랜스지방산(17쪽)'이 잔뜩 들어 있습니다. 시중에 파는 튀김과 과자 속 산화된 기름들까지 더해 나쁜 콜레스테롤 수치를 높이고 심혈관 질환 및 심장병의 위험을 증가시킬 수 있으며 고온에서 튀겨질 때 나오는 아크릴아마이드나 각종 발암물질들로부터 우리 아이들은 절대 안전할 수 없습니다.

최근 10대 어린이 및 청소년 남자 5.2%, 여자 1.5%에서 이상지질혈증이 관찰되었다고 하는데요, 그렇다면 어른도 참기 힘든 튀긴 음식은 도대체 얼마나 제한해야 하는 걸까요? 한국인 영양소 섭취 기준에 따르면 심혈관 질환의 위험 감소를 위해 에너지의 7% 미만(약 15g)을 권고하고 있습니다. 이는 기름진 빵이나 튀김을 각각 100g 정도만 섭취해도 쉽게 넘는 수치라 사실 지키기가 쉽지는 않죠. ==완벽함보다는 지속 가능한 건강한 식단을 위해 아이들이 너무 먹고 싶어 한다면 조금씩 즐길 수 있도록 허용해 주세요. 극심한 제한은 폭식과 부모 몰래 사먹는 간식으로 이어져 되려 악영향을 미칠 수 있습니다.== 아래의 방법대로 먹다 보면 차차 그 횟수와 양을 줄여가는 것이 아주 어려운 일은 아닐지도 몰라요.

[튀김을 건강하게 먹이는 방법]
- 가정에서 안전하고 신선한 기름으로 엄마표 튀김을 만들어주세요.
- 튀김이 아닌 좀 더 건강한 간식을 제안, 튀김 먹는 횟수와 양을 점점 줄여주세요.

아이의 미래를 만드는 건강한 식습관

"훈아, 준아 내일 저녁은 뭐 먹고 싶어?" "제.육.볶.음!"
"오~ 찌찌뽕! 남북통일보다 어렵다는 메뉴통일을 해냈네! 양배추 아삭하게 넣고 내일 맛있게 먹자~"

아이들을 단단하게 만드는 치유의 집밥

식재료 준비가 필요한지라 늘 전날에는 두 아이에게 각자 먹고 싶은 식사를 물어보곤 해요. 그러면 저마다 희망하는 메뉴들을 쏟아냅니다. 의견이 모아지지 않는 날에는 나름 룰을 정해 조율하는 기특함을 보이기도 하고요. 밥 짓는 소리가 들리면 코를 킁킁거리고 오늘은 엄마가 잡곡에 무엇을 섞었을지 맞추기도 합니다. 함께 장을 본 식재료라면 더욱 반가워하죠.
혹 아프기라도 하면 쑤어준 죽을 먹으며 반쯤 된 얼굴로 "역시 엄마가 최고야!"라며 엄지척을 제게 해주면 조금은 나아졌나 하는 안도감에 가슴을 쓸어 내릴 때도 있습니다.

==집밥은 균형 잡힌 식사와 건강한 식재료들을 더 안전하게 챙길 수 있는 점도 참 좋지만 외식으로 느낄 수 없는 이런 소소한 기쁨들도 함께 존재==해요. 상차림 하나만으로도 켜켜이 쌓이는 추억들, 집밥으로 느끼는 무조건적인 사랑과 지지, 지치고 힘들 때도 언제든 돌아갈 수 있다는 따뜻함과 안도감은 그 존재만으로 아이들을 더욱 단단하게 만듭니다.

위협받고 있는 아이들의 식습관

아동기에 만들어진 식습관은 평생 지속되는 만큼 집밥의 중요성은 계속 강조해도 지나침이 없지요. 하지만 요즘 아이들은 의외로 충분한 식사시간을 보장받지 못하고 초가공 간편식의 홍수 속에서 그 유혹을 뿌리치기 쉽지 않은 환경 속에 살고 있습니다.

실제로 외식과 가공식품의 소비가 증가하며 많은 아이들이 트랜스지방, 당류와 나트륨을 권장량 이상 섭취하고 있습니다. 학교생활과 더불어 많은 학원을 돌며 쌓인 피로감과 스트레스는 물론이고 바쁜 일정에 넉넉한 식사시간을 보내는 것조차 무리일 때가 많아 불규칙적인 식사, 결식과 폭식이 증가되는 일 또한 문제입니다. 게다가 TV나 게임에 대한 노출은 느는 반면 운동량은 줄어드는데 영양밀도가 낮은 간식류를 선호하다보니 소아비만 또한 매해 증가하고 있습니다.

우리 아이들이 성장발달이나 생활습관병의 위협을 받고 주의력 결핍과 과잉행동 등의 지적, 행동 발달까지 문제가 생기는 것을 바로잡지 않으면 성인이 되어서는 돌이킬 수 없는 일이 될지도 모릅니다.

평생 가는 좋은 식습관, 어떻게 키워줄까?

① 식사준비에 참여시키기

"오늘은 내가 물컵 놓을게, 너는 수저 놓아."
매 끼니 저희 아이들의 식사 전 대화예요. 이렇듯 식사준비 과정에
참여시킴으로써 먹거리에 대한 관심과 감사함을 배울 수 있게 해주세요.
과정이 꼭 요리일 필요는 없습니다. 의외로 수저놓기,
물컵 챙기기, 요리 옮기기, 채소 껍질 벗기기나 본인 그릇
애벌설거지까지도 가능하지요.
"아이들 시키면 더 번거롭고 사고만 치지!
내가 하는 게 빠르고 속 편해"라는 마음이 드는 것이
당연하지만 이 작은 행동으로 책임감, 성취감을 느껴
식사에도 더 진지하게 임할 수 있습니다.

② 부모는 아이의 거울

오이를 안 먹는 부모의 아이가 오이를 먹지 않는 것은 어떻게 보면 이상한 일이 아니에요.
식사를 할 때 늘 TV를 켜는 집에서 자란 아이는 성인이 되어서도 TV를 보며 식사를 할 가능성이
높아지겠지요. 이처럼 아이들의 식생활과 식행동에 가장 큰 영향을 미치는 것은 부모입니다.
자리 잡았으면 하는 식행동이나 잘 먹었으면 좋겠다 싶은 식재료가 있다면 엄마, 아빠가 먼저
롤 모델이 되어주세요. 편식하던 음식도 다른 가족들이 맛있게 먹는다면 관심이 생기고,
식사 전 손씻기가 어려운 아이도 모두가 손을 씻으러 즐겁게 가는데 앉아만 있지는 않을 거예요.

③ 스마트기기는 잠시 내려놓기

식당에서 음식이 나오기 전까지 온 가족이 스마트폰만 보고 있는 모습. 아주 낯설지만은
않을 거예요. 이런 습관은 가족과의 대화를 단절시키는 것은 물론 TV나 스마트폰을 보면서 식사를
하면 음식물을 제대로 씹지 않고 삼키게 되어 소화불량과 과식을 유발할 가능성이 큽니다.

실제 식사를 할 때 TV를 보면 식사량이 10% 증가하고, 비만이 될 위험도 40%나 증가한다고 합니다.
이것은 비단 아이들에게만 해당되는 것은 아니에요. 엄마 아빠 역시 마찬가지지요.
식사 때만큼은 잠시 스마트기기를 내려놓아주세요. 서로에게 관심을 기울이고 음식에 집중할 수 있는
시간을 위해 우리집만의 규칙을 만들어 보는 건 어떨까요?

아동식, 기본 가이드 **PART 02**

④ 천천히 20번 이상 씹기

현대인은 기원전 1세기 무렵 사람들보다 6분의 1 정도 밖에 음식을 안 씹는다고 합니다.
그만큼 식재료와 조리법이 발전해 부드러운 음식에 익숙해진 것이죠. 혹 우리 아이들도 버섯이나
오징어 같은 쫄깃한 식재료는 거부하고 시간에 쫓겨 대충 밥을 씹어 삼키지는 않나요?
꼭꼭 잘 씹으면 자연스레 침이 많이 분비됩니다. 침은 포만감을 느끼는 중추신경을 자극해 과식을
예방하며 충치 예방과 소화 흡수를 돕지요. 특히나 저작활동은 뇌신경을 자극해 두뇌 움직임이
활발해지고 기억력 향상과도 관계가 깊어 두뇌에 미치는 영향이 커요.

씹는 힘은 가르쳐 주지 않으면 배울 수 없기에 어린 시절부터 천천히 씹어 먹는 방법을 꼭 알려주세요.
한 입에 적어도 20번 이상, 식사시간은 20분 이상 천천히 먹는 것이 좋습니다. 음식은 다양한
무르기로 주고 국에 말아먹는 습관은 가급적 제한합니다. 잡곡 등 거친 식재료를 밥상에 많이 올리고
아이가 씹는 힘을 기를 수 있도록 콩이나 멸치 등을 요리에 토핑처럼 올리는 것도 도움이 됩니다.

⑤ 가족과의 식사로 분비되는 사랑과 행복호르몬

출산 시 다량 분비된다고 알려진 '옥시토신' 호르몬은 사랑호르몬이라는 별명을 가지고 있습니다.
가족처럼 좋아하는 사람들과 함께 건강한 식사를 하면 바로 이 옥시토신과 세로토닌 수치가 높아져
스트레스를 줄이고 유대감과 정서적 안정감을 가져다줄 수 있다니 참으로 신기하지요.

아이들이 커서 가장 아름다운 추억으로 또렷이 남는 것 중 하나가 가족과 함께한 식사라는 보고처럼
이를 통해 서로 소통하고, 식행동을 바로잡을 수 있는 기회를 놓치지 않았으면 합니다.
상대방이 식사를 마칠 때까지 기다리는 동안의 인내심, 마음으로 차린 밥상에 배우는 감사하는
마음과 절제들로 아이는 식탁에서 사회를 배우게 됩니다. 바쁜 일상에 모든 끼니를
온 가족이 함께 먹기 어렵다면 적어도 아침 한 끼라도, 혹은 주말 저녁만큼은
가족과의 식사에 우선순위를 두어보세요.

제철의 먹거리와 즐길 거리

"엄마! 무화과예요! 같이 무화과잼 만들어요~"
가을의 시작을 알리는 무화과의 계절이 되면 잊지 않고
아이들이 먼저 과일가게에 가서 무화과를 찾습니다.
무화과잼을 만들기 위해서지요. 여러분은 식탁에서 얼마나
다양하게 계절의 변화를 가족들과 나누고 있나요?

김신지 작가님의 <제철행복>에서는 '한 해를 잘 보내는 건, 계절이 지금 보여주는
풍경을 놓치지 않고 산다는 것'이라 했습니다. 우리는 아이들과 제철마다
열두 번의, 스물네 번의 절기를 즐길 기회가 있어요. 제철 음식을 먹고 계절에 맞는
활동을 통해 아이들과 각 계절에 흠뻑 빠져보세요. 제철의 에너지를 듬뿍 담은
식재료는 그 무엇보다 아이들에게 줄 수 있는 최고의 보약으로 영양분이 풍부하고
맛도 좋아 입맛을 돋우는데도 제격입니다.

입안 가득 딸기를 물며 이제 곧 다가올 따뜻한 봄을 기다리고, 대추를 보며 가을을
이야기하듯이 아래 사계절 제철 식재료와 함께 할 수 있는 활동들을 실어 두었으니
아이와 함께하는 열두 달의 선물을 꼭 누려보길 바랍니다.

[사계절 제철 식재료 & 아이와 함께하기 좋은 활동들]

계절	채소	과일	해산물	체험 활동
봄 (3~5월)	달래, 냉이, 두릅, 미나리, 쑥, 취나물, 죽순, 우엉	딸기, 키위, 매실, 한라봉	민어, 참돔, 쭈꾸미, 바지락, 멍게, 미더덕, 소라, 키조개	봄나물 캐기, 딸기 따기, 조개 캐기
여름 (6~8월)	감자, 옥수수, 가지, 애호박, 오이, 열무, 도라지	수박, 참외, 복숭아, 자두, 블루베리, 포도, 토마토	장어, 참다랑어, 갈치, 다슬기	토마토 따기, 감자 캐기, 블루베리 따기, 복숭아 따기, 포도 따기, 수박 수확
가을 (9~11월)	무, 버섯, 배추, 늙은호박, 옥수수, 고구마, 참나물	사과, 배, 감, 석류, 무화과, 유자, 밤, 대추, 은행	대하, 꽃게, 전어, 고등어, 굴, 전복, 해삼	고구마 캐기, 밤 줍기, 사과 따기, 배 따기, 땅콩 수확, 조개 캐기
겨울 (12~2월)	우엉, 더덕, 배추, 무	귤, 한라봉, 딸기, 석류, 유자	과메기, 명태, 굴, 홍합, 꼬막, 방어, 삼치, 매생이, 톳	당근 캐기, 귤 따기, 딸기 따기

- 절기 관련 책이나 제철 달력을 찾아봐요.
- 엄마 아빠와 함께 제철 식재료로 직접 요리를 만들어요.
- 시장에 가서 직접 재료를 만지고 냄새를 맡고 함께 구입해요.
- 다양한 체험활동 & 제철 음식과 함께 축제와 여행을 즐겨요.

아동식, 기본 가이드 **PART 03**

엄마의 꼼꼼한 참견:
아동식을 위한 준비 A to Z

똑똑하게 장 보는 요령

① 최소로 가공된 식품 선택하기

최소로 가공된 식품이야말로 최고의 선택입니다. 풍부한 영양성분은 물론 아이들이
식탁에서 자주 마주할수록 미각발달에도 도움이 되니 최우선으로 챙겨주세요.
그러기 위해서 장을 볼 때 원재료의 함량이 적고 읽기 쉬운 것을 선택하는 습관을 기르도록 해요.
처음이 어렵지 몇 번 보다 보면 자연스럽게 후면부의 식품표시를 보게 되는 놀라운 경험을
할지도 모릅니다. 사실 식약처에서 허용된 식품첨가물은 그 안전성에 대해 검증된 것만 사용하게
되어있습니다. 지나치게 불안해하기보다는 꼼꼼히 살피고 현명하게 선택하는 것이 더 중요하겠지요.
★식품표시 읽어보기 305쪽

> **NOTE**
>
> ▶ 피하면 피할수록 좋은 식품첨가물
> 식품첨가물이란 '식품을 제조, 가공 또는 보존함에 있어 식품에 첨가, 혼합, 침윤 등의 방법으로 사용되는 물질'이에요.
> 이 중에서도 특히 환경정의에서 '아이가 먹지 말아야 할 식품첨가물'로 선정된 인공색소(적색2호, 적색3호, 황색4호,
> 황색5호), 아황산나트륨(표백제), 안식향산나트륨(보존제), 아질산나트륨(발색제), BHA와 BHT(산화방지제)는
> 알레르기와 비만의 원인이 될 수 있으며 성인에 비해 해독능력이 떨어지는 아이들에게는 위험할 수 있어 주의가
> 필요합니다.

② 농장에서 식탁까지, 로컬푸드와 친해지기

어릴 적 주말이면 가족과 함께 근교의 직거래장터를 자주 찾았어요. 콧바람 쐬는 야외나들이의 설렘과 함께 제철 식재료들을 눈앞에서 북적북적 구경하는 재미에 저에게는 참 좋았던 기억입니다. 저렴한 가격에 신선한 먹거리를 구입하니 엄마도 신이 나셨던 게 당연하고요.

직거래장터나 농산물직판장은 보통 재배지 가까이에서 운영해 그 맛과 영양이 최고치에 달했을 때 수확한 것을 판매합니다. 식재료가 생산, 운송, 소비되는 과정에서 발생하는 반 환경적인 요소도 줄일 수 있고, 먼 거리 이동으로 보존기간을 늘리기 위해 농약, 왁스 등 화학물질을 사용하게 되는 수많은 수입 식재료와 달리 식품의 안전성과 품질을 더욱 믿을 수 있는 장점들도 있습니다.

최근에는 꼭 찾아가는 매장이 아니더라도 생활협동조합과 같이 소비자와 생산자가 직접 거래할 수 있는 다양한 온라인 판매처가 있으니 잘 활용하면 좋습니다. 갓 딴 신선한 오이, 보기만 해도 군침 도는 빨간 토마토. 이렇게도 예쁜 재료들이라면 우리 아이들도 채소에 점차 익숙해지고 매일의 식탁이 더욱 든든해지리라 믿습니다. 다가오는 주말에는 에코백 하나씩 매고 아이들과 함께 로컬푸드를 찾아 장보러 나가보는 것은 어떨까요?

아동식, 기본 가이드 PART 03

③ 친환경 식품도 현명하게

유기농으로 재배된 식품이 일반 식품보다 더 영양학적으로 우수한가에 대해서는 많은 논란이
있습니다. 비싼 유기농 식품을 고르는 것은 여유로운 집에서나 가능한 일이라고 지적할 수도 있고요.
물론, 친환경 식품이 일반 식품보다 비싼 것은 사실이에요. 하지만 적어도
==유기농, 무농약, 무항생제와 같은 친환경 식품은 화학비료와 농약을 최소한으로 사용하기에==
==우리 아이들과 아이들이 살게 될 지구를 이롭게 한다는== 것은 분명합니다.

여러 화학 성분이 생태계의 균형을 깨뜨리고, 장기적으로 우리가 먹는 음식과 마시는 물 속에
들어가 가족들에게 끼칠 영향을 생각한다면 지속 가능한 식탁을 위해 한번쯤은 친환경 식품에
대해 관심을 가지는 것도 좋겠지요. 물론 너무 집착할 필요는 없습니다.
모두 친환경 식품을 구매한다면 더욱 좋겠지만 현실적으로 불가능하기에 저 역시
다양한 기준의 제품을 품목별로 비교하며 구매하고 있어요.

예로 잔류농약에 대한 가능성이 높은 시금치는 꼭 유기농으로 구입하고, 비교적 잔류농약이 적은
양배추는 일반 식품을 구입하는 것처럼요. 미국의 가장 대표적인 환경단체인 EWG
(Environmental Working Group)는 매년 농약 잔류 가능성이 가장 높은 12가지 채소 과일 목록과
적은 15가지 목록을 발표하니 장을 볼 때 참고하면 좋습니다.
이 목록은 매년 조금씩 변하지만 미국 농무부(USDA)의 잔류농약 검사 결과를 바탕으로 하며
가장 농약에 많이 오염된 농산물 12가지(Dirty Dozen)에 포함된 채소와 과일은
친환경 식품으로 구입하면 잔류농약의 가능성을 최소화할 수 있지요. 건강한 먹거리와
더 나은 환경을 위해, 작은 관심에서부터 시작해보세요.

> Dirty dozen 농산물은 가급적 친환경 식품을 선택하도록 하세요.

2025 Dirty Dozen	2025 Clean Fifteen
가장 잔류농약이 많이 검출된 농산물 12가지	가장 잔류농약이 적게 검출된 농산물 15가지
딸기, 시금치, 케일 & 콜라드 & 머스타드그린, 포도, 복숭아, 체리, 천도복숭아, 배, 사과, 블랙베리, 블루베리, 감자	파인애플, 옥수수, 아보카도, 파파야, 양파, 스위트피, 아스파라거스, 양배추, 수박, 콜리플라워, 바나나, 망고, 당근, 버섯, 키위

출처 : EWG 홈페이지(www.ewg.org/foodnews)

[친환경 식품 인증마크 이해하기]

인증마크	농림산물		축산물	
	유기농산물	무농약농산물	유기축산물	무항생제축산물
	유기농 (ORGANIC) 농림축산식품부	무농약 (NON PESTICIDE) 농림축산식품부	유기축산물 (ORGANIC) 농림축산식품부	무항생제 (NON ANTIBIOTIC) 농림축산식품부
특징	유기합성농약과 화학비료 등을 일체 사용하지 않고 재배한 농산품 ★유기농 = 오가닉 ★단, 퇴비와 같은 천연비료는 허용	유기합성농약은 일체 사용하지 않되, 화학비료 등을 권장량의 1/3 이내로 사용 ★소비자 혼란방지 차 '저농약' 농산물은 폐지됨	항생제, 합성항균제, 호르몬제가 포함되지 않은 100% 유기사료(일반사료, GMO 불가능)를 급여하고, 유기인증기준을 지킨 환경에서 사육한 가장 엄격한 기준의 친환경축산물	항생제, 합성항균제, 호르몬제 등이 포함되지 않은 사료(일반사료 가능)를 급여하고 일정한 인증기준을 지켜 사육한 축산물
농약	×	×		
화학비료	×	권장량의 1/3 이하		
제초제	×	×		

[GAP도 친환경인증 인가요?]

유기농, 무농약과 같은 '친환경농업'은 농약이나 비료 사용을 엄격하게 제한하고 천적과 생물학적 방제기술의 이용, 윤작 등 생태환경과 조화를 이루어 안전한 농산물을 생산하는 개념입니다. 이와 달리 GAP(Good Agricultural Practices : 농수산물 우수관리인증)는 농업환경과 농산물에 잔류할 수 있는 각종 위해 요소를 관리하고자 농림축산식품부에서 2006년부터 시행하고 있는 제도로 환경, 위생 등에 따른 생산기준을 적정하게 준수했느냐를 의미하므로 엄연히 따지면 친환경인증과는 다르다고 할 수 있습니다.

	친환경인증	GAP
	유기농 (ORGANIC) / 무농약 (NON PESTICIDE) / 유기축산물 (ORGANIC) / 무항생제 (NON ANTIBIOTIC)	GAP (우수관리인증) 농림축산식품부
품목	모든 농축산물	식용을 목적으로 생산 관리하는 농산물(축산물 제외)
농약	사용 금지	권장량 사용
화학비료	유기농 : 사용 금지 / 무농약 : 권장량의 1/3 이내	사용 가능
제초제, GMO원료	사용 금지	사용 가능

깐깐한 엄마의 눈으로 고른 양념들

친환경 농산물에 무항생제 쇠고기, 깐깐하게 식재료를 고르고도 정작 양념은
마트에서 할인하는 것 혹은 익숙한 제품들로 골라 담는 경우가 많아요.
아마도 양념은 주재료를 빛내는 조연일 뿐이란 생각 때문일지도 모르겠습니다.

예로부터 양념은 약을 짓는다 생각하고 음식에 넣어 먹었다는 뜻의 '약념(藥念)'에서
유래되었다고도 합니다. 단순히 간을 더하고 조미를 하기 위한 것이 아닌,
약이 되도록 염두했다니 그 쓰임을 자세히 살펴보면 양념 속 다양한 비타민,
미네랄, 효소들을 요리에 채우는 역할을 하고 있는 것이지요.
하지만 요즘 양념을 살펴보면 빠른 효율을 위해 여러 가공을 거친 초가공식품들이
많은 것이 현실입니다.

한 예로 콩을 원료로 한 간장에는 이소플라본이 풍부하고 이 성분은 발효과정을
통해 그 효능이 극대화되는데요, 최근 공정에서는 콩의 자연적 발효가 아닌
탈지대두를 염산으로 며칠 만에 분해하고 화학첨가물을 넣으면서 '산분해간장'을
탄생시키곤 합니다. 즉, 섭취할 수 있는 영양소는 크게 떨어지고 화학조미료와
착색제를 매일 섭취하게 되는 것이지요. 그 영향은 단기간에는 눈에 띄지 않겠지만
어린이들의 경우 호르몬 시스템의 변화와 연관되어 성장을 방해하고 건강을 크게
해칠 수 있기에 깐깐한 엄마의 눈으로 양념을 제대로 골라야 합니다.

[양념류 구매 전 체크포인트]
- ▶ 식품 유형 살펴보기(고추장 vs 고추양념)
- ▶ 원재료명 속 이름보기
  (내가 알지 못하는 이름은 우선 의심부터!)
- ▶ 원산지 확인하기
  (국내산 vs 중국산, 미국산, 외국산 등)
- ▶ GMO이슈 재료는 한 번 더 살피기
  (수입산 옥수수, 대두 등)

[특히 신경 써서 봐야 할 양념의 원재료와 추천 제품]

★참기름, 들기름의 경우 원산지와 착유 형태가 기준이므로 표에 넣지 않았습니다. 자세한 내용은 51쪽을 참고하세요.

	착한 제품의 원재료	주의할 제품의 원재료	추천제품
국간장	정제수, 메주(대두:국산), 천일염	정제수, 탈지대두(외국산), 천일염(호주산), 기타과당, 소맥(미국산), 효모추출분말, 파라옥시안식향산에틸(보존료)	문옥례 우리콩 국간장, 오아시스마켓 순창우리콩 국간장, 초록마을 우리콩국간장 ★시중에 메주, 천일염, 정제수만 들어있는 한식간장이면 다 좋아요.
양조간장	정제수, 대두(국산), 천일염(국산), 소맥(국산), 주정, 종국	정제수, 탈지대두[외국산(인도, 미국, 중국 등)], 천일염(호주산), 소맥(미국산), 기타과당, 효모추출분말, 효소처리스테비아, 감초추출물, 주정, 파라옥시안식향산에틸(보존료)	담가 우리콩 진간장, 초록마을 우리밀 진간장, 한살림 진간장
된장	메주(국산), 천일염(국산)	된장[대두(외국산), 소맥분(밀: 미국산, 호주산), 정제소금, 밀쌀, 종국], 주정, 정제수, 야채농축액A, 탈지대두분, 정제소금, 향미증진제	맥된장, 한살림 장국된장, 진미 우리쌀된장 ★장국된장은 미소된장 대신 사용해도 좋아요.
고추장	찹쌀(국산), 고춧가루(국산), 메줏가루(국산), 죽염(국산), 한식간장(국산), 엿기름(국산)	물엿, 소맥분(밀:외국산), 고추양념(중국산), 밀쌀(밀:미국산), 정제소금, 고추양념분말(중국산), 주정, 탈지대두분, 효모추출물, 종국	초록마을 매실고추장, 맥 찹쌀 고추장, 김구원선생 전통고추장
사과식초	유기농사과식초 100%	정제수, 주정, 사과농축액(중국산), 발효영양원, 향료(사과에센스)	한살림 식초, 오아시스마켓 국내산 현미식초, 유기농애플사이다비네거
액젓	멸치(국산), 천일염(국산)	참치베이스[정제수, 가쓰오부시(인도네시아산), 참치엑기스, 정제소금, 피쉬소스농축액, 향미증진제], 정제소금(국산), 설탕, 정제수	강경 멸치액젓(액젓류), 어박사 참치어간장(액젓류), 식도락상점 꽃게액젓(소스류) ★소스류 중에서 성분좋은 제품을 선택하면 돼요.
요리술 (맛술)	정제수, 쌀(국산), 프락토올리고당, 우리밀누룩(밀:국산), 효모, 약쑥잎(국산), 양파(국산), 소나무잎분말(국산), 파(국산), 생강가루(국산), 계피가루(수입산)	정제수, 기타과당, 2배양조식초(주정), 설탕, 생강농축액(생강:국산), 사과농축액(중국산), 주정, 기타가공품, 맥아엿	미청, 한살림 미온(맛술), 사랑과정성 요리맛샘
마요네즈	유기농대두유, 정제수, 유기농난황, 유기농전란, 유기농증류화이트식초, 소금, 유기농레몬주스농축액, 유기농겨자분말	식물성유지[외국산], 정제수, 난황액[난황(계란:국산), 정제소금(국산)], 발효식초, 난백액(계란:국산), 설탕, 난황액에스, 정제소금, 향미유, 포도당, 잔탄검, 식물성분해단백, 간장믹스, 효소제제	수지스 유기농 리얼마요, 사랑과정성 마요네즈, 오아시스마켓 순한마요네즈 ★마요네즈나 케첩은 주로 잔탄검이나 변성전분이 없는 제품을 고릅니다.
케첩	유기토마토농축, 유기농설탕, 유기농증류식초, 소금, 유기농양파분말, 유기농향신료	정제수, 토마토페이스트(중국산), 물엿, 기타과당, 설탕, 발효식초, 케첩베이스[정제소금(국산), 케첩스파이스믹스(계피분말:베트남산)], 변성전분	수지스 유기농 케첩, 사랑과정성 더진한 토마토케첩, 한살림 유기농 토마토케첩, 쯔베르겐 비제 유기농 토마토케첩, 하인즈 유기농 토마토케첩

아동식, 기본 가이드 PART 03

① 유기농 비정제 원당

유기농 사탕수수 100%로 만들어 화학비료나 살충제 없이 재배하고 화학 가공없이 제조된 설탕으로 미네랄과 식이섬유가 포함되어 있어요. 깊고 은은한 맛과 향에 두루 사용할 수 있으며 일반 설탕과 동량으로 사용하세요.

② 한식간장

국산 대두와 천일염, 정제수로만 만들어 천천히 숙성을 거친 한식간장이나 성분이 좋은 양조간장(진간장)을 사용합니다. 일반 시판 간장은 맛을 내는 향미증진제 등을 첨가해 상대적으로 염도가 낮아 처음 한식간장을 사용하면 짜게 느껴질 수 있어요. 양을 조절하거나 과일 맛간장(62쪽)을 만들어 쓰면 감칠맛을 느낄 수 있습니다.

만드는 방법에 따른 분류	한식간장 / 양조간장 / 산분해간장 / 혼합간장
쓰임에 따른 분류	한식간장(= 국간장 = 재래간장 = 전통간장 = 조선간장) 양조간장(진간장) / 맛간장

- **한식간장** 메주를 쑤어 소금물에 담가 발효시켜 만드는 전통 방식의 간장
- **양조간장** 콩의 기름을 짜고 남은 탈지 대두, 대두, 곡류 등을 미생물로 6개월 이상 발효, 숙성시켜 얻은 간장. 곡물을 넣고 발효시킬 경우 더 빠른 발효와 단맛이 추가되며 양조장에서 만들어졌다고 해서 양조간장으로 불림
- **산분해간장** 탈지대두에 염산을 넣어 단시간 화학적으로 단백질을 분해시킨 간장. 각종 조미료, 색소, 방부제를 첨가해 만들며 가격이 저렴해 일반적으로 판매되기보다는 업소용 간장이나 혼합간장을 만들 때 사용됨

- **혼합간장** 한식간장이나 양조간장에 가격이 싼 산분해간장을 섞어 만든 것으로 많은 시판 간장에 해당.
  '진간장', '맛간장'으로 표기되어 나옴

③ 한식 재래된장 & 고추장

국산 콩과 메주, 천일염으로만 만든 한식 재래된장을 사용합니다. 고추장 역시 국내산 고춧가루,
메줏가루, 소금과 찹쌀로 만든 제품을 사용하며 가급적 밀가루나 설탕, 기타 첨가물이 없는 것을 추천해요.
특히 고추장은 그 유형이 고추양념이거나 원재료에 고춧가루 대신 고추양념이 들어가 있는 무늬만
고추장인 제품도 있으니 후면 정보표시면을 잘 보고 고르도록 합니다.

④ 올리브유

올리브유에 대한 정보가 너무 많아 혼란스럽다면 두 가지를 우선순위로 보고 구매하세요. 먼저 가열공정
없이 냉압착 방식으로 추출해 영양소 손실을 최소화 한 '엑스트라 버진 올리브유'인지를 따져봅니다.
또한 엑스트라 버진 올리브유는 산도가 0.8% 이하로 규정되어 있으나 산도가 낮을수록 갓 따서 바로 짠
신선한 올리브유이니 산도가 어느 정도인지 확인하면 더욱 좋겠지요. 산도가 낮은 질 좋은 엑스트라 버진
올리브유는 발연점이 높아 고온으로 조리해도 안전하며 드레싱과 요리에 모두 사용할 수 있어
잘만 고른다면 다용도로 활용하기 좋습니다.

[올리브유 선택 시 포인트]

- **필수**
  - ▶ **등급** 엑스트라 버진 올리브유
  - ▶ **유통기한** 병입 후 2년 이내. 소량으로 구매해 빠르게 쓰는 것을 추천
- **권장**
  - ▶ **산도(산가)** 0.8 이하의 낮은 제품
  - ▶ **포장** 빛이 차단될 수 있는 어두운 유리 용기
- **선택**
  - ▶ **수확시기** 최근에 수확된 햇 올리브유
  - ▶ **유기농** 국제 인증된 유기농 여부 확인해 선택
  - ▶ **품종 및 원산지** 개인의 취향에 맞춰 선택

⑤ 아보카도유

고온 조리를 할 때는 발연점과 오메가6 함량을 확인해 조리유를 고릅니다. 발연점이 낮으면 쉽게
기름이 기화되며 산패가 진행되고, 기름 속 오메가6 함량이 높으면 염증을 유발할 수 있기 때문이지요.
또한 일부 기름에는 GMO이슈가 있어 조리유를 선택하는 것에는 많은 주의가 필요합니다.
이런 점들을 고려해 발연점이 250~270℃로 높아 튀김이나 센 불 요리에 적합하고 산화 안정성이
잘 유지되는 정제 아보카도유를 사용하고 있어요. 올리브유와 마찬가지로 냉압착 방식으로 추출,
영양소 손실을 최소화하고 맛과 향이 잘 유지된 제품을 사용하는 것을 추천하며, 특유의 향 때문에
호불호가 있는 경우에는 질 좋은 엑스트라 버진 올리브유를 사용해도 좋습니다.

아동식, 기본 가이드 **PART 03**

⑥ ─ 자연발효 식초

국내산 사과나 현미와 같은 천연재료를 주정과 과당 없이 자연 발효시켜 만든 식초를 택합니다.
발효과정에서 다양한 유기산과 영양성분을 포함하게 될 뿐만 아니라 신맛을 생생하게 끌어올린
진짜 식초예요. 이와 반대로 에탄올에 사과나 현미 농축액 등을 넣어 속성 발효시킨 양조식초는
신맛에는 적합하나 유기산이나 비타민, 미네랄은 거의 존재하지 않고 첨가물을 넣는 경우도 있답니다.
애플사이다비네거 역시 자연발효 사과식초로 어른들의 건강음료나 드레싱에 활용하기 좋아요.

⑦ ─ 국산재료의 액젓

멸치, 참치, 꽃게 등으로 만든 다양한 액젓은 요리에 풍부한 감칠맛과 깊은 맛을 전해줘요. 가급적
국내산 재료로 만든 첨가물이 없는 제품을 구매하며 원재료와 천일염만으로 만든 순수 액젓이나
무, 양파, 마늘, 생강 등의 재료를 섞어 만든 소스류를 용도에 맞춰 씁니다. 액젓의 이름을 달고
판매되는 농축액이나 외국산 첨가물들이 포함된 소스류 제품은 피하고 있어요.

⑧ ─ 요리술(맛술)

미림과 같은 첨가물이 많은 맛술은 아이들 요리에 가급적 사용하지 않아요. 요리용 술,
소량의 생강즙(생강진액), 레몬 등을 활용하거나 동량의 물로 대체하지요. 하지만 고기나 생선 요리

등의 잡내를 제거하고 음식의 감칠맛과 풍미를 위해 꼭 필요할 때에는 액상과당이나 구연산을 넣지 않고 만든 것으로 고르세요. 선택이 고민될 때는 친환경마켓에서 구매하기를 추천합니다.

⑨ 참기름 & 들기름

일반적으로 참기름과 들기름은 원료를 고온(200℃ 이상)에서 볶은 후 압착해 짙은 갈색을 띠고 그 맛과 향이 진한 것이 특징입니다. 반면 저온에서 볶아 착유한 저온압착 제품은 벤조피렌의 발생을 최소화하고 영양성분을 최대한 보존할 수 있어 건강에는 더 이롭지요. 특히 들기름은 산패되기 쉬운 리놀레산 성분이 함유되어 있어 소량씩 구매하고 냉장 보관을 추천하며 조리 시에도 처음부터 넣고 가열하지 않고 완성된 요리에 뿌려 활용할 것을 권합니다.

⑩ 마요네즈 & 케첩

아이를 키우는 집에 없으면 서운한 마요네즈와 케첩 역시 인공감미료나 잔탄검과 같은 증점제, 안정제가 많이 첨가된 양념류 중 하나예요. 저는 주로 친환경마켓 제품을 사용하는데, 원재료를 읽어봤을 때 '내가 다 아는 재료'이면 잘 선택한 거랍니다.

⑪ 매실액, 배농축액, 사과농축액

단맛을 낼 때 사용해요. 매실액이나 사과농축액은 상큼한 단맛으로 무침이나 절임류에, 배농축액은 은은한 단맛으로 고기 요리에 자주 활용하고 있어요. 이 책의 요리들은 원당을 기준으로 레시피를 소개했지만 한 번쯤 구매해 다양하게 사용해보길 권합니다.

> **NOTE**
>
> **[구비해 두면 활용도가 높은 양념]**
>
> ▶ **파프리카가루** 은은한 파프리카 향의 단맛과 순한 매운맛을 구비해두고 고춧가루 대신 사용하고 있어요. 훈연 과정을 거쳐 만든 훈제 파프리카가루는 스모키한 풍미가 느껴지므로 이국적인 맛을 내고 싶을 때 활용해도 좋습니다.
>
> ▶ **카레가루** 강황, 큐민, 겨자씨, 코리엔더 등의 향신료를 섞은 카레가루 역시 다양한 풍미를 낼 때 유용하게 사용합니다. 밀가루나 첨가물, 설탕이 포함된 제품 대신 심플리올가닉의 커리가루를 애용해요. 육류나 해산물 요리에 활용하거나 스튜, 볶음밥 등에도 잘 어울려요.
>
> ▶ **쌀춘장** 밀가루 대신 국산 쌀과 콩, 천일염 등을 발효시킨 우리쌀춘장을 사용해요. 캐러멜색소를 사용하지 않아 더욱 안심하고 즐길 수 있지요. 일반적인 춘장보다 깔끔한 맛에 글루텐이 없어 더욱 안심이랍니다.

아동식, 기본 가이드 **PART 03**

쉽고 빠른 집밥을 위한 추천 시판 제품

매일의 집밥을 위해서는 무엇보다 엄마가 행복하고, 부담되지 않는 일이어야 지속 가능할 수 있기 때문에 시판 제품을 적절히 사용하면 큰 힘이 될 수 있어요. 최근에는 환경과 먹거리에 대한 관심이 늘어나며 녹색소비에 동참할 수 있는 친환경 간편제품들도 점점 늘어나는 추세이니 잘 골라 사용해보세요.

무농약 감자로 만든 옹심이

밀가루 없이 국산 무농약 감자와 감자 전분으로 만든 냉동 옹심이.
번거로운 조리 없이 육수에 애호박, 양파와 함께 넣고 끓이면
담백하고 쫀득쫀득한 맛에 아이들이 너무 잘 먹어 저희 집의 상시템입니다.
서양의 뇨끼처럼 활용해도 좋아요.

유기농 / 무농약 쌀로 만든 누룽지

갑자기 밥이 떨어졌을 때나 구수한 누룽지탕을 끓여주고 싶을 때를 위해
구비해두세요. 바삭한 식감에 그냥 먹어도 좋고 삼계탕이나 해물누룽지탕,
전골에 넣으면 구수한 풍미에 탄수화물도 챙길 수 있습니다.

효자원 현미국수

국내산 무농약 현미와 소금으로만 만든 효자원 현미국수는 아이들뿐 아니라
성인들도 밀가루를 멀리하고자 할 때 반가운 제품이라 꼭 소개하고 싶었어요.
첨가물이 없는 착한 성분에 쫄깃한 식감이 어찌나 좋은지, 국수뿐만 아니라
파스타와 같은 서양요리에도 잘 어울려요.

국산 유기농 오트밀

국산 귀리로 만든 오트밀이에요. 건강한 포만감을 주는 식이섬유가 풍부해
아침식사로 제격인 오버나이트오트밀이나 오트밀죽을 만들 때 요긴하지요.
가급적 농약, 제초제, 화학비료 없이 기른 국산 귀리로 만든 것을 선택합니다.

우리밀 통밀또띠야

한살림이나 오아시스마켓과 같은 유기농마켓의 통밀또띠야를 애용해요. 보존제나 첨가물을 넣지 않고 우리밀로 생산해 수입 또띠야보다 더 고소하고 안심하며 먹을 수 있답니다. 각종 채소와 고기, 치즈를 듬뿍 뿌려 만드는 엄마표 피자에도 제격입니다.

유기농 냉동 곤드레밥

인공첨가물이 가득한 냉동 밥 대신 우리 땅에서 자란 유기농 곤드레와 백미로 지어 안심할 수 있어요. 달걀프라이나 고기소보로만 얹으면 탄수화물, 단백질, 지방, 식이섬유까지 모두 채운 균형 잡힌 식사가 완성됩니다. 유기농마켓이나 코스트코에서 한우물 제품을 구매해둡니다.

우리밀 물만두

한때 부적절한 관리와 각종 첨가물, 원재료 이슈가 있었기에 그 선택이 더 조심스러운 냉동 만두. 믿을 수 있는 돈육과 국산 채소, 우리밀 만두피로 만든 친환경마켓의 물만두를 고수해요. 옹심이나 떡볶이에 넣어 먹어도 좋답니다.

친환경마켓 냉동 손질 생선 & 해산물

단백질 반찬이 없을 때 냉동실에서 꺼내 굽기만 하면 든든해지는 냉동 손질 생선은 고등어, 삼치, 가자미 등 다양한 종류로 먹을 만큼 구매해둡니다. 가급적 생선과 해산물 모두 방사능 검출 검사를 거친 친환경마켓 제품을 이용하고 있어요. 순살 생선은 가시를 발라줄 필요도 없어 더욱 편리하고, 냉동 새우나 오징어도 냉동실에 보관해 볶음밥이나 덮밥에 요긴하게 사용하고 있답니다.

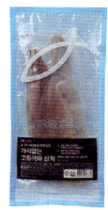

대용량 손질 코다리

코다리를 어른 음식으로만 생각했다면 큰 오산. 간장조림이나 강정으로 만들면 담백하고 두툼한 속살에 아이들이 아주 잘 먹는답니다. 오아시스마켓의 1kg 손질 냉동 코다리는 조리도 편하고 가격도 합리적입니다.

손질 황태채

고단백, 저지방에 필수아미노산도 풍부한 황태채는 건조 상태라서 보관도 쉽고 요리에 활용하기도 좋죠. 가급적 방사능 검출 검사를 통과한 제품을 선택하고 개봉 후에는 냉동 보관하세요. 달걀 북어국이나 양념에 볶아 스낵처럼 주기도 하고, 단백질을 챙겨주고 싶을 때 된장찌개, 떡볶이, 미역국에도 넣어요.

아동식, 기본 가이드 **PART 03**

자연실록 동물복지 닭가슴살 큐브 스테이크

좋은 환경에서 키운 동물복지 닭가슴살에 국내산 시즈닝을 적당히 더한 제품.
건강하게 즐길 수 있는 건강간편식이라 아이들뿐만 아니라 저도
잘 먹는 냉동 식품이지요. 일부 맛은 복합조미식품이나 혼합제제가
들어가지만 '오리지널'이나 '갈릭'맛은 자극적이지 않고 촉촉함이 살아있어
구워서 그냥도 먹고, 또띠야에 말아서 주기에도 편리합니다.
이 제품은 마켓컬리나 쿠팡에서 구매할 수 있어요.

염장톳 / 건톳

겨울 제철에는 생톳을 사서 요리하지만 그 외 계절에는 염장톳을 사용합니다.
톡톡 터지는 식감에 칼슘과 철분, 식이섬유까지 풍부하니 아이들에게
필수적인 미네랄로 꽉 차 잘 활용하면 어느 영양제보다 좋습니다. 밥에 섞어
줄 때는 입자가 더 작은 건톳도 유용하니 용도에 맞게 선택하세요.

냉동 매생이

고단백 알칼리성 식품으로 아이들이 감기기운 있을 때나 뜨끈한 국물에
무언가 특별함이 필요하다 싶을 때 냉동 매생이에 달걀 하나만 풀어
참기름을 두르고 나면 훌륭한 국요리가 탄생해요. 매생이 달걀탕, 떡국,
부침개 등 활용도가 높아 떨어질 날 없이 냉동실에 준비해둡니다.

토마토 퓨레 / 농축 토마토

100% 유기농 토마토를 담아 간편하게 토마토 요리를 할 수 있는 퓨레.
파스타나 고기듬뿍 라구 소스 등을 만들 때 활용하기 참 편리하지요. 가급적
토마토만 사용하고 일체 첨가물이 없어 깔끔한 맛을 느낄 수 있는 제품을
선택하세요.

어린이 무항생제 한우사골국

멸치육수보다는 진한 사골의 맛이 필요할 때, 국으로도 밑국물로도
간편하게 데워 먹을 수 있는 제품. 건강하게 키운 축산물로 만든 제품으로
뽀얀 국물의 깊은 맛과 부드러움 덕분에 현미떡국, 만두국 등에 활용하고
있습니다. 앤쿡에서 나온 어린이 사골국은 아이들이 먹기 좋은 200g으로
소분되어 있어 추천해요.

환경호르몬 걱정 없는 주방용품

"오늘 저녁은 아이들의 주문으로 떡볶이를 만들어볼까 해요. 친환경마켓에서 고른 양배추와 어묵을 가벼워서 애용하는 플라스틱 도마에 썰고, 조금은 오래되어 코팅이 벗겨진 듯하지만 손때 묻어 익숙한 코팅팬에 정성껏 끓입니다."

음, 뭔가 이상하지 않나요? 재료를 아무리 꼼꼼하게 골랐을지라도 정작 조리과정에서 나오는 환경호르몬에 노출되어 우리 가족의 건강을 위협한다면 과연 안전한 먹거리라고 할 수 있을까요? 어떤 조리도구를 사용했느냐에 따라 재료에 쏟은 정성이 하루아침에 물거품이 될 수도 있다니 안전한 먹거리를 위해 한번쯤 주방환경을 점검해보세요.

요리를 했을 뿐인데, 환경호르몬이?

호르몬이라면 우리 몸에서 만들어지는 것을 떠올리게 되지만 몸밖에서 만들어지는 호르몬도 있습니다. 바로 '환경호르몬'. 환경 중에 배출된 화학물질이 생물체 내에 유입되어 마치 호르몬처럼 작용한다고 하여 그 이름이 붙여졌습니다.
이름처럼 체내 호르몬의 다양한 과정에 관여해 각종 형태의 교란을 일으키고,
특히 인체에 유입되어 쉽게 분해되지 않고 축적되는 점이 가장 큰 문제로 꼽히고 있어요.
고농도로 쌓이게 될 경우 아토피나 천식, 성조숙증, 내분비 관련 암과 발달장애까지.
면역력이 약한 아이들에게는 더 큰 영향을 미쳐 각별한 주의가 필요합니다.

실제 조사에 따르면 우리나라 어린이 몸속에 축적되어 있는 환경호르몬의 농도가 성인보다 높은 수준이며, 최근 나이에 비해 비정상적으로 성장이 빠르게 진행되는 성조숙증의 가장 큰 원인이 환경호르몬에 있다고 알려져 있습니다. **특히 프탈레이트와 페놀류는 주방에서 사용되는 플라스틱제품, 캔, 일회용 용기와 비닐랩에 많이 포함되어 있어 가급적 사용하지 않는 게 좋습니다.**

비추천 X	조리 도구	추천 O
플라스틱	**도마**	나무, 스테인리스
플라스틱	**조리도구**	나무, 실리콘, 스테인리스
코팅 냄비, 프라이팬	**냄비, 팬**	스테인리스, 무쇠, 옹기
비닐	**랩, 포일**	천연펄프, 종이
플라스틱	**용기**	도자기, 유리, 스테인리스
아크릴	**수세미**	천연

아동식, 기본 가이드 **PART 03**

슬기로운 주방생활을 위한 주방디톡스 추천템

지속 가능한 소재로 환경오염을 줄이는데 한걸음 앞장서고 우리 아이들과 가족의 건강,
지구를 위한 변화를 만들 수 있는 주방도구를 소개합니다.

냄비와 후라이팬

불소수지코팅, 티타늄코팅, 테프론코팅, 논스틱코팅 등 그 이름도 참 다양한 코팅팬은 달걀프라이에도 잘 눌러 붙지 않고 세척까지 편하니 엄마들의 필수템인 주방용품이에요.
하지만 과불화합물(PFOA, PFOS)과 같은 환경호르몬이 각종 질병과 암을 유발할 수 있어 과불화합물 포함 여부를 꼭 확인해 구입합니다. 만약 코팅이 벗겨졌다면 아까워하지 말고 당장 교체하는 것이 가장 안전해요.
최근 코팅팬의 유해성이 잘 알려지며 스테인리스, 주물이나 옹기로 만든 조리도구로 교체하는 가정이 많아졌어요. 만약 새로 스테인리스 제품을 구입했다면 반드시 연마제를 제거하고 사용하는 것도 잊지마세요.

조리도구

쉽게 볼 수 있는 플라스틱 밥주걱이나 뒤집개는 계속적으로 열을 받으면 쉽게 녹거나 탈 뿐 아니라 엄청난 양의 환경호르몬을 방출할 수 있습니다.
이들을 대신해 나무, 실리콘, 스테인리스 조리도구로 교체해보세요. 저는 코팅팬에 사용할 때도 상처가 나지 않고 뒤집기가 수월한 실리콘 재질이나 뜨거운 국을 뜰 때 요긴한 스테인리스 국자 등 여러 재질을 교차해 쓰고 있습니다.

도마

플라스틱 도마는 나무도마에 비해 미세플라스틱과 세균이 번식할 가능성이 높을 뿐 아니라 일부는 환경호르몬의 위험이 있어요. 나무나 유리 또는 스테인리스 도마로 바꾸고, 만약 플라스틱 제품을 사용한다면 BPA-Free, 프탈레이트-Free인지 확인합니다. 또한 교차 오염을 방지하기 위해 2~3개의 도마를 용도에 맞춰 준비해 사용하세요.

식기류

가볍고 편리해 자주 사용되는 플라스틱 용기는 뜨거운 음식을 담거나 전자레인지에 돌릴 경우 BPA 뿐만 아니라 프탈레이트가 녹아나올 수 있어요. 분식집이나 중국집에서 사용하는 알록달록 가벼운 단무지 종지 역시 멜라민 식기로 고온에 노출될 경우 1급 발암물질인 포름알데히드가 나올 수 있는 재질이니 주의가 필요합니다.
예쁜 도자기나 BPA-Free 제품이 좋고, 보온과 보냉이 우수하고 향균 효과까지 있는 유기도 관리가 다소 번거롭지만 최근에는 아이들 식기로 선호하는 분들이 많지요.

랩

환경호르몬과 중금속이 배어 나올 위험이 있는 비닐랩도 종이포일로 교체하면 유독성분의 발생을 줄일 수 있습니다. 고온으로 조리한 음식을 바로 랩으로 덮으면 환경호르몬이 용출되므로 일회용 비닐랩이 아닌 계속적인 사용이 가능한 실리콘 뚜껑을 활용합니다.

만들어두면 간편한
엄마표 밀프렙

'밀프렙'이란 식사(meal)와 준비(preparation)의 합성어로
'미리 준비해둔 식사'를 의미합니다.
엄마표 밀프렙이 있다면 시간과 식비를 절약할 수 있는 것은 물론
한 번의 수고로 식사준비가 쉬워지니
지속 가능한 집밥이 가능해져요.
두고 먹기 좋은 맛간장, 아이 성장에 꼭 필요해
매 끼니 챙겨야 하는 단백질 요리까지, 엄마표 밀프렙을 소개합니다.

만들어두면 간편한 **엄마표 밀프렙**

① 채소 밀프렙

주로 여유로운 주말 아침, 일주일치 먹을 채소를 미리 다듬어 놓습니다.
이렇게 미리 준비해두면 식재료가 얼마나 남았는지 한눈에 파악하기도 쉬워 식비를 줄이는 데에
큰 도움이 되고, 손질에 대한 부담이 없어 언제든 편하게 채소를 요리에 더할 수 있지요.

- ☑ 재료는 투명용기에 보관하면 한눈에 볼 수 있어서 좋아요.
- ☑ 준비한 날짜를 적어두면 더 좋습니다.
- ☑ 냉동 채소는 1~3개월 내로 최대한 빨리 먹도록 하세요.
- ☑ 한번 해동한 재료는 재 냉동하지 않아요.

[채소 밀프렙 방법]

	잎채소, 부추 양배추, 알배추 등	버섯	파프리카, 피망 당근, 무 등	양파, 애호박 감자, 고구마 등
방법	채소탈수기로 물기를 완전히 없애요. 밀폐용기에 물에 적신 키친타월을 올려 보관해요.	씻지 않고 한번 먹을 분량씩 키친타월로 감싸 밀폐용기에 보관해요.	요리에 자주 쓰는 크기와 모양으로 썰어 샐러드나 생식용은 냉장, 볶음용은 냉동해요.	요리에 자주 쓰는 크기와 모양으로 썰어 냉동한 후 해동 없이 활용해요.
냉장	밀폐용기 / 최대 1주일	밀폐용기 / 최대 3~5일	밀폐용기 / 최대 1주일	밀폐용기 / 최대 3~5일
냉동	생으로 먹는 잎채소 (깻잎, 상추, 쌈채소 등) 냉동 불가, 케일, 시금치는 데친 후 냉동해요.	10초간 데친 후 물기를 없애고 냉동해요.	냉동한 후 해동 없이 요리에 활용해요.	냉동한 후 해동 없이 요리에 활용해요.

② 단백질 밀프렙

아이들 성장에 꼭 필요해 끼니마다 챙기는 고기로 단백질 밀프렙을 만들어보세요. 재료와 양념을 간단히 해서 만들어두면 다양한 요리에 활용하기 편해요. 예를 들어 불고기 밀프렙의 경우 그냥 볶아도 되지만, 육수, 채소, 당면을 더해 전골로 만들어도 좋고, 치즈나 머스터드를 더해 샌드위치 속재료로도 활용하세요.

☑ 한번 먹을 분량씩 용기나 지퍼백에 담아 냉동해요.

[추천! 단백질 밀프렙]
- 쇠고기 & 돼지고기 : 고기소보로(66쪽), 든든 소불고기(72쪽), 베이직 미트볼(74쪽), 깻잎 돼지불고기(200쪽), 치즈 토마토 제육볶음(202쪽), 등갈비구이(210쪽)
- 닭고기 : 닭고기 채소완자(76쪽), 닭안심텐더(78쪽)
- 해산물 : 연어소보로(68쪽), 오징어소보로(70쪽)

③ 홈메이드 육수

무첨가 코인육수로 요리를 해도 좋지만, 직접 만들면 그 깊이가 다르지요. 육수 역시 밀프렙하듯 미리 만들어 냉동 보관해두면 좋습니다.

☑ 한번 먹을 분량씩 용기나 지퍼백에 담아 냉동해요.

- **기본 멸치육수** 물 10컵(2ℓ), 다시마 5×5cm 3장, 국물용 멸치 30마리(30g)
- **기본 채소육수** 물 10컵(2ℓ), 다시마 5×5cm 3장, 무 지름 10cm, 두께 2cm(200g), 말린 표고버섯 2개

1 냄비에 모든 재료를 넣고 센 불에서 끓인다. 끓어오르면 중약 불로 줄여 15~20분간 끓인 후 불을 끈다.
   *다시마는 오래 끓이면 알긴산이라는 진액이 나오므로 5분만 끓이고 건져낸다.
2 체로 건더기를 건져내고 한 김 식힌 후 냉장 또는 냉동 보관한다(냉장 1주일, 냉동 3개월).

밀프렙 용기는 이렇게 고르세요!
▶ 냉장고에 쌓아 놓기 편하고, 자리를 덜 차지하고, 속을 볼 수 있는 투명 사각 통을 추천해요.
▶ 100~250㎖ 소형 용기는 소스나 양념, 다진 채소 / 500~700㎖ 중형 용기는 고기, 찌개, 탕, 솥밥 등 1회 분량 소분용으로 추천해요. 단, 입구가 좁은 건 세척이 어려우니 피하세요.
▶ 보통 유리나 스테인리스를 사용하며 채소 보관으로는 채반이 달린 가벼운 폴리프로필렌(PP) 재질도 추천합니다. 냉동실용 역시 유리나 스테인리스를 사용하나, 국이나 밥 등을 담을 때에는 얼어도 잘 휘어지는 실리콘 용기가 더 편합니다.
▶ 환경호르몬(55쪽), 잊지 않으셨죠? BPA-Free 제품을 선택하세요.

만들어두면 간편한 **엄마표 밀프렙**

과일 맛간장

과일과 채소를 넣고 엄마의 정성으로 달인 맛간장입니다.
일반적인 맛간장 레시피와 달리 설탕을 넣지 않아
당도와 염도 모두를 낮추고 자연스러운 감칠맛을 냈습니다.
달지 않아도 충분히 맛있고 두루두루 쓰임이 좋아
조림이나 소스 등 다양하게 활용 가능해요.

상큼한맛 밀프렙

- ⏱ 20~25분
  (+ 숙성시키기 1일)
- 🍴 1ℓ
- 🧊 냉장 1개월, 냉동 3개월

- 양조간장 2컵(400㎖)
- 물 2컵(400㎖)
- 요리술 1컵(200㎖, 50쪽)
- 다시마 5×5cm 2장
- 양파 1/2개(100g)
- 사과 1/2개(100g)
- 대파 1대
- 레몬 1/2개
- 마늘 5쪽
- 통후추 10알

1 양파, 사과, 대파는 큼직하게 썰고, 레몬은 얇게 슬라이스한다.

2 냄비에 레몬을 제외한 모든 재료를 넣고 센 불에서 끓어오르면 중약 불로 줄여 5분간 끓인 후 다시마를 건져낸다.
★다시마는 오래 끓이면 진액이 나오므로 먼저 건져낸다.

3 약한 불로 줄여 10분간 더 끓인다. 한 김 식히고 레몬 슬라이스를 넣는다.

4 1일간 상온에서 숙성시킨 후 체에 거르고 밀폐용기에 담아 냉장 보관한다.

Tip

▶ **활용하기**
일반적인 간장에 비해 염도는 낮추고 풍미와 단맛, 신맛을 높였어요.
덕분에 양념장, 소스, 조림이나 볶음 등 다양하게 활용 가능해요.

▶ **단맛 내기**
기호에 따라 과정 ②에서 원당 1컵을 더해 단맛을 내도 좋아요.

만들어두면 간편한 **엄마표 밀프렙**

만능 라구 소스

파스타, 피자, 덮밥으로 활용되고, 한 번 끓여 달걀을 더하면 여느 브런치 가게 부럽지 않은 에그인헬까지 만들 수 있는 저희 집 상시템이랍니다. 감칠맛을 더해주는 엄마의 킥인 고추장도 잊지 마세요. 뭉근하게 끓여 첨가물 가득한 시판 소스와는 차원이 다른 진하고 깊은 맛을 느껴보세요.

 밀프렙 고단백 면역력

⏱ 1시간 30분~1시간 40분
🍽 1.5ℓ
❄ 냉장 10일, 냉동 1개월

- 다진 쇠고기 300g
- 다진 돼지고기 150g
- 양파 1과 1/2개(300g)
- 당근 3/4개(150g)
- 조리유 2큰술
- 통조림 홀토마토 1.2kg
- 육수 1컵(또는 물, 200㎖)
- 다진 마늘 4큰술
- 고추장 1큰술
  (기호에 따라 가감 또는 생략)
- 그라나파다노 치즈 1/2컵
  (또는 파마산 치즈, 기호에 따라 가감)
- 소금 약간
- 후춧가루 약간

Tip

▶ **활용하기**
양배추 순부두그라탱(114쪽),
토마토 샥슈카(296쪽),
모닝빵 딥디쉬피자(315쪽)에
활용 가능해요.

▶ **고기 사용하기**
쇠고기, 돼지고기는 기호에 따라
비율 조절이 가능해요.
단, 쇠고기만 넣을 경우 퍽퍽해질 수
있으므로 쇠고기 : 돼지고기를
2~3 : 1 또는 1:1비율로
섞는 것이 좋아요.

1 양파, 당근은 잘게 다진다.

2 달군 냄비에 조리유를 두르고
다진 고기, 소금을 넣어
센 불에서 고기가 바삭하게
익을 때까지 5분,
양파, 소금을 넣고
양파가 투명해질 때까지 볶는다.

3 홀토마토, 육수, 당근, 다진 마늘을 넣고
중간 불로 줄여 토마토를 으깨가며
15분간 끓인다.

4 고추장, 소금, 그라나파다노 치즈를 넣고
약한 불로 줄인다. 뚜껑을 살짝 열고
눌어붙지 않도록 중간중간 저어가며
1시간 이상 푹 끓인다.
★오래 끓일수록 재료들이 잘 어우러지고
맛이 우러나 깊은 맛이 난다.
★육수가 부족할 경우 조금씩 더해도 좋다.

5 소금으로 부족한 간을 더한 후
후춧가루를 넣는다.
충분히 식힌 후 한 번 먹을 분량만큼
소분해 냉장 혹은 냉동 보관한다.

만들어두면 간편한 엄마표 밀프렙

고기소보로

양질의 단백질 섭취가 필수인 아이들 요리에
활용하기 너무 좋은 고기소보로입니다.
친환경적으로 길러진 고기를 대량으로 구입해
한번에 볶아두면 요리에 드는 번거로움을
훨씬 덜 수 있으니 참으로 고마운 메뉴입니다.
쇠고기를 볶을 때 다진 채소를 더해도 좋아요.

초간단 밀프렙 고단백 철분

- ⏱ 15~20분
  (+ 양념에 재우기 10분)
- 🍽 100g씩 5회 분량
- 🥡 냉장 7일, 냉동 1개월

- 다진 쇠고기 500g(또는 돼지고기)
- 조리유 1작은술
- 참기름 약간
- 통깨 약간
- 후춧가루 약간

양념
- 원당 1.5큰술
- 다진 마늘 1큰술
- 양조간장 5큰술
- 요리술 1.5큰술(50쪽)

1 다진 쇠고기는 키친타월로 감싸 핏물을 없앤다.

2 볼에 다진 쇠고기, 양념 재료를 넣고 버무려 10분 이상 둔다.

3 달군 팬에 조리유를 두르고 ②의 쇠고기를 넣어 중간 불에서 수분이 없어질 때까지 10~15분간 바짝 볶는다. 불을 끄고 참기름, 통깨, 후춧가루를 뿌린다.

4 충분히 식힌 후 한 번 먹을 분량만큼 소분해 냉장 혹은 냉동 보관한다.

Tip
 활용하기
그대로 비빔밥으로, 김밥이나 유부초밥의 속재료, 솥밥, 국수의 토핑으로 활용 가능해요.

연어소보로

통조림 참치 대신 엄마표 연어소보로를 만들어 보세요.
통조림에서 나올 수 있는 대표적 환경호르몬인 비스페놀A에서 자유로워지고,
뼈를 튼튼하게 하는 칼슘과 비타민D뿐 아니라 두뇌발달에 도움이 되는
DHA가 풍부한 연어로 영양까지 꽉 채웠습니다.

초간단 밀프렙 두뇌발달 뼈튼튼

- ⏱ 10~15분
- 🍴 100g씩 4회 분량
- 🥡 냉장 7일, 냉동 1개월

- 연어 3~4토막
  (구이용 연어 필렛, 400g)
- 조리유 1작은술
- 소금 1/2큰술(기호에 따라 가감)
- 레몬즙 1~2큰술
- 검은깨 약간(또는 통깨)
- 후춧가루 약간

연어 익힐 물
- 식초 1큰술
- 청주 1큰술(또는 요리술)
- 물 1컵(200㎖)

밀프렙

1. 달군 팬에 연어 익힐 물 재료를 넣는다. 센 불에서 끓어오르면 연어를 넣고 분홍빛이 될 때까지 살짝 데친다.

2. ①의 팬에서 물만 버린 후 조리유를 두른다. 연어에 소금을 넣고 중간 불에서 5~7분간 보슬보슬한 상태가 될 때까지 으깨가며 볶는다.
   ★연어를 너무 오래 볶으면 퍼석퍼석해질 수 있다.

3. 충분히 식힌 후 한 번 먹을 분량만큼 소분해 냉장 혹은 냉동 보관한다.

Tip

▶ **활용하기**
접는 삼각김밥(96쪽), 참치 오이 비빔밥(100쪽), 연어 지라시스시(102쪽), 삼각주먹밥(310쪽)에 활용 가능해요.

▶ **홈메이드 후리가케 만들기**
통깨 2큰술, 검은깨 1큰술, 고춧가루 1작은술, 조미 김 1/4컵을 함께 갈아 후리가케로 만들어 밥에 뿌려 먹으면 더 맛있어요.

요리하기

4. 먹기 직전 레몬즙, 검은깨, 후춧가루를 넣고 섞는다.

만들어두면 간편한 엄마표 밀프렙

오징어소보로

타우린 성분이 풍부해 피로회복에 효과적이고, 단백질과 불포화지방산이 풍부한 오징어지만 싫어하는 경우가 많지요. 특유의 물컹거리는 식감이 불편하다는 큰 아이도 이렇게 주면 잘 먹는답니다. 수분이 많은 채소들과 함께 섭취하면 입맛 돋우는 여름 반찬으로 제격이에요.

 초간단   밀프렙   두뇌발달

- ⏱ 15~20분
- 🍴 100g씩 4회 분량
- 🥡 냉장 7일, 냉동 1개월

- 손질 오징어 2마리(360g)
- 조리유 1큰술
- 참기름 약간
- 통깨 약간

양념
- 원당 2큰술
- 청주 2큰술(또는 요리술)
- 양조간장 3큰술
- 물 1/2컵(100㎖)

1. 오징어는 사방 1cm 크기로 썬다.
볼에 양념 재료를 섞는다.

2. 달군 팬에 조리유를 두르고
오징어를 넣어
중간 불에서 2분간 볶는다.

3. 양념을 넣고 센 불로 올려
5분간 자작하게 조린다.

4. 충분히 식힌 후
한 번 먹을 분량만큼 소분해
냉장 혹은 냉동 보관한다.
먹기 직전 참기름, 통깨를 뿌린다.

Tip
▶ **활용하기**
간이 조금 있는 편이라서
나물이 들어가는 비빔밥이나
솥밥의 양념장으로 활용 가능해요.

만들어두면 간편한 **엄마표 밀프렙**

든든 소불고기

불고기 밀프렙만큼 든든한 것이 또 있을까요? 양념을 과하지 않게 만들어두면 각종 채소와 함께 볶거나 전골, 볶음밥, 샌드위치, 김밥 등 다양하게 활용할 수 있는 마법의 요리랍니다.

밀프렙 고단백 철분

- ⏱ 15~20분(+ 조리하기)
- 🍴 200g씩 3회 분량
- 🥡 냉장 4~5일, 냉동 1개월

- 쇠고기 불고기용 600g

양념
- 원당 2큰술
- 간 양파 4큰술
  (또는 잘게 다진 양파)
- 다진 파 4큰술
- 다진 마늘 1큰술
- 양조간장 4큰술

밀프렙

1. 쇠고기는 한입 크기로 썬 후 키친타월로 감싸 핏물을 없앤다.

2. 큰 볼에 쇠고기, 양념 재료를 섞은 후 15분 이상 재운다.

3. 한 번 먹을 분량만큼 밀폐용기 또는 지퍼백에 담아 냉동 보관한다.

요리하기

4. 냉동 상태의 불고기를 먹기 전날 냉장실로 옮겨 자연해동한다.

5. 그대로 볶거나 다양하게 활용한다.
★마지막에 후춧가루, 참기름, 통깨 등을 취향껏 더해도 좋다.

Tip

▶ **활용하기**

양념을 과하지 않게 만들었기 때문에 소스를 바른 샌드위치의 속재료로 사용하거나 양념 있는 부재료가 함께 들어간 김밥 속재료로, 육수(61쪽)와 함께 끓여 전골로 활용 가능해요.
단, 채소와 함께 볶을 때는 소금으로 부족한 간을 더합니다.

만들어두면 간편한 **엄마표 밀프렙**

베이직 미트볼

아이들 간식부터 식사까지 두루 챙겨줄 수 있을 뿐
아니라 여러 가지 음식을 위한 기본 고기반죽으로
응용이 가능하니 만들고 나면 별게 아닌데
괜히 특별해 보이는 특별식입니다.
마늘, 다진 채소, 카레가루 등을 취향껏 섞어
우리집 스타일의 미트볼로 재탄생 시켜 보세요.

도시락   밀프렙   고단백   철분

- ⏱ 15~20분(+ 조리하기)
- 🍴 40~45개 분량
- 🥡 냉장 4~5일, 냉동 1개월

- 다진 고기 500g
  (쇠고기 : 돼지고기 = 2:1 또는 1:1)
- 잘게 다진 양파 1/2개 분량
  (또는 다른 채소, 100g)
- 달걀 1개
- 빵가루 1/2컵(또는 쌀가루,
  녹말가루, 밀가루, 25g)
- 조리유 1작은술
- 소금 1작은술
- 후춧가루 약간

밀프렙

1 달군 팬에 조리유를 두르고
다진 양파를 넣어 중약 불에서
1분 30초간 볶은 후 완전히 식힌다.
★볶은 후 완전히 식여야
반죽 시 고기가 익지 않는다.

2 볼에 ①, 나머지 재료를 넣고
충분히 치대어가며 섞는다.
★반죽을 오래 치댈수록 찰기가 생기고
구웠을 때 쉽게 부서지지 않는다.

3 지름 3~4cm 크기로 동그랗게 빚는다.

4 평평한 밀폐용기에 펼쳐 담아 냉동한다.
이때, 2단으로 겹쳐 담을 경우
중간에 종이포일을 깔고 쌓는다.

요리하기

5 **에어프라이어**
냉동 상태의 미트볼을 트레이에 펼쳐 담은 후
조리유를 뿌린다. 180°C에서 15분간
중간중간 뒤집어가며 노릇하게 굽는다.
★에어프라이어에 따라 차이가 있으므로
상태를 보며 굽는 시간을 조절한다.

6 **팬**
달군 팬에 조리유를 두른 후
냉동 상태의 미트볼을 넣고
겉면을 굴려가며 익힌 후 뚜껑을 덮고
중약 불에서 찌듯이 굴려가며
완전히 익힌다.

Tip

▶ **활용하기**
기본 반죽을 납작하게 만들어
밀가루 → 달걀 순으로 입혀
동그랑땡으로, 밀가루 → 달걀
→ 빵가루 순으로 입혀 튀기면
멘치가스로도 활용 가능해요.

▶ **소스 곁들이기**
우유 1컵(200㎖), 슬라이스 치즈
1장, 달걀노른자 1개를
저어가며 끓여 만든 크림 소스를
곁들여도 좋아요.

만들어두면 간편한 **엄마표 밀프렙**

닭고기 채소완자

고소하고 부드러운 닭고기 채소완자는 유아식 때부터 빼놓지 않고 만들어두는 아이템이에요. 지방이 적은 닭안심에 채소로 감칠맛을 더했기에 붉은 고기로 만든 미트볼과는 다른 담백한 맛으로 즐길 수 있답니다. 토마토나 크림 소스의 서양식 요리와도 당연히 잘 어울리고요, 평범했던 죽이나 국물 요리에도 함께 넣어 특별함을 더해줘도 좋아요.

 도시락　 밀프렙　 고단백

- ⏱ 10~15분(+ 조리하기)
- 🍴 40~45개 분량
- ❄ 냉장 4~5일, 냉동 1개월

- 닭안심 600g(또는 닭가슴살 6쪽)
- 다진 모둠 채소 2컵
  (애호박, 양파, 파프리카 등, 200g)
- 양조간장 1큰술
- 소금 2꼬집
- 후춧가루 약간

밀프렙

1. 닭안심을 칼이나 푸드프로세서로 곱게 간다.

2. 볼에 모든 재료를 넣고 충분히 치대어가며 섞는다.
★ 반죽을 오래 치댈수록 찰기가 생기고 구웠을 때 쉽게 부서지지 않는다.

3. 지름 2~3cm 크기로 동그랗게 빚은 후 평평한 밀폐용기에 펼쳐 담는다. 이때, 2단으로 겹쳐 담을 경우 중간에 종이포일을 깔고 쌓는다.
★ 미트볼(74쪽)에 비해 반죽의 기름기가 적은 편이므로 크기를 작게 만들면 더욱 먹기 좋다.

요리하기

4. **찜기**
냉동 상태 그대로 김이 오른 찜기에 넣고 약한 불에서 10분간 완전히 익힌다.

5. **에어프라이어**
자연해동한 후 트레이에 펼쳐 담고 조리유를 뿌린다. 180°C에서 15분간 중간중간 뒤집어가며 노릇하게 굽는다.
★ 에어프라이어에 따라 차이가 있으므로 상태를 보며 굽는 시간을 조절한다.

6. **팬**
자연해동한 후 완자를 눌러 동그랑땡 모양으로 만든 다음 그대로 굽거나, 밀가루, 달걀 적당량을 입혀 노릇하게 굽는다.

Tip------------------------

 활용하기
육수(61쪽)에 닭고기 채소완자, 청경채를 넣고 달걀물을 풀고 소금으로 간을 하면 닭고기 완탕으로, 또는 채소죽에 넣어 단백질을 채우는 방법으로도 활용 가능해요.

만들어두면 간편한 **엄마표 밀프렙**

닭안심텐더

재사용되는 기름에 출처 모를 재료까지, 배달 치킨을 먹기에 걱정된다면 엄마표 치킨으로 더욱 안심하고 맛있게 챙겨주세요. 부드러운 안심을 사용하고, 달걀물 없이 마요네즈로 빵가루를 입힌 간단한 조리법에 고춧가루와 카레가루로 심심함을 없앴어요.

도시락　밀프렙　고단백

- ⏱ 15~20분
  (+ 닭안심 우유에 담가두기 30분
  + 조리하기)
- 🍴 6개씩 4회 분량
- 🥡 냉장 4~5일, 냉동 1개월

- 닭안심 700g(약 25개,
  또는 닭가슴살, 닭다릿살, 닭봉)
- 마요네즈 2큰술
- 빵가루 2.5컵

밑간
- 카레가루 1큰술
  (기호에 따라 가감 또는 생략)
- 고춧가루 1작은술
  (또는 파프리카가루,
  기호에 따라 가감)
- 소금 1작은술
- 후춧가루 약간

밀프렙

1. 볼에 닭안심, 잠길 만큼의 우유를 넣고 30분 정도 둔 후 물에 헹군다.
★ 우유에 담가두면 냄새도 없어지고 더 부드러워진다. 신선한 닭안심이라면 이 과정을 생략해도 좋다.

2. 큰 볼에 닭안심, 밑간 재료를 넣고 버무린 후 마요네즈를 넣고 고루 섞는다.

3. 그릇에 빵가루를 담고 ②의 닭안심을 넣어 손으로 꾹꾹 눌러가며 앞뒤로 옷을 입힌다.

4. 밀폐용기에 펼쳐 담는다.
이때, 2단으로 겹쳐 담을 경우 중간에 종이포일을 깔고 쌓는다.

요리하기

5. 냉동 상태의 닭안심을 트레이에 펼쳐 담은 후 조리유를 뿌린다.

6. 에어프라이어에 넣고 180°C에서 15~18분간 중간중간 뒤집어가며 노릇하게 굽는다.
★ 에어프라이어에 따라 차이가 있으므로 상태를 보며 굽는 시간을 조절한다.

Tip
▶ **소스 곁들이기**
  랜치 소스(229쪽)를
  곁들여도 좋아요.

만들어두면 간편한 엄마표 밀프렙

토핑 병아리콩 & 칙팝

밤처럼 고소한 병아리의 부리 모양을 닮은 병아리콩.
'토핑 병아리콩'을 만들어두면 언제든 각종 요리의 토핑으로
활용 가능해요. 여기에 다양한 시즈닝을 뿌려 먹는 '칙팝'은
저희 집에선 인기만점인 간식이지요. 미리 삶아둔
콩 덕분에 조리 시간도, 효율성도 확 높였답니다.

밀프렙 장건강 뼈튼튼

- ⏱ 35~40분
  (+ 병아리콩 불리기 8시간 이상
  + 조리하기)
- 🍴 1/2컵씩 4회 분량
- 🥣 삶은 병아리콩 냉장 7일,
  냉동 1개월

- 병아리콩 1컵
  (불리기 전, 불린 후 2컵)
- 소금 약간

시즈닝 1_베이직 시즈닝
- 삶은 병아리콩 1컵
- 올리브유 1큰술(또는 조리유)
- 소금 1작은술(기호에 따라 가감)
- 후춧가루 약간

시즈닝 2_레드 시즈닝
- 삶은 병아리콩 1컵
- 올리브유 1큰술(또는 조리유)
- 소금 1작은술(기호에 따라 가감)
- 파프리카가루 1작은술
  (또는 카레가루, 마늘가루, 생략 가능)
- 허브가루 1작은술(생략 가능)

밀프렙

1 볼에 병아리콩과 병아리콩 2배의 물을 담고 8시간 이상 불린다.

2 냄비에 불린 병아리콩, 물 4컵, 소금 약간을 넣고 센 불에서 끓어오르면 중간 불로 줄여 30분간 삶은 후 체에 밭쳐 물기를 없앤다.

3 한 번 먹을 분량만큼 밀폐용기 또는 지퍼백에 담아 냉동 보관한다.

요리하기

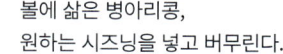

베이직 시즈닝   레드 시즈닝

4 볼에 삶은 병아리콩, 원하는 시즈닝을 넣고 버무린다.

5 트레이에 펼쳐 담고 에어프라이어에 넣어 180℃에서 10분간 굽는다.
★삶은 병아리콩을 컵의 바닥으로 납작하게 눌러 구우면 더 바삭하게 즐길 수 있다.

6 한번 섞어준 다음 5~10분간 더 구운 후 충분히 식힌다.
★충분히 식혀야 바삭한 식감을 살려 더욱 고소하게 먹을 수 있다.

Tip
▶ 활용하기
병아리콩은 특히 단호박이나 고구마같은 뿌리채소와 잘 어울려요. 단호박 두유수프(118쪽), 가을 뿌리채소 샥슈카(298쪽)에 토핑으로 활용 가능해요.

하루를 결정짓는
초간단
아침식사

밤사이의 긴 공복 이후 최초의 끼니인 아침식사.
몸과 두뇌를 깨우며 하루를 결정짓는 에너지원인 만큼
어떻게 먹느냐가 너무 중요해요.
균형 잡힌 영양소는 물론, 졸리고 바쁜 아침을 위한 맛있는 레시피로
기분 좋은 아침을 맞이해 보세요.
만드는 엄마도 간편하고, 아이들도 속 편하게 잘 먹는
아침식사를 소개합니다.

하루를 결정짓는 초간단 아침식사

아이들의 아침식사, 왜 꼭 필요할까?

① **뇌에 시동을 걸어 두뇌를 깨우는 역할**

아침식사를 의미하는 'Breakfast'는 'break(깨다)'와 'fast(단식, 단식기간)'가 합쳐져 '단식을 깨다'라는 뜻입니다. 즉, 장시간 공복 이후에 하는 최초의 식사로 밤새 지속된 공복에 우리 몸은 에너지가 부족해 있고, 뇌에 다시 시동을 걸기 위해서는 포도당이 공급되어야 하지요.
하지만 아침을 먹지 않으면 저혈당 상태가 되어 집중력이 떨어지고 쉽게 초조함을 느끼게 됩니다. 실제로 여러 연구에서 건강한 아침식사를 한 아이들이 그렇지 않은 아이들에 비해 학습 능력이 뛰어나며 지각이나 결석률이 감소하는 것으로 나타났습니다.

② **하루의 균형 잡힌 영양공급을 위한 열쇠**

간은 포도당을 글리코겐으로 저장했다가 필요할 때 내보내는 일을 합니다. 아이들의 간은 성인보다 작아 4시간 정도 사용할 수 있는 양밖에 저장할 수 없어 4시간에 한 번씩은 규칙적인 식사를 통해 정상적인 에너지 공급을 해줘야 해요. 하루 세 끼의 식사와 한두 번의 간식이 어린이에게 필수적인 이유가 여기에 있습니다. 바쁘고 귀찮다고 한 끼 정도야 괜찮겠지 하지만 실제로 아침 결식으로 에너지, 비타민과 무기질 섭취량이 부족해질 수 있어요. 또한 아침을 거르고 하루 두 끼를 먹으면 폭식할 우려가 있어 식후 혈당이 급상승했다가 급하강하면서 나른함이 몰려와 집중을 하고 싶어도 공부의 효율이 떨어질 가능성이 높습니다.

아침식사 제대로 챙기기

아침식사를 해야 한다고 아무거나 먹는다는 말은 아닙니다. 혈당을 급히 올리는 단당류나 탄수화물은 금방 허기지고 배고픔을 느끼게 할 수 있을 뿐 아니라 밤새 공복 상태가 이어진 후 급격히 혈당이 올랐다가 떨어지는 혈당스파이크가 발생해 되려 피로감을 느끼기 쉽습니다. 가급적 오전의 집중력을 위해 잡곡밥, 통곡물빵, 단호박 등의 복합 탄수화물을 활용하고 채소를 통한 비타민, 미네랄, 식이섬유도 챙겨주세요. 달걀, 치즈, 요거트와 같은 간편한 단백질 식품은 에너지 대사를 촉진시키고 근육형성과 빈혈예방을 위해 꼭 더해주도록 합니다.

복합 탄수화물

- 잡곡밥, 통곡물빵, 통밀또띠야, 그래놀라, 감자, 고구마 활용하기
- 볶음밥과 솥밥은 대량으로 만들어 냉동실에 밀프렙 해두기
- 남은 밑반찬으로 주먹밥을 만들거나 죽 끓이기

\+

간편 단백질

- 준비가 간편한 순두부나 달걀, 미리 만들어둘 수 있는 고기소보로(66쪽)나 연어소보로(68쪽), 참치 활용하기
- 토핑으로 치즈나 그릭요거트 활용하기
- 두유나 우유 곁들이기

\+

비타민, 미네랄, 식이섬유를 채우는 채소

- 탄수화물이나 단백질 위주의 메뉴일 때 과일이나 채소 스무디(136쪽) 곁들이기
- 남은 나물 반찬으로 주먹밥, 유부초밥, 죽, 치즈를 올려 그라탱으로 만들기
- 채소를 찌거나 간단히 볶아 고명처럼 활용하기

[아침식사 메뉴 예시 & 영양소]

예시 메뉴	복합 탄수화물	간편 단백질	채소	전날 준비하기
토핑 그릭요거트	그래놀라	그릭요거트	제철 과일	홈메이드 그릭요거트
치즈토스트와 스무디(136쪽)	잡곡빵	치즈	케일, 바나나, 사과	케일, 바나나 프렙하기
통곡물 샌드위치	잡곡빵	달걀, 치즈	양상추, 토마토	채소 프렙하기
시금치 새우 프리타타(90쪽)와 찐 감자	감자	달걀, 새우, 치즈	시금치, 토마토	채소 프렙하기
또띠야 피자	통밀또띠야	닭고기, 치즈	양파, 파프리카	채소 프렙하기
두부 채소 누룽지죽	누룽지	두부	자투리 채소	자투리 채소 다져두기
참치우엉 주먹밥 / 유부초밥	잡곡밥	참치, 유부	우엉, 당근	밑반찬 활용하기
콩나물밥과 고기소보로(66쪽)	잡곡밥	쇠고기	콩나물	고기소보로 프렙하기
애호박 옹심이	감자옹심이	달걀	애호박, 양파, 감자	채소 프렙하기

세 가지 달걀요리

아침식사에 단백질만큼은
꼭 챙겨줘야 하는 것, 잊지 않으셨죠?
달걀은 필수아미노산이 모두
들어가 있는 완전 단백질에
조리도 쉬워 고마운 식재료이지요.
달걀로 만드는 기본 조리법을 소개합니다.

반숙란

⏱ 10~15분
🍴 8개 분량

- 달걀 8개(특란 기준)
- 소금 1큰술

달걀 스크램블

⏱ 5~10분
🍴 2인분

- 달걀 3개
- 우유 3/4컵(150㎖)
- 소금 1/2작은술
  (기호에 따라 가감)
- 조리유 1작은술
- 후춧가루 약간

전자레인지 달걀찜

⏱ 10~15분
🍴 2인분

- 달걀 4개
- 자투리 채소 2큰술
  (부추, 당근, 양파, 파프리카 등)
- 국간장 1큰술(또는 액젓)
- 물 2/3컵(또는 육수, 약 140㎖)

1 달걀은 흐르는 물에 씻은 후 실온에 잠시 둔다.

2 냄비에 물이 끓어오르면 달걀을 넣은 찜기를 올려 익힌다.
★원하는 노른자의 상태에 따라 익히는 시간을 조절한다.
5~7분 노른자가 흐르는 반숙
8~9분 조금 더 익은 반숙
12분 완숙

3 찬물에 담가 한 김 식혀 껍질을 벗긴다.

1 볼에 달걀, 우유, 소금을 넣고 잘 푼다.

2 달군 팬에 조리유를 두르고 ①의 달걀물을 부어 중약 불에서 15초간 그대로 둔다.

3 아랫면이 살짝 익으면 휘저어가며 90% 정도까지 익힌 후 불을 끈다. 후춧가루를 뿌린다.
★한입 크기로 썬 시금치, 버섯을 먼저 볶다가 달걀물을 부어 채소 스크램블로 즐겨도 좋다.

1 자투리 채소는 잘게 다진다. 내열용기에 달걀, 국간장, 물을 넣고 푼다.
★물이 너무 차가울 경우 익는 시간이 늘어나므로 정수 정도의 온도가 적합하다.

2 ①에 자투리 채소를 넣고 섞는다.

3 뚜껑을 덮고 전자레인지(700W)에서 6분 30초~7분간 젓가락으로 찔렀을 때 달걀물이 묻어 나오지 않을 때까지 익힌다.
★전자레인지 사양에 따라 시간을 조절한다.

Tip

함께 먹으면 좋은 구성
오버나이트 오트밀(128쪽), 통밀빵, 스무디(136쪽), 시판 유기농 냉동 곤드레밥(53쪽)과 함께 먹으면 맛, 영양을 더 챙길 수 있어요.

하루를 결정짓는 **초간단 아침식사** [달걀 요리]

도시락   두뇌발달   장건강

양배추 오믈렛

나른하게 볶은 양배추를 피자도우 삼아 치즈를 듬뿍 올리면 아이들이 팬케이크라며 잘 먹어
얼마나 예쁜지 몰라요. 버섯, 당근, 브로콜리 등 냉장고에 애매하게 남아 있는 자투리 채소들은 무엇이든
재료가 되고요, 편식 있는 채소들도 잘게 다지면 맛있게 먹을 수 있어요.

🕐 **15~20분**
🍴 **1인분**

- 양배추 2장(손바닥 크기, 60g)
- 브로콜리 줄기 20g
  (또는 당근, 브로콜리, 버섯, 자투리 채소)
- 양파 1/10개(20g)
- 달걀 2개
- 소금 2꼬집 + 1꼬집
- 조리유 1작은술
- 슬라이스 치즈 1장
  (또는 그라나파다노 치즈)
- 슈레드 피자치즈 1/4컵
  (25g, 기호에 따라 가감)
- 토마토케첩 약간(생략 가능)
- 허브가루 약간(생략 가능)

1. 양배추, 브로콜리 줄기, 양파는 가늘게 채 썬다.
   볼에 달걀을 풀고 소금 2꼬집을 더한다.
   ★브로콜리 줄기 겉면의 거친 부분은 도려내고 사용한다.
2. 달군 팬에 조리유를 두른 후 양배추, 브로콜리 줄기, 양파,
   소금 1꼬집을 넣고 중약 불에서 3~5분간 볶는다.
3. 달걀물을 넣고 펼친 후 뚜껑을 덮어 달걀을 80% 정도 익힌다.
4. 달걀의 1/2지점에 슬라이스 치즈, 슈레드 피자치즈를 올린다.
5. 달걀을 반으로 접어 앞뒤로 마저 익힌 후 그릇에 담는다.
   토마토케첩, 허브가루를 뿌린다.

Tip

▶ **또띠야 오믈렛으로 즐기기**
과정 ③까지 진행한 후 또띠야로 덮어 뒤집은 후
또띠야 오믈렛으로 즐겨도 좋아요.

▶ **브로콜리 줄기 활용하기**
줄기는 송이에 비해 식감이 억세지만 식이섬유가
풍부하고 비타민A, 비타민C, 칼륨 등의 영양소가 많아요.
볶음밥이나 오믈렛에 넣거나,
살짝 데쳐 스무디(136쪽)에 활용 가능해요.

하루를 결정짓는 **초간단 아침식사** [달걀 요리]

고단백   두뇌발달   철분

시금치 새우 프리타타

달걀 푼 것에 채소, 고기, 치즈 등을 넣은 이탈리아식 오믈렛인 프리타타(Frittata)는 아이들보다 제가 더 좋아하는 메뉴이기도 해요. 방울토마토는 잊지 말고 넣어주세요. 예쁘게 보이는데 한몫을 할 뿐 아니라 팡 터지는 토마토 즙이 특별한 양념 없이도 입안 가득 풍미를 내준답니다.

⏱ **15~20분**
🍴 **2인분**

- 시금치 1줌(50g)
- 냉동 생새우살 8마리
  (또는 무첨가 베이컨, 냉동 삼겹살, 60g)
- 방울토마토 5개
  (또는 토마토 1/2개, 75g)
- 양파 1/4개(50g)
- 조리유 1작은술
- 파마산 치즈 약간
  (또는 그라나파다노 치즈)
- 후춧가루 약간

달걀물
- 달걀 3개
- 우유 1/2컵(또는 물, 100㎖)
- 소금 1/2~1작은술

1. 방울토마토는 2등분한다. 양파는 가늘게 채 썬다. 시금치는 한입 크기로 썬다.
2. 냉동 생새우살은 해동한다. 볼에 달걀물 재료를 넣고 섞는다.
3. 달군 팬에 조리유를 두른 후 새우, 양파를 넣고 중간 불에서 30초, 시금치, 방울트마토를 넣고 30초간 볶는다.
4. 달걀물을 넣고 섞어 몽글해지면 치즈를 뿌려 뚜껑을 덮고 중약 불에서 4~5분간 익힌다.
5. 후춧가루를 뿌린다.

Tip
▶ **오픈 토스트로 즐기기**
통밀빵에 올려 오픈 토스트로 즐겨도 좋아요.

하루를 결정짓는 **초간단 아침식사** [전자레인지 밥]

전자레인지 콩나물밥

바쁜 아침에는 전자레인지를 활용한 밥메뉴가 참 요긴해요. 10분이면 완성되는 콩나물밥에 달걀프라이나 오징어소보로를 더하면 준비 끝! 잘 차려준 아침식사 덕분에 큰일을 해낸 것 같은 뿌듯함이 몰려와요.

전자레인지 김치달걀밥

한국인이라면 김치와 달걀의 조합이 맛없을 수 없죠. 고소하고 담백한 김치달걀밥에 참기름 쪼르륵 뿌려주면 별 반찬 없이도 맛있게 한 그릇 뚝딱 비워낸답니다.

초간단　　장건강　　면역력

전자레인지 콩나물밥

⏱ **10~15분**
🍽 **1인분**

- 찬밥 3/4공기(150g)
- 콩나물 1줌(50g)
- 물 2큰술
- 오징어소보로 약간(70쪽, 또는 달걀프라이, 고기소보로 66쪽)

양념장
- 양조간장 3큰술
- 매실액 1큰술
- 고춧가루 1작은술 (기호에 따라 가감)
- 참기름 1작은술
- 통깨 약간

1. 내열용기에 찬밥을 담고 콩나물을 올린다.
2. 뚜껑을 덮고 전자레인지(700W)에서 5분간 익힌다.
   ★전자레인지 사양에 따라 시간을 조절한다.
3. 오징어소보로를 올린 후 양념장을 곁들인다.

Tip
▶ **밥 사용하기**
찬밥이 아닌 따뜻한 밥을 사용할 경우, 밥과 콩나물을 함께 돌리면 밥이 마를 수 있어요. 이땐, 내열용기에 콩나물만 넣고 3분간 익혀주세요.

전자레인지 김치달걀밥

⏱ **10~15분**
🍽 **1인분**

- 밥 3/4공기(150g)
- 배추김치 1/4컵
- 송송 썬 쪽파 2큰술 (또는 부추, 대파)
- 참기름 약간

달걀물
- 달걀 2개
- 물 1/4컵(50㎖)
- 액젓 1큰술(또는 양조간장)

1. 배추김치는 씻어 물기를 꼭 짠 후 굵게 다진다.
   볼에 달걀물 재료를 넣고 섞는다.
2. 내열용기에 밥, 김치, 쪽파, 달걀물을 넣고 섞는다.
3. 뚜껑을 덮고 전자레인지(700W)에서 3분 30초 ~ 4분간 젓가락으로 찔렀을 때 달걀물이 묻어 나오지 않을 때까지 익힌다. 참기름을 더한다.
   ★피자치즈를 올려도 좋다.

Tip
▶ **매콤하게 즐기기**
과정 ①에서 김치 씻는 과정을 생략해요.

▶ **채소달걀밥으로 즐기기**
김치 대신 자투리 채소 3큰술을 넣어 채소달걀밥으로 즐겨도 좋아요.

하루를 결정짓는 **초간단 아침식사** [한입 밥]

부추 멸치 치즈주먹밥

입맛 없는 아침에 한입에 쏙 넣을 수 있는 주먹밥. 작다고 영양과 맛을 포기할 수는 없어요. 간단하게 볶을 수 있는 멸치에 부추, 치즈까지 넣어 아이들 도시락이나 간식으로도 잘 활용할 수 있답니다.

새우 브로콜리 유부초밥

유부초밥을 만들 때 새우와 브로콜리를 삶아 넣으면 새우의 감칠맛 덕에 시판제품 속 배합초를 넣지 않아도 충분히 맛있답니다. 탱글탱글 씹히는 맛에 영양까지 더하니 유부초밥도 근사해져요.

부추 멸치 치즈주먹밥

🕐 10~15분
🍴 12개 분량

- 따뜻한 밥 1과 1/2공기(300g)
- 잔멸치 1/2컵
- 송송 썬 부추 1/2줌
  (또는 깻잎, 20g)
- 슬라이스 치즈 1장(생략 가능)
- 참기름 1큰술

양념
- 원당 1작은술
- 요리술 1작은술(50쪽)
- 양조간장 1작은술

1. 슬라이스 치즈는 비닐째 칼로 12등분한다.
2. 달군 팬에 잔멸치를 넣고 중간 불에서 1분 30초~2분간 바삭하게 볶는다. 양념 재료를 넣고 중약 불로 줄여 1분간 볶는다.
3. 큰 볼에 밥, ②의 멸치볶음, 부추, 참기름을 넣고 섞는다.
4. ③의 밥을 동그랗게 만든 후 손가락으로 구멍을 내 치즈 1조각을 넣고 오므려 다시 동그랗게 만든다.

Tip

▶ **멸치볶음을 다른 재료로 대체하기**
  멸치볶음 대신 고기소보로(66쪽), 연어소보로(68쪽)로 대체해도 좋아요.

▶ **색다르게 즐기기**
  각종 봄나물과 초록잎 채소를 밥에 섞어 다양한 주먹밥으로 즐겨도 좋아요.

도시락　밀프렙　두뇌발달　뼈튼튼

새우 브로콜리 유부초밥

🕐 15~20분
🍴 14개 분량

- 따뜻한 밥 1과 1/2공기(300g)
- 시판 유부초밥 유부피 14개
- 브로콜리 1/3개
- 냉동 생새우살 8~9마리
  (또는 칵테일새우, 60g)
- 검은깨 1작은술
  (또는 통깨, 생략 가능)

양념
- 식초 2큰술
- 원당 2작은술
- 소금 약간

1. 볼에 밥과 양념 재료를 넣고 섞는다.
2. 끓는 물 + 소금(1작은술)에 브로콜리, 생새우살을 넣고 센 불에서 1분간 데친다. 찬물에 헹군 후 체에 밭쳐 물기를 없앤다.
3. 브로콜리, 생새우살을 잘게 다진 후 밥, 검은깨와 섞는다. 유부피에 넣는다.

상큼한맛　도시락　두뇌발달　뼈튼튼

하루를 결정짓는 **초간단 아침식사** [한입 밥]

도시락　뼈튼튼　면역력

접는 삼각김밥

막상 김밥을 싸자면 거창하게 준비를 해야 할 것 같은 부담이 들곤 하지요. 이 접는 김밥은
맛은 물론이거니와 쉽고 간단해 아침식사로 꼭 소개 드리고 싶었어요. 밥, 김밥 김,
전날 남은 반찬은 무엇이든 좋으니 주말에 아이들과 빙 둘러앉아 함께 만들어도 참 좋답니다.

🕐 **15~20분**
🍴 **4개 분량**

- 따뜻한 밥 1공기(200g)
- 김밥 김 2장
- 슬라이스 치즈 2장(생략 가능)
- 깻잎 4장
- 당근라페 1/2컵(144쪽)

참치 속재료
- 시판 참치 1개
  (또는 통조림 참치 1개, 100g)
- 마요네즈 1큰술
- 후춧가루 약간

밥 양념
- 참기름 1작은술
- 소금 약간

1. 깻잎은 물기를 완전히 없앤 후 꼭지를 떼어낸다.
   참치는 체에 밭쳐 기름기를 없앤다.

2. 김밥 김과 슬라이스 치즈는 삼각형 모양으로
   각각 1/2등분, 1/4등분한다.
   2개의 볼에 참치 속재료, 밥과 밥 양념을 각각 넣고 섞는다.

3. 김밥 김을 삼각형 모양으로 놓고 양끝에 치즈를 올린다.
   중간 지점에 깻잎, 밥, 참치 속재료, 당근라페 순으로 올린다.

4. 아래, 좌, 우 순서로 접어올려 삼각형 모양으로 감싼다.
   같은 방법으로 3개 더 만든다.

Tip

▶ **참치 구입하기**
두레생협의 담백한 올리브유 참치를 추천합니다.
통조림 캔 대신 파우치에 담겨있고 첨가물 없이 지속 가능한
어업수산물 MSC 인증을 취득한 가다랑어 참치를
올리브유에 담은 제품입니다.

하루를 결정짓는 **초간단 아침식사** [한 그릇 밥]

검은콩 낫또 김치밥

아이들이 먹을까 싶은 재료도 경험이
없을 뿐이지 차려주면 의외로 잘 먹는
경우가 많아요. 낫또가 그러하지요.
맛과 향이 비교적 순한 검은콩 낫또에
김치, 김가루, 달걀프라이를 넣어줬더니
노른자를 소스처럼 톡 터뜨려
너무 잘 먹어줬답니다.

명란 아보카도밥

추억의 간장달걀밥 업그레이드 버전이에요.
버터 대신 아보카도로 좋은 지방과
비타민을 부드럽게 채워 넣고, 짭조름함은
단백질 가득 명란을 더해 입안 가득
톡톡 터지는 식감도 살렸지요.

검은콩 낫또 김치밥

- ⏱ **10~15분**
- 🍽 **2~3인분**

- 따뜻한 밥 1과 1/2공기(300g)
- 검은콩 낫또 2팩(50g×2개)
- 반숙 달걀프라이 2개
- 양조간장 1작은술
- 김가루 1/2컵
- 통깨 약간

김치 양념
- 배추김치 1/2컵
- 올리고당 1/2작은술
  (김치의 익은 정도에 따라 가감)
- 들기름 1작은술(또는 참기름)

1 볼에 낫또, 양조간장을 넣고 젓가락으로 실이 생기도록 젓는다.

2 김치는 물기를 꼭 짜낸 후 1cm 두께로 썰어 나머지 양념 재료와 무친다.
  ★ 매운 김치를 잘 못 먹는다면 양념을 흐르는 물에 씻거나 채 썬 오이로 대체해도 좋다.

3 그릇에 모든 재료를 나눠 담는다.

Tip
▶ 낫또 구입하기
비교적 콩의 크기가 작고 식감이 부드러우며 특유의 냄새가 적은 검은콩 낫또를 구입하세요.

초간단 장건강 뼈튼튼

명란 아보카도밥

- ⏱ **10~15분**
- 🍽 **2~3인분**

- 따뜻한 밥 1과 1/2공기(300g)
- 아보카도 1개
- 반숙 달걀프라이 2개
  (또는 오믈렛, 반숙란)
- 김가루 1/2컵

명란 마요
- 저염명란 2개(큰 것, 120g)
- 마요네즈 2큰술
- 와사비 1/2작은술
  (기호에 따라 가감, 생략 가능)

1 아보카도는 과육만 분리한 후 먹기 좋게 슬라이스한다.

2 명란은 반을 갈라 속만 긁어낸 후 나머지 명란 마요 재료와 섞는다.

3 그릇에 모든 재료를 나눠 담는다.

초간단 고단백 면역력

하루를 결정짓는 **초간단 아침식사** [한 그릇 밥]

상큼한맛   초간단   면역력

100

참치 오이 비빔밥

아침에는 불 사용을 최소로 사용하는 메뉴가 엄마도 편하지요. 더운 여름 특히 그 빛을 톡톡히 발휘하는 참치 오이 비빔밥은 수분감 있게 아삭한 식감에 상큼한 소스를 곁들여 아이들 입맛을 사로잡는데 더할 나위 없어요. 참치 대신 연어소보로(68쪽)나 순두부를 넣어도 잘 어울린답니다.

⏱ **10~15분**
🍴 **2~3인분**

- 따뜻한 밥 1과 1/2공기(300g)
- 오이 1/3개(70g)
- 깻잎 4장
- 시판 참치 1개
  (또는 통조림 참치 1개, 100g)
- 달걀 스크램블 넉넉하게
  (86쪽, 또는 반숙 달걀프라이 2개)
- 김가루 1/2컵

양념장
- 양조간장 2큰술
- 식초 1큰술
- 올리고당 1큰술
- 참기름 1큰술

1. 오이는 5cm 길이로 썬 다음 가늘게 채 썬다. 깻잎은 물기를 완전히 없앤 후 꼭지를 떼어내고 돌돌 말아 가늘게 채 썬다.

2. 참치는 체에 밭쳐 기름기를 없앤다. 볼에 양념장 재료를 넣고 섞는다.

3. 그릇에 모든 재료를 나눠 담고, 양념장을 곁들인다.

Tip

▶ **참치 구입하기**
두레생협의 담백한 올리브유 참치를 추천합니다. 통조림 캔 대신 파우치에 담겨있고 첨가물 없이 지속 가능한 어업수산물 MSC 인증을 취득한 가다랑어 참치를 올리브유에 담은 제품입니다.

하루를 결정짓는 **초간단 아침식사** [한 그릇 밥]

상큼한맛　도시락　두뇌발달

연어 지라시스시

지라시스시는 흩뿌린다는 의미의 일본어 '지라시'에서 어원이 된 요리예요.
양념한 밥 위에 다양한 재료를 흩뿌리듯이 올린 요리가 지라시스시인 셈이지요.
새콤달콤한 초밥에 오이절임, 연어, 엄마표 후리가케를 켜켜이 담은 예쁜 밥이랍니다.

🕐 15~20분
🍴 2~3인분

- 따뜻한 밥 1과 1/2공기(300g)
- 연어 140g(또는 새우, 참치)
- 오이 1/3개(약 70g)
- 소금 2꼬집
- 조리유 1작은술

초밥 양념
- 식초 4작은술
- 원당 2작은술
- 소금 3꼬집

후리가케
- 통깨 2큰술
- 검은깨 1큰술
- 고춧가루 1작은술
- 조미 김 1/4컵

1. 오이는 얇게 송송 썬 후 소금과 버무려 5분간 절인 다음 물기를 짠다.
2. 볼에 초밥 양념 재료를 넣고 섞은 후 밥과 버무린다.
3. 위생팩에 후리가케 재료를 넣고 부순다.
4. 달군 팬에 조리유를 두르고 연어를 넣어 중간 불에서 3분간 잘게 으깨가며 굽는다.
5. 그릇에 초밥, 연어, 오이를 나눠 담은 후 후리가케를 올려 완성한다.

Tip

▶ 후리가케 활용하기

후리가케는 넉넉한 분량의 레시피예요.
한 번에 만들어두면 5일 정도 냉장 보관이 가능하지만,
쉽게 눅눅해지므로 가능한 빨리 먹는 것이 좋아요.
죽, 주먹밥에 활용 가능합니다.

하루를 결정짓는 **초간단 아침식사** [죽]

보양식 고단백

황태 부추밥죽

바쁜 아침에는 전날 남은 밥으로 빠르게 죽을 끓여 냅니다. 단백질과 아미노산이 풍부하지만
은근 아이들 식단에 넣기 쉽지 않은 보양식 황태채를 활용하는 것도 이때이지요. 황태채의 꺼끌꺼끌한
식감은 첫째 훈이의 아이디어로 마지막 달걀을 풀어 부드럽게 만들고, 양파와 부추로 개운함을 더했어요.

⏱ **15~20분**
🍴 **2~3인분**

- 따뜻한 밥 1공기(또는 찬밥, 200g)
- 황태채 1/2컵
- 물 2.5컵(또는 육수, 500㎖)
- 양파 1/4개(50g)
- 부추 1/2줌(또는 쪽파, 양배추, 버섯, 25g)
- 달걀 1개(생략 가능)
- 국간장 2작은술
- 참기름 약간
- 통깨 약간
- 소금 약간

밑간
- 다진 마늘 1작은술
- 조리유 1작은술

1 황태채는 한입 크기로 자른다.
  양파는 작게 다지고, 부추는 송송 썬다.

2 볼에 황태채, 물 2.5컵을 넣어 5분간 불린다.
  물기를 꼭 짠 후 황태채 불린 물은 따로 둔다.
  황태채에 밑간 재료를 넣고 버무린다.

3 달군 냄비에 황태채를 넣어 중약 불에서 2분,
  밥을 넣어 1분간 볶는다.

4 황태채 불린 물, 국간장을 넣어 센 불에서 끓어오르면
  양파, 부추를 넣고 중약 불로 줄여 중간중간 저어가며
  5~7분간 끓인다.

5 달걀을 넣어 섞은 후 30초~1분 후 불을 끈다.
  소금으로 부족한 간을 더하고 참기름, 통깨를 넣는다.
  ★달걀을 생략할 경우 더 담백하고 깔끔하게 즐길 수 있다.

하루를 결정짓는 **초간단 아침식사** [죽]

밀프렙   보양식   고단백

누룽지 배추닭죽

구수한 누룽지에 달콤한 배추까지 더했으니 아이들뿐 아니라 온 가족이 좋아하는 메뉴입니다.
넉넉히 만들어 소분해 냉동해두면 언제 꺼내어도 맛있고, 마음까지 든든하지요.

⏱ **20~25분**
🍴 **2~3인분**

- 시판 누룽지 1컵(또는 밥 2/3컵)
- 닭다릿살 4쪽(400g)
- 양파 1/2개(100g)
- 알배기배추 4장(또는 양배추, 120g)
- 물 3컵(600㎖)
- 요리술 1큰술(50쪽)
- 다진 마늘 1작은술
- 소금 1/2작은술(기호에 따라 가감)

토핑
- 송송 썬 쪽파 1큰술
- 후춧가루 약간
- 참기름 약간

1 양파는 잘게 다진다.
   알배기배추는 길이로 2등분한 후 2cm 두께로 썬다.

2 냄비에 토핑을 제외한 나머지 재료를 넣고 센 불에서 끓인다.

3 끓어오르면 뚜껑을 덮고 중약 불로 줄여
   중간중간 저어가며 15분간 끓인다.

4 불을 끈 다음 가위로 닭다릿살을 먹기 좋은 크기로 자른다.

5 소금으로 부족한 간을 더하고 토핑을 넣는다.

하루를 결정짓는 **초간단 아침식사** [죽]

초간단   장건강

오트밀 미역죽

오트밀은 귀리를 볶아서 누르거나 부수어 만든 것으로 쫀득쫀득하고 고소할 뿐 아니라 식이섬유와 단백질, 베타글루칸이 풍부하기로도 잘 알려져 있지요. 특히 조리시간이 짧고 부드러워 죽의 재료로도 유용하답니다. 단, 끓인 후 빨리 불어나므로 가급적 바로 먹도록 하세요.

⏱ **10~15분(+ 미역 불리기 10분)**
🍴 **1~2인분**

- 오트밀 1컵(60g)
- 실미역 1큰술(3g)
- 물 2컵(400㎖)
- 달걀 1개
- 국간장 1큰술
- 액젓 약간
- 참기름 약간
- 통깨 약간
- 소금 약간

1 볼에 실미역과 잠길 만큼의 찬물을 담아 10분간 불린 후 바락바락 주물러 거품이 나오지 않을 때까지 씻는다.

2 손으로 물기를 꼭 짠 후 먹기 좋은 크기로 썬다.

3 냄비에 오트밀, 미역, 물 2컵을 넣고 센 불에서 끓인다.

4 끓어오르면 중약 불로 줄여 국간장, 액젓을 넣고 중간중간 저어가며 4~5분간 끓인다.

5 달걀을 넣어 섞고 30초~1분간 끓인 후 불을 끈다. 소금으로 부족한 간을 더하고 참기름, 통깨를 넣는다.

Tip

▶ **오트밀 구입하기**
모던구루의 국산 유기농 오트밀을 추천합니다. 이 제품은 무거운 롤러로 누르고 익히는 과정을 거친 납작한 형태의 '롤드 오트밀'로 죽으로 끓여도 그 식감이 살아 있어 애용하는 편이에요. 조금 더 부드러운 식감을 좋아한다면 '퀵 오트밀'을 활용해도 좋습니다.

하루를 결정짓는 **초간단 아침식사** [순두부 요리]

초간단   고단백   두뇌발달

새우 순두부탕

아침에 달걀만큼이나 자주 애용하는 식재료가 바로 순두부예요. 조리도 빠르고 쉬운데
술술 넘어가는 부드러움에 아이들 또한 잘 먹어주기 때문이지요. 새우와 버섯까지 건더기 두둑하게 넣으면
후후 불며 어찌나 잘 먹는지, 아이들도 몸에 좋은 것은 이리도 잘 안다니까요.

15~20분
2~3인분

- 순두부 1봉(또는 연두부, 350g)
- 냉동 생새우살 약 12마리(약 100g)
- 달걀 2개(생략 가능)
- 느타리버섯 1/2줌(30g)
- 송송 썬 쪽파 1/2줌(또는 부추, 25g)
- 육수 3컵
  (또는 물과 무첨가 코인육수, 600㎖)
- 액젓 1큰술
- 국간장 1작은술
- 다진 마늘 1작은술
- 소금 약간
- 참기름 약간

1 느타리버섯은 잘게 찢는다. 볼에 달걀을 푼다.

2 냄비에 육수를 넣고 센 불에서 끓어오르면 새우, 느타리버섯, 액젓, 국간장, 다진 마늘을 넣고 중간 불에서 3분간 끓인다.

3 순두부를 넣고 숟가락으로 갈라 3분간 끓인다.

4 달걀물을 넣고 2~3회 저은 후 1분간 끓인 다음 불을 끈다.
소금으로 부족한 간을 더하고, 쪽파, 참기름을 넣는다.
★달걀을 넣고 너무 많이 저으면 국물이 탁해질 수 있다.

Tip

▶ **새우를 다른 재료로 대체하기**
새우 대신 동량(100g)의 굴, 명란젓, 대게살, 칵테일새우로 대체해도 좋아요.

하루를 결정짓는 **초간단 아침식사** [순두부 요리]

매콤한맛 초간단 장건강

팽이버섯 순두부덮밥

뜨끈하고 칼칼한 순두부덮밥은 살캉하게 씹히는 팽이버섯이 포인트예요.
아이들도 매번 순한 음식만 먹다 보면 질리기 십상인데 가끔은
살짝 매콤한 팽이버섯 순두부덮밥으로 아침 입맛을 돋워주세요.

⏱ 10~15분
🍴 2~3인분

- 따뜻한 밥 1과 1/2공기(300g)
- 팽이버섯 1/2봉(또는 애호박, 양배추, 75g)
- 순두부 1봉(또는 연두부, 350g)
- 송송 썬 쪽파 2큰술
- 통깨 약간
- 참기름 약간

양념
- 양조간장 1큰술
- 굴소스 1큰술
- 올리고당 1큰술
- 고춧가루 1/3작은술(기호에 따라 가감)
- 다진 마늘 1작은술
- 액젓 약간

1. 팽이버섯은 밑동을 제거하고 2cm 길이로 썬다.
   볼에 양념 재료를 섞는다.
2. 순두부는 냄비에 넣어 2cm 두께로 숟가락으로 가른다.
3. 팽이버섯, 양념을 넣고 센 불에서 끓어오르면 뚜껑을 덮고
   중약 불에서 4~5분간 끓인다.
4. 액젓으로 부족한 간을 더하고 그릇에 밥과 함께 나눠 담는다.
   쪽파, 통깨, 참기름을 더한다.

Tip
▶ **매콤하게 즐기기**
양념에 고춧가루를 추가하고 다진 고추를 넣어
더 매콤하게 즐겨도 좋아요.

하루를 결정짓는 **초간단 아침식사** [순두부 요리]

초간단   장건강   면역력

양배추 순두부그라탱

단백질이 풍부할 뿐 아니라 소화 흡수율이 높은 순두부로 우리 아이들을 위한 속 편한 아침을 챙겨주세요.
양배추를 깔고 순두부에 미리 만들어둔 라구 소스를 올리면 켜켜이 쌓기만 해도
여느 브런치집 부럽지 않은 특별한 식사가 완성되지요.

🕐 10~15분(+ 순두부 간수 빼기 15분)
🍴 2인분

- 양배추 2장(손바닥 크기,
  또는 알배기배추, 60g)
- 순두부 1봉 (또는 연두부, 350g)
- 슈레드 피자치즈 1컵
  (또는 슬라이스 치즈 2장, 100g)
- 라구 소스 1컵(64쪽)
- 소금 1작은술
- 후춧가루 약간
- 허브가루 약간

1 순두부는 체에 올려 15분 이상 간수를 뺀다.
양배추는 가늘게 채 썬다.
★간수를 빼면 더 쫀득한 식감으로 즐길 수 있으나
번거롭다면 생략 가능하다.

2 내열용기에 양배추, 소금을 잘 섞은 다음
순두부 → 라구 소스 → 슈레드 피자치즈 순으로 올린다.

3 뚜껑을 덮고 전자레인지(700W)에서 5분,
또는 에어프라이어에 넣고 180°C에서 5분간
치즈가 녹을 때까지 굽는다. 후춧가루, 허브가루를 뿌린다.

Tip ---
▶ 라구 소스를 다른 재료로 대체하기
라구 소스가 없다면 한살림 스파게티 소스나
오아시스마켓의 유기농 로스티드 갈릭 파스타 소스와 같이
성분이 깨끗한 시판 토마토 소스를 활용해보세요.
미리 구비해두면 이곳 저곳 요긴하게 쓸 수 있습니다.

하루를 결정짓는 **초간단 아침식사** [시판 제품 활용]

들깨 감자옹심이

똑똑한 시판 제품에 엄마의 영양 킥을 더해 빠르고 간편하게 아침식사를 완성했어요. 시판 감자옹심이에 채소, 들깨가루를 더하기만 하면 간편하고 부족한 영양도 챙길 수 있답니다.

사골 배추 만두국

냉동실에서 사골국, 만두를 꺼내고 배추만 넣어 한번 끓여주기만 하면 끝! 너무 쉽죠? 하지만 맛과 영양은 절대 얕볼 수 없는 보양식이 따로 없답니다.

들깨 감자옹심이

🕐 **10~15분**
🍴 **2인분**

- 무농약 감자로 만든 옹심이 1봉 (150~200g, 52쪽)
- 애호박 1/5개(약 50g)
- 표고버섯 1개(25g)
- 육수 3컵 (또는 물과 무첨가 코인육수, 무첨가 사골육수, 600㎖)
- 국간장 1큰술
- 소금 약간
- 들깨가루 1~2큰술 (기호에 따라 가감)

1 애호박은 0.5cm 두께로 썬 다음 부채꼴 모양으로 4등분한다. 표고버섯은 0.5cm 두께로 썬다.

2 냄비에 육수를 넣고 센 불에서 끓어오르면 옹심이, 애호박을 넣고 중간 불에서 4~5분간 끓인다.

3 표고버섯, 국간장을 넣고 2분간 끓인다. 소금으로 부족한 간을 더하고 들깨가루를 섞는다.

Tip

▶ **채소 대체하기**
애호박, 표고버섯은 배추, 감자, 양파 등 다양한 채소로 대체 가능해요.

▶ **단백질 더하기**
기호에 따라 순두부 1봉, 달걀, 고기소보로 (66쪽)를 넣어 단백질을 추가해도 좋아요.

초간단   두뇌발달

사골 배추 만두국

🕐 **15~20분**
🍴 **2인분**

- 무항생제 물만두 2컵
- 알배기배추 2장(손바닥 크기, 또는 양배추, 60g)
- 다진 파 1큰술
- 무첨가 사골육수 2컵(400㎖)
- 소금 약간
- 김가루 1큰술
- 후춧가루 약간

1 알배기배추는 길이로 2등분한 후 2~3cm 두께로 썬다.

2 냄비에 사골육수를 넣고 센 불에서 끓어오르면 알배기배추를 넣는다. 중간 불로 줄여 5분간 끓인다.

3 물만두, 다진 파, 소금을 넣고 3~5분간 끓인다. 그릇에 나눠 담은 후 김가루, 후춧가루를 뿌린다.

초간단   보양식   뼈튼튼

하루를 결정짓는 **초간단 아침식사** [수프]

단호박 두유수프

원재료를 그대로 살린 수프류의 진한
감칠맛을 아이들과 함께 느껴보세요.
제철을 맞아 잘 익은 단호박에 단백질을
채울 수 있는 고소한 두유, 그리고
토핑으로 좋은 지방 챙기는 견과류도
잊지 않았어요.

토.달.감 스튜

토마토와 달걀을 함께 볶는
'토달볶' 요리에서 착안, 감자를 추가하고
국물을 자박하게 만들어 쌀쌀해지는
환절기를 위한 스튜로 만들었어요.
국물보다는 건더기에 집중해 먹을 수 있게
더욱 신경 쓴 레시피예요.

단호박 두유수프

⏱ **15~20분**
🍴 **2인분**

- 단호박 1/2개(200g)
- 양파 1/4개(50g)
- 무가당 두유 1컵(또는 우유, 무가당 아몬드밀크, 200㎖)
- 버터 1큰술(또는 올리브유)
- 다진 마늘 1/2작은술
- 올리고당 1큰술
  (단호박의 당도에 따라 가감)
- 견과류 약간(또는 볶은 현미, 누룽지, 병아리콩)
- 후춧가루 약간
- 소금 약간

1. 단호박은 껍질을 벗기고 속을 파낸 다음 한입 크기로 썬다. 양파는 작게 다진다.
2. 내열용기에 단호박을 넣고 물 1큰술을 더한 후 뚜껑을 덮어 전자레인지(700W)에서 2~3분간 완전히 익힌다.
3. 달군 냄비에 버터를 녹인 후 양파, 다진 마늘을 넣고 중간 불에서 1분간 볶는다.
4. 단호박을 넣고 으깬 다음 두유를 넣어 끓어오르면 중약 불에서 3분간 저어가며 끓인다.
   ＊부드러운 식감을 원하면 핸드블렌더나 믹서로 곱게 갈아도 좋다.
5. 올리고당, 소금을 넣고 저어가며 끓인다. 견과류, 후춧가루를 넣는다.

 두뇌발달   면역력

토.달.감 스튜

⏱ **15~20분**
🍴 **2~3인분**

- 토마토 2개(300g)
- 감자 1/2개(100g)
- 달걀 3개
- 육수 2컵(또는 물과 무첨가 코인육수, 400㎖)
- 다진 마늘 1작은술
- 조리유 1작은술
- 액젓 1.5큰술
- 소금 약간
- 후춧가루 약간
- 참기름 약간

1. 토마토는 한입 크기로 썬다. 감자는 껍질을 벗기고 얇게 썬 후 부채꼴 모양으로 4등분한다.
2. 볼에 달걀을 푼다.
3. 달군 냄비에 조리유, 다진 마늘을 넣고 중간 불에서 30초, 토마토, 감자를 넣고 1~2분간 볶는다.
4. 육수, 액젓을 넣고 센 불에서 끓어오르면 뚜껑을 덮고 중간 불로 줄여 감자가 익을 때까지 5분간 끓인다.
5. 뚜껑을 열어 달걀물을 둘러가며 붓고 한번 끓인다. 소금으로 부족한 간을 더하고 불을 끈 후 후춧가루, 참기름을 넣는다.

Tip
▶ **토마토 달걀탕으로 즐기기**
  재료의 감자를 생략해
  토마토 달걀탕으로 즐겨도 좋아요.

 장건강   면역력

하루를 결정짓는 **초간단 아침식사** [수프]

보양식 두뇌발달 장건강

완두콩 감자수프

초여름을 닮은 알알이 완두콩의 계절이 오면 한 봉지를 사와 아이들과 콩 까기 놀이를 하지요.
완두콩은 모양도 예쁘지만 식이섬유가 많은 영양 가득 콩이에요. 아이들이 좋아하는 감자수프에 완두콩을
넣어 초록 빛깔을 내면 재료 하나로 모두가 교감할 수 있는 여름 보양식이 된답니다.

⏱ 15~20분
🍽 2~3인분

- 감자 1개(200g)
- 삶은 완두콩 100g
  (또는 냉동, 생 완두콩)
- 양파 1/2개(100g)
- 우유 1.5컵(또는 무가당 두유,
  무가당 아몬드밀크, 300㎖)
- 물 1/2컵(100㎖)
- 파마산 치즈가루 1큰술
  (또는 슬라이스 치즈 1장)
- 조리유 1작은술
- 소금 1작은술(기호에 따라 가감)
- 후춧가루 약간

1 감자는 얇고 작게 썰고 양파는 가늘게 채 썬다.
   ★감자를 얇고 작게 썰어야 익히는 시간을 줄일 수 있다.

2 달군 냄비에 조리유, 양파를 넣고 양파가 투명해질 때까지
   중간 불에서 1분간 볶는다.

3 감자, 삶은 완두콩을 넣고 1~2분간 볶는다.

4 물 1/2컵을 넣고 센 불에서 끓어오르면 중약 불로 줄인다.
   우유, 파마산 치즈가루를 넣고 8~10분간 저어가며 끓인다.
   ★생 완두콩 또는 냉동 완두콩을 사용한다면
   익히는 시간을 더 늘려가며 조절한다.
   ★수프의 농도는 우유의 양으로 조절한다.

5 소금으로 부족한 간을 더한 후 불을 끄고 핸드블렌더나 믹서에
   넣고 간다. 후춧가루를 넣는다.

Tip

▶ **완두콩을 다른 재료로 대체하기**
동량(100g)의 브로콜리, 버섯, 옥수수로 대체해도 좋아요.

▶ **여름 완두콩 보관하기**
초여름에 만나는 제철 햇 완두콩은 씻은 후 냄비에 완두콩,
잠길 만큼의 물, 소금 1큰술을 넣어요. 끓어오르면 5분간
삶은 후 체에 밭쳐 물기를 없앤 후 한 번 먹을 분량씩 지퍼백에
담아 냉동 보관(1개월)합니다. 해동 없이 바로 요리에 활용해요.

하루를 결정짓는 **초간단 아침식사** [빵]

상큼한맛   초간단   장건강

122

그릭 바나나 스프레드 & 아보카도 스프레드 베이글

탄수화물과 단순당을 지나치게 섭취하면 아침 공복에 인슐린이 과다분비되며 혈당이 급격하게 떨어지는 혈당스파이크가 오기 쉬워요. 때문에 아침에 빵을 먹는다면 꼭 질좋은 지방, 단백질을 함께 챙겨주세요. 단백질 가득 그릭요거트에 바나나를 더한 스프레드, 부드러운 아보카도로 만든 스프레드면 딱이지요.

⏱ **10~15분**
🍴 **2인분**

- 통밀 베이글 2개(또는 통밀빵, 깜파뉴)

스프레드 1_그릭 바나나 스프레드
- 바나나 1/2개(50g)
- 그릭요거트 1통(또는 떠 먹는 요거트, 80g)
- 레몬즙 1작은술(기호에 따라 가감)
- 소금 약간
- 후춧가루 약간

스프레드 2_아보카도 스프레드
- 아보카도 1개
- 양파 1/4개(50g)
- 소금 1/4작은술
- 레몬즙 1작은술(기호에 따라 가감)
- 후춧가루 약간

1. 볼에 바나나를 담고 으깬 후 나머지 그릭 바나나 스프레드 재료와 섞는다.
2. 아보카도는 과육만 손질한 후 볼에 담아 으깬다. 양파는 작게 다진다.
3. ②와 나머지 아보카도 스프레드 재료를 섞는다.
4. 구운 베이글에 두 가지 스프리드를 곁들여 취향껏 발라 먹는다.

하루를 결정짓는 **초간단 아침식사** [빵]

뼈튼튼   면역력

원팬 모닝 또띠야

빵보다는 덜 부담스럽고 식감은 더 바삭한 또띠야에 각종 재료를 넣고
앞뒤로 구워주기만 하면 되는 원팬 요리예요. 오래 볶아 부드러운 버섯에 달걀과 치즈를 얹은 덕분에
버섯 편식이 심한 첫째 훈이도 좋아하는 메뉴랍니다.

⏱ **10~15분**
🍴 **1개 분량**

- 또띠야 1장(15cm)
- 양송이버섯 2~3개(작은 것, 25g)
- 양파 1/4개(50g)
- 소금 1꼬집
- 조리유 1작은술
- 달걀 1개
- 슈레드 피자치즈 1/4컵
  (25g, 또는 슬라이스 치즈 1장)

소스

- 토마토케첩 1작은술
- 마요네즈 1작은술

1 양송이버섯은 두껍게, 양파는 가늘게 채 썬다.

2 달군 팬에 조리유를 두르고 양송이버섯, 소금을 넣어
중간 불에서 2분간 볶는다.

3 양파를 넣고 1~2분간 볶은 후
동그란 또띠야 모양으로 만든다.

4 슈레드 피자치즈를 뿌리고 달걀을 깬 다음 노른자를 터트린다.

5 또띠야를 올려 잘 붙도록 눌러준 후
1~2분간 치즈, 달걀을 익힌다.

6 뒤집어서 토마토케첩, 마요네즈를 뿌린 후
반으로 접어 앞뒤로 노릇하게 굽는다.

Tip

▶ **양송이버섯을 다른 재료로 대체하기**
양송이버섯은 동량(25g)의 다른 버섯이나
양배추, 파프리카, 브로콜리로 대체해도 좋아요.

하루를 결정짓는 **초간단 아침식사** [빵]

상큼한맛　초간단　도시락　장건강

사과 에그샌드위치

삶은 달걀에 사과를 다져 넣어봤더니 은은하게 씹히는 맛이 너무 매력적이라
만들고도 기분 좋았던 메뉴예요. 거친 통곡물빵에 올려도,
보슬보슬 모닝빵 속에 넣어도, 심지어는 그냥 먹어도 맛있답니다.

⏱ **10~15분(+ 오이 절이기 10분)**
🍴 **2~3인분**

- 통곡물빵 넉넉하게
- 사과 1/2개(100g)
- 양파 1/4개(50g)
- 오이 1/4개(50g)
- 삶은 달걀 3개
- 소금 3꼬집

소스
- 마요네즈 1큰술(기호에 따라 가감)
- 홀그레인 머스터드 2작은술
- 후춧가루 약간

1 양파와 사과는 작게 다진다.
오이는 동그란 모양을 살려 얇게 썬다.

2 볼에 오이, 소금을 넣고 10분간 절인 후 물기를 꼭 짠다.

3 ②에 다진 양파, 삶은 달걀, 소스 재료를 넣고
달걀을 으깨가며 섞는다. 다진 사과를 넣고 마저 섞는다.

4 통곡물빵에 나눠 올린다.

Tip

▶ **사과 구입하기**
저는 스무디나 사과빵, 샌드위치와 같이 사과를 갈거나 다져서
사용할 경우 '보조개 사과'를 구입합니다.
보조개 사과란 조금씩 흠이 있어 상품성이 떨어져 저렴하게 파는
사과를 일컫는데요, 맛도 좋고 가격도 저렴해 아이들과
착한 소비의 의미를 함께 알아갈 수도 있답니다.

하루를 결정짓는 **초간단 아침식사** [오버나이트 오트밀]

견과류 초코오나오

제철 과일오나오

상큼한맛 초간단 두뇌발달 장건강

제철 과일오나오 & 견과류 초코오나오

우유나 두유에 오트밀을 재워 먹는 오버나이트 오트밀은 잠들기 전 만들었다
아침에 꺼내 먹는다 하여 그 이름이 붙여졌어요. 줄여서 '오나오'라고도 불리우니 참으로 귀엽지요?
원하는 토핑을 더해 충분한 한끼 영양식으로 즐겨보세요.

⏱ **5~10분**
(+ 오트밀 불리기 5시간 이상)
🍴 **2인분**

- 오트밀 2컵
- 우유 2컵(또는 무가당 두유, 무가당 아몬드밀크, 400㎖)

제철 과일오나오
- 꿀 1큰술(또는 올리고당, 기호에 따라 가감)
- 블루베리 5~10알(또는 다른 과일)
- 바나나 1개(100g)
- 치아씨드 1작은술(생략 가능)

견과류 초코오나오
- 카카오파우더 1큰술(기호에 따라 가감)
- 꿀 1큰술(또는 올리고당, 기호에 따라 가감)
- 견과류 1봉(25g)
- 치아씨드 1작은술(생략 가능)
- 바나나 약간(또는 다른 과일)

1. 2개의 용기에 오트밀, 우유를 나눠 담는다.
2. 뚜껑을 덮어 냉장실에서 최소 5시간 이상 불린다.
   ★자기 전날 만들어두면 편하다.
3. 불려진 오버나이트 오트밀에 각각의 재료를 먹기 좋게 올려 섞어 먹는다.

Tip

▶ **오트밀 구입하기**
모던구루의 국산 유기농 오트밀을 추천합니다.
이 제품은 무거운 롤러로 누르고 익히는 과정을 거친 납작한 형태의 '롤드 오트밀'이에요. 부드러운 식감을 좋아한다면 '퀵 오트밀'을 활용해도 좋습니다.

▶ **토핑 대체하기**
땅콩버터, 아보카도, 씨앗류 등 다양한 토핑을 더해도 좋아요.

파이토케미컬 듬뿍

매일 채소찬

천연 비타민에 미네랄, 식이섬유와 다양한 식물영양소까지 풍부한
초록의 선물, 채소찬. 하지만 우리 아이들이 채소와 친해지기란
너무 큰 숙제와도 같은 일이기도 하지요. 그동안 늘 같은 방법으로
채소반찬을 만들었다면 이제는 다양한 맛과 질감을 끌어낼 수 있는 조리법으로
우리 아이의 채소취향을 만들어 주세요.
채소가 맛있어지는, 즐거운 채소습관을 위한 레시피들을 소개합니다.

채소 편식, 어떻게 개선할 수 있을까?

수많은 식이요법 속에 변하지 않는 원칙 중 하나, 채소와 과일을 많이 섭취하자는 것입니다. 비타민과 미네랄, 식이섬유와 다양한 식물 영양소를 채울 수 있는 채소는 너무 중요한 식재료랍니다. 하지만 채소와 친해지기는 것은 아이들에게 너무 큰 숙제와도 같은 일이에요.

아기의 혀에는 성인에 비해 3배나 많은 약 1만여 개의 맛을 느끼는 미뢰가 있습니다. 미뢰가 많으니 채소의 쓴맛이 더 강하게 느껴지고 자연스레 채소에 대한 거부감이 클 수밖에 없지요. 또한 아동기에는 유아기 시절 낯선 음식에 대한 네오포비아가 두드러져 싫어하는 식재료에 다양한 변화나 시도 없이 선호하는 음식만 제공했을 경우 편식이 형성되기 쉽습니다.
반가운 것은 ==만 8세 이후에는 차차 미뢰의 수가 줄어 채소를 가리는 일이 다소 개선이 된다는 것==이에요. 그동안 이유식 때와 같이 작은 입자로만 노출하거나 늘 같은 방법으로 줬다면, 이젠 채소의 맛과 질감을 끌어낼 수 있는 다양한 조리법으로 아이의 채소취향을 만들어 주는 것은 어떨까요.

포기하지 말고, 가족이 함께 채소 모험하기

유아기에는 채소에 대한 거부감이 본능적으로 있지만 성장하면서 점차 좋아지기 마련이지요. 이 과정을 잘못 거칠 경우 평생의 편식 습관으로 자리잡게 될 수 있어요. 엄마의 응원과 노력하에 슬기롭게 극복한다면 차차 다양한 음식을 즐길 수 있게 되니 잘 먹지 않아도 절대 포기하지 마세요. 아이와 엄마, 아빠, 우리는 한 팀입니다!

① 흥미를 갖게 만들어주기

함께 장을 본 오이, 농장체험에서 직접 따온 토마토, 시금치 나물에 참기름 한 스푼을 넣어봤던 시간 등 채소 요리에 참여하고 직접 결정권을 가지게 되면 흥미가 생길 수 있어요. 실제로 직접 고르고, 키우고, 준비한 음식을 먹을 가능성이 훨씬 높다는 연구결과도 있지요. 몇 가지 선택지를 가지고 "시금치나물이 좋아? 호박전이 좋아?"라고 물어봐 주는 것도 한 방법입니다. 그렇게 고른 메뉴에 "준이 셰프의 참기름 톡톡 시금치나물"이라고 직접 이름 붙이게 하는 것 또한 효과적인 활동 중 하나이니 꼭 시도해보세요.

- **직접 경험** 장 보기, 농장 체험, 요리 함께하기
- **자기주도적 선택** 식재료 고르기, 조리법 고르기
- **메뉴에 이름 붙여보기** 아이 이름, 효능, 캐릭터 활용

② **배고플 때를 공략! 좋아하는 것과 채소를 함께 주기**

아이들이 익숙하지 않은 모양과 식감을 싫어하는 것은 어찌 보면 당연한 일이기에 좋아하는 것과 함께 조리해 그 음식에 대한 좋은 이미지를 계속 연상시켜 주는 것도 효과적인 방법이에요. 또한 새로운 채소를 경험할 때는 가급적 배고플 때 주도록 합니다.

③ **소스, 꿀, 치즈라는 치트키**

처음에는 요거트 소스, 새콤달콤한 드레싱 등 아이가 좋아하는 맛의 소스에 채소를 찍어 먹게 도와주세요. 채소의 크기가 클 필요는 없어요. 우선은 익숙해지는 것이 목표입니다. 실제로 새로운 채소를 맛볼 때 단맛이나 치즈가 도움이 된다고 알려져 있지요. 차차 소스보다는 채소가 주가 되도록 단계를 높여갑니다.

④ **생채소와 익힌 채소, 다양한 조리법을 끊임없이 시도하기**

저도 몇 가지는 곧 죽어도 안 먹겠다는 식재료와 씨름하느라 애를 먹었지요.
첫째 훈이는 버섯, 새우와 같이 물컹거리는 식감을 싫어해 유아기에는 주로 잘게 다져 재료를 알아볼 수 없게 하는 조리법을 시도했습니다. 하지만 차차 그 크기를 굵게 해 모양을 알게 하니 버섯과 새우만 쏙쏙 골라내더라고요. 포기하지 않고 이야기해 먹을 수 있는 만큼의 크기로 조정하고 적은 양이지만 좋아하는 고기와 함께 볶아 주는 방법을 협의했지요. 적절한 양의 버섯 오믈렛이나 솥밥에 다른 채소와 함께 조리하기도 하니 제법 익숙해지는 단계에 이르렀습니다.
어느 날 정말 자연스레 향이 덜 나는 팽이버섯은 잘 먹을 수 있다는 반가운 이야기를 했고, 이제는 표고탕수와 같이 제법 존재감 큰 버섯요리 또한 시도할 수 있게 되었어요.
다양한 조리법을 통한 우리 아이 채소취향찾기 탐험지도는 레시피팩토리 독자카페인 레팩프렌즈 '맛있는 정보' 게시판에서 만나보세요. ＊오른쪽 하단 QR코드 연결 가능

- **생채소** 과일과 함께 갈아 스무디 만들기(136쪽), 다양한 모양으로 썰기
- **피클, 절이기** 새콤달콤하게 사이드 메뉴로 활용하기
- **찌기, 나물반찬** 양념에 대한 선택권을 주고 함께 요리해보기
- **해산물, 고기와 볶기** 아이들이 좋아하는 단백질 재료와 함께 볶기
- **전 부치기** 달걀애호박전, 당근채전, 버섯오믈렛과 같이 전으로 만들기
- **한 그릇** 볶음밥, 솥밥, 샌드위치 등에 부재료 혹은 주재료로 적극 활용하기

파이토케미컬 듬뿍 **매일 채소찬**

후다닥 만드는 초간단 채소찬 레시피

식탁 가득 차려놓고 보니 채소 반찬 한두 개가 더 필요할 때가 있지요. 뭘 만들자니 큰 일이 될 것 같고, 그대로 먹자니 엄마 마음이 아쉽고. 그럴 땐 10분이면 만드는 초간단 채소찬을 곁들여보세요.

채소찜

1. 찜기의 물이 끓어오르면 채소를 펼쳐 올리고 뚜껑을 덮는다.
2. 중간 불로 줄여 아래의 시간대로 찐다.
    * 재료의 분량, 조리도구, 불 세기에 따라 차이가 있을 수 있으므로 상태를 보며 시간을 조절한다.
    * 짧게 조리할수록 아삭한 식감으로, 오래 조리할수록 부드러운 식감으로 즐길 수 있다.

	찜기	전자레인지	데치기
시금치	1~2분	2분	30초~1분
숙주	2분 30초~3분	3~4분	2~3분
케일	3~4분	2~3분	1분~1분 30초
브로콜리	3~5분	2~3분	30초~1분
양배추, 애호박	5~8분	4~5분	1~3분
당근	10~15분	10~15분	5~10분

시금치 나물(또는 참나물 등 초록잎 채소)

시금치 300g, 참기름 1큰술, 통깨 약간
양념 국간장 1큰술, 소금 약간(기호에 따라 가감), 다진 마늘 약간, 다진 파 약간

1. 손질한 시금치를 끓는 물 + 소금(1작은술)에 넣고 20~30초간 데친다.
2. 물기를 꼭 짠 후 한입 크기로 썬다.
3. 큰 볼에 양념 재료를 섞고 시금치를 넣어 무친 후 참기름, 통깨를 더한다.
    * 소금으로 부족한 간을 더한다.

양배추볶음(또는 배추)

양배추 6장(손바닥 크기, 또는 배추, 180g), 액젓 1큰술(기호에 따라 가감), 소금 약간, 다진 마늘 약간, 조리유 1작은술, 통깨 간 것 넉넉하게

1. 양배추는 가늘게 채 썬다.
2. 달군 팬에 조리유, 다진 마늘을 넣고 중약 불에서 볶아 향을 낸 후 양배추를 넣고 뭉근해질 때까지 볶는다.
3. 액젓을 넣고 소금으로 부족한 간을 더한 후 통깨 간 것을 넣는다.

브로콜리 치즈구이
(또는 찐 콜리플라워, 찐 감자, 채 썬 당근 등)

브로콜리 1개, 소금 3~4꼬집, 슈레드 피자치즈 약간, 후춧가루 약간

1. 브로콜리는 한입 크기로 썬다. 찜기의 물이 끓어오르면 펼쳐 넣고 3~5분간 찐다.
2. 브로콜리는 종이포일로 덮어 납작하게 누른 후 슈레드 피자치즈를 뿌린다.
3. 에어프라이어에 넣고 180℃에서 3~5분간 굽는다.

미나리전(또는 부추)

미나리 2줌(또는 부추, 100g), 조리유 넉넉하게
반죽 부침가루 2/3컵, 물 2/3컵(약 140㎖)

1. 미나리는 한입 크기로 썬다.
2. 볼에 반죽 재료를 넣고 섞은 후 미나리를 넣고 한 번 더 섞는다.
3. 달군 팬에 조리유를 두르고 반죽을 올려 얇게 편 후 중간 불에서 앞뒤로 각각 2~3분씩 노릇하게 굽는다.

초록채소 샐러드

샐러드채소 적당량, 방울토마토 3개, 적양파 1/4개, 그라나파다노 치즈 약간
소스 1_화이트 발사믹 소스 화이트 발사믹식초 1큰술(기호에 따라 가감), 올리브유 2큰술, 소금 약간, 후춧가루 약간
소스 2_요거트 소스 떠 먹는 요거트 200g, 마요네즈 4큰술, 꿀 1큰술, 소금 약간, 후춧가루 약간

1. 샐러드채소는 한입 크기, 방울토마토는 2등분, 적양파는 가늘게 채 썬다.
   ★일반 양파로 대체할 경우 찬물에 10분간 담가 매운맛을 없앤다.
2. 그라나파다노 치즈를 뿌린 후 원하는 드레싱을 함께 낸다.
   ★파프리카, 오이, 당근, 찐 브로콜리 등 다양한 채소들을 활용해도 좋다.
   ★견과류를 곁들여도 좋다.

파이토케미컬 듬뿍 **매일 채소찬**

채소와 친하게 해주는 스무디

신선하고 새콤달콤한 맛에 다양한 제철 채소를 맘껏 섭취할 수 있는 스무디를 소개합니다.
소개해드리는 스무디는 요리를 하고 남은 냉장고 속 채소를 활용하거나,
아이뿐만 아니라 엄마, 아빠의 아침식사나 간식으로 즐기기에도 제격이랍니다.

스무디의 시작, 스무디 황금공식

어떤 채소와 과일을 넣어야 할지 막막하다면? 가장 먼저 '스무디 황금공식'을 활용해보세요.
스무디를 처음 시작했거나 채소를 꺼리는 아이들은 채소 : 과일의 비율을 3:7 정도로 시작하되,
점점 채소의 비율을 높이는 것이지요.

 + 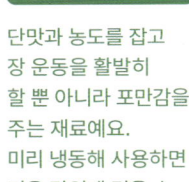 +  + +

채소 1줌	바나나 1개	선호하는 과일 1개	레몬 약간	생수 1컵(200㎖)
시금치, 양배추와 같이 맛이 연한 채소부터 시작한 후 점차 케일, 브로콜리 등의 향이 강한 채소를 활용합니다.	단맛과 농도를 잡고 장 운동을 활발히 할 뿐 아니라 포만감을 주는 재료예요. 미리 냉동해 사용하면 더욱 맛있게 먹을 수 있어요.	바나나를 기본 과일로 선택해 1개를 넣고, 자유롭게 좋아하는 과일을 1개 더 선택해 넣습니다. 사과 크기의 과일은 1/2~1개, 키위 같은 과일은 2~3개, 베리류는 2/3~1컵을 기준으로 더하세요.	스무디에 들어가는 과일의 단맛과 신맛의 비율은 4:1 정도로 맞추면 좋아요. 신맛이 없다면 레몬즙을 추가해 상큼함을 더하고 채소 비린맛을 없앨 수 있습니다.	물은 한번에 다 넣지 말고 1/2컵씩 나누어 넣으며 원하는 농도를 맞추세요. 코코넛워터 등을 활용해도 좋습니다.

[400~600㎖]

1 분량의 재료를 먹기 좋은 크기로 썬다.

2 채소는 생으로 넣거나 전자레인지를 활용해 익혀도 좋다.
  • 케일, 청경채 등 잎채소 / 2~3분
  • 브로콜리, 콜리플라워 / 2~3분
  • 양배추, 적양배추, 애호박 / 4~5분
  • 당근, 비트 / 10분
  • 파프리카 / 생으로 갈기
  ★ 각 채소들은 미리 쪄둔 후 냉동 보관해서 사용하면 더욱 편리하다.

3 모든 재료를 믹서에 넣고 곱게 간다.
  ★ 먹고 남은 스무디는 냉장실에서 2일 정도 보관 가능하다.

아이들도 좋아하는 세 가지 컬러풀 스무디

이번엔 본격적으로 스무디와 더 가까워질 수 있는 세 가지 비법 '컬러풀 스무디'를 소개합니다.
이 비법들로 채소에 점차 적응하도록 도와주세요. 레시피의 채소는 생으로 넣어도 되고, 익혀도 맛있어요.

비법 1
채소를 연상시키지 않는 색으로
거부감 최소화하기

ABC 화이트스무디

- 양배추 2~3장
  (손바닥 크기, 60~90g)
- 바나나 1개(100g)
- 사과 1/2개(100g)
- 레몬즙 약간
  (취향에 따라 가감)
- 생수 1컵(200㎖)

비법 2
당도와 농도가 강한 열대과일로
채소 비린맛 없애기

트로피컬 그린스무디

- 쌈케일 4장(또는 청경채,
  브로콜리, 양배추 등
  초록잎 채소, 40g)
- 바나나 1개(100g)
- 냉동 망고 1/2컵
- 냉동 파인애플 1/2컵
  (또는 냉동 망고)
- 생수 1컵(200㎖)

비법 3
입맛 도는 새콤한 맛을 내는
베리류와 냉동 과일 사용하기

상큼 퍼플스무디

- 적양배추 3장
  (손바닥 크기, 90g)
- 바나나 1개(100g)
- 블루베리 1컵(또는
  냉동 블루베리,
  냉동 딸기, 100g)
- 생수 1/2컵(100㎖)

파이토케미컬 듬뿍 **매일 채소찬** [나물]

장건강　면역력

138

저수분 원팬 나물

생각보다 손이 많이 가는 나물반찬. 재료를 삶거나 데치고, 무치는 과정이 은근 번거롭지요.
냉장고 속 채소를 한 번에 저수분으로 쪄내면 영양소 손실은 최소화하고 간편하게 팬 하나로 다양한 채소를
식탁에 낼 수 있답니다. 더욱 쉽고 건강하게 지속 가능한 온 가족 채소루틴을 위해 만들어보아요.

15~20분
2~3인분

- 무 지름 10cm, 두께 1cm(100g)
- 애호박 1/3개(90g)
- 당근 1/4개(50g)
- 시금치 2줌(100g)
- 물 4큰술
- 소금 1/3작은술

1 무, 애호박, 당근은 가늘게 채 썬다. 시금치는 3등분한다.

2 깊은 팬에 물 4큰술 + 소금 → 무 → 당근 → 애호박 순으로 넣고 뚜껑을 덮어 약한 불에서 6~7분간 익힌다.
★단단한 채소를 아래에 넣어야 고루 익는다.

3 시금치를 넣고 약한 불에서 2~3분간 한 번 더 익힌다.
★잎채소는 대부분 2~3분이면 익기 때문에 마지막에 넣는다.

Tip

▶ **채소 대체하기**
브로콜리, 파프리카, 숙주, 콩나물, 알배기배추, 청경채로 대체해도 좋아요.

▶ **활용하기**
고기소보로(66쪽), 달걀프라이와 함께 비빔밥으로, 덮밥이나 국수의 고명, 웜샐러드로 활용 가능해요.

파이토케미컬 듬뿍 **매일 채소찬** [나물]

시금치 호두나물

엽산과 철분이 풍부하고 향이 강하지 않아 꾸준히 사랑받는 시금치를 된장 양념에 무쳤어요. 뇌기능과 집중력 향상에 도움이 된다고 불리는 브레인 푸드인 견과류를 더하면 영양도 높아지고, 고소한 맛은 배가 되서 아이들이 참 잘 먹지요.

칼칼 알배기배추나물

알배기배추는 살짝 쪄서 들기름과 간장으로만 양념해도 참 맛있는 반찬이지만 이제 슬슬 어른 반찬을 따라가는 아이들을 위해 고춧가루와 된장 양념으로 칼칼하게 무쳐보세요. 온 가족 반찬으로 알배기배추가 제철일 때 특히 추천합니다.

시금치 호두나물

🕐 **10~15분**
🍴 **2~3인분**

- 시금치 4줌(200g)
- 다진 호두 1/4컵(5알, 20g)

양념
- 된장 2작은술
- 매실액 1작은술
- 다진 마늘 1작은술
- 참기름 2작은술

1 끓는 물 + 소금(1/2큰술)에 손질한 시금치를 넣고 30초간 데친다.

2 찬물에 헹군 후 손으로 물기를 꼭 짜고 잘게 썬다.
★찬물에 헹궈야 초록색이 잘 유지되고, 물기를 꼭 짜야 무쳤을 때 싱겁지 않다.

3 큰 볼에 양념 재료와 시금치를 넣어 무친 후 호두를 넣고 한 번 더 무친다.

Tip
▶ **색다르게 즐기기**
다진 쇠고기, 양조간장을 함께 넣고 볶음 요리로 즐겨도 좋아요.

초간단 두뇌발달 철분

칼칼 알배기배추나물

🕐 **10~15분**
🍴 **2~3인분**

- 작은 알배기배추 1/2통 (200g)
- 통깨 약간

양념
- 고춧가루 1/3~1/2작은술 (기호에 따라 가감)
- 매실액 1작은술
- 참기름 1작은술
- 된장 1작은술

1 찜기의 물이 끓어오르면 알배기배추를 펼쳐 넣고 3분간 아삭하게 찐다.

2 한 김 식혀 물기를 꼭 짠 다음 한입 크기로 썬다.

3 큰 볼에 알배기배추, 양념 재료를 넣고 무친다. 통깨를 더한다.

Tip
▶ **색다르게 즐기기**
새우, 양조간장을 함께 넣고 볶음 요리로 즐겨도 좋아요.

초간단 장건강 면역력

파이토케미컬 듬뿍 매일 채소찬 [오이]

깨 듬뿍 오이나물

통깨를 갈아서 듬뿍 뿌려주면
오독오독 고소함이 폭발해요.
해두면 반찬이 줄어드는 게 서운할 정도라
가끔은 두 배로 넉넉히 만들어 아낌없이 먹는
저희 집 최애 반찬입니다.
쇠고기와 함께 볶아내도 좋아요.

새콤 달콤 오이채무침

오이를 가늘게 채 썰어 양념에 무쳐
냉장고에 두었다 먹으면 시원함까지
더해져 더욱 맛있어요. 아이들뿐만 아니라
어른들도 너무 좋아하고요. 진한 양념의
오이무침보다 깔끔하면서도 풍미가
남달라 어떤 요리와도 참 잘 어울려요.

깨 듬뿍 오이나물

🕐 10~15분
(+ 오이 절이기 10분)
🍴 2인분

- 오이 1개(200g)
- 조리유 1작은술
- 소금 1작은술
- 다진 파 1작은술
 (또는 다진 마늘)
- 참기름 1/2작은술
- 통깨 간 것 넉넉하게

1. 오이는 양끝을 없앤 후 동그란 모양을 살려 얇게 썬다.
2. 볼에 오이, 소금을 넣고 섞어 10~15분간 절인 후 물기를 꼭 짠다.
3. 달군 팬에 조리유, 절인 오이, 다진 파를 넣고 중간 불에서 1분 30초간 볶는다.
4. 참기름, 통깨 간 것을 넣고 소금으로 부족한 간을 더한다.

Tip----------------------------
▶ 활용하기
비빔밥, 국수의 고명으로도 활용 가능해요.

▶ 색다르게 즐기기
양조간장 1큰술, 원당 1작은술에 버무린 다진 쇠고기 100g을 함께 볶아도 좋아요.

초간단   장건강   면역력

새콤 달콤 오이채무침

🕐 5~10분
🍴 2인분

- 오이 1개(200g)
- 빨간 미니 파프리카 약간
 (또는 채 썬 파프리카)
- 참기름 1작은술
 (기호에 따라 가감)
- 검은깨 약간(또는 통깨)

양념
- 원당 2작은술
- 다진 마늘 1작은술
- 양조간장 4작은술
- 식초 2작은술

1. 오이는 양끝을 없앤 후 길게 어슷 썬 다음 가늘게 채 썬다. 미니 파프리카는 동그란 모양을 살려 얇게 썬다.
2. 볼에 오이, 파프리카, 양념 재료를 넣고 버무린다.
3. 참기름, 검은깨를 더한다.
★냉장실에 넣어 차게 둔 후 먹으면 더욱 맛있다.

상큼한맛 초간단   밀프렙   면역력

파이토케미컬 듬뿍 **매일 채소찬** [당근]

상큼한맛 밀프렙 장건강 면역력

당근좋아 당근라페

"사실 엄마도 당근을 싫어했어"라고 말하면 믿지 않는 저희 집 아이들. 당근 편식하던 엄마가 당근러버가 된 비결은 바로 이 당근라페 덕분이랍니다. 특유의 당근 향은 사라지고 아삭한 식감이 정말 맛있어요. 집밥 쿠킹클래스에서도 반응이 좋아 후기가 엄청났던 레시피이니 꼭 한번 만들어보세요. '오일류 : 단맛 : 신맛 : 머스터드 = 1:1:1:1'의 황금비율만 기억하면 다양하게 활용 가능해요.

- ⏱ 10~15분(+ 당근 절이기 10분)
- 🍴 400g
- ❄ 냉장 2주

- 당근 2개(400g)
- 소금 2꼬집

양념
- 원당 1큰술(또는 올리고당)
- 식초 1큰술(또는 레몬즙)
- 홀그레인 머스터드 1큰술 (생략 가능)
- 올리브유 1큰술
- 후춧가루 약간

1. 당근은 채칼이나 필러 또는 칼을 이용해 가늘게 채 썬다.
2. 큰 볼에 당근, 소금을 넣고 숨이 죽을 때까지 10분 이상 절인다.
3. ②의 당근이 담긴 볼에 양념 재료를 넣고 섞는다.
   ★ 기호에 따라 레몬즙을 더해도 좋다.

Tip

▶ **당근을 다른 재료로 대체하기**
당근 대신 동량(400g)의 양배추, 적양배추, 비트, 셀러리로 대체해도 좋아요.

▶ **활용하기**
샐러드나 곁들임 채소로 뿐만 아니라 김밥, 샌드위치 속재료, 접는 삼각김밥(96쪽), 무지개 샐러드 라이스볼(280쪽)에 활용 가능해요.

파이토케미컬 듬뿍 **매일 채소찬** [당근]

당근스테이크

유아기 때는 당근을 다졌다면, 이제는 당근 그대로의 모습을 인지시키고 맛있게 먹을 수 있게 다양한 조리법을 시도해 주세요. 당근은 구우면 부드럽고 달콤한 맛이 올라와요. 여기에 고소한 버터 향을 입혀 아이들도 거부감 없이 먹을 수 있게 만들었답니다.

당근채 치즈전

아이들이 좋아하는 치즈를 넣어 단백질과 풍미를 업그레이드해 주었어요. 별다른 양념 없이도 달콤하고 너무 맛있어서 새로운 당근의 매력에 빠질 거예요.

당근스테이크

- ⏱ 10~15분
- 🍴 2~3인분

- 당근 1개(또는 애호박, 새송이버섯, 200g)
- 무염버터 10g
- 양조간장 1작은술
- 올리고당 1작은술 (생략 가능)
- 파프리카가루 1작은술 (생략 가능)
- 후춧가루 약간

1. 당근은 2등분한 후 손가락 크기로 도톰하게 썬다.
2. 달군 팬에 버터를 녹인 후 당근을 넣어 중약 불에서 앞뒤로 노릇하게 살짝 익힌다.
3. 뚜껑을 덮고 10분 이상 찌듯이 마저 익힌다.
4. 양조간장, 올리고당, 파프리카가루, 후춧가루를 더해 섞는다.
   ★당근 자체에서 충분히 단맛이 올라오기 때문에 올리고당은 생략해도 좋다. 페타 치즈나 리코타 치즈를 마지막에 더해도 좋다.

 초간단   장건강   면역력

당근채 치즈전

- ⏱ 15~20분 (+ 당근 절이기 10분)
- 🍴 2~3인분

- 당근 1개(200g)
- 소금 1~2꼬집
- 전분가루 1.5큰술
- 슈레드 피자치즈 1/2컵 (50g, 기호에 따라 가감)
- 조리유 2큰술

1. 당근은 채칼이나 필러 또는 칼을 이용해 가늘게 채 썬다.
2. 큰 볼에 당근, 소금을 넣고 숨이 죽을 때까지 10분 이상 절인다.
3. 전분가루를 넣고 섞는다.
4. 달군 팬에 조리유를 두르고 반죽을 얇게 펼쳐 올린 후 중약 불에서 앞뒤로 각각 3분씩 굽는다.
   ★조리유가 부족하면 더 넣는다.
5. 슈레드 피자치즈를 넣고 반을 접어 치즈를 녹인다.

Tip ---------------------------
▶ 색다르게 즐기기
과정 ④까지 진행한 당근채 치즈전에 닭가슴살, 채 썬 채소, 치즈를 넣고 접어 주면 든든한 한 끼로 활용 가능해요.

 장건강   뼈튼튼   면역력

파이토케미컬 듬뿍 **매일 채소찬** [양배추]

들깨 양배추샐러드

채 썬 양배추에 들기름과 들깨가루의 풍미를
입혀 근사한 요리와 같은 샐러드예요. 한식,
양식 모두에 잘 어울려 자주 식탁에 올리지요.
아이들이 늘 리필해달라는 메뉴랍니다.

요거트 양배추코울슬로

요거트를 사용해 더욱 깔끔한 코울슬로입니다.
고기 요리와도 잘 어울려 당근라페와 더불어
한 번에 많이 만들어두곤 해요. 통밀빵에
넣어서 샐러드 빵처럼 해먹어도 좋지요.

양배추 김무침

썬 양배추에 김을 넣고 무치기만 하면 되니 간편한 건 물론이고 별다른
양념 없이도 김의 감칠맛이 잘 어울려 빠르게 낼 수 있는 채소 반찬이에요.
덮밥에 채소가 부족할 때 사이드로 올려 활용해도 참 좋아요.

들깨 양배추샐러드

- ⏱ 10~15분
- 🍴 2인분

- 양배추 6장(손바닥 크기, 또는 적양배추, 알배기배추, 180g)

드레싱
- 양조간장 1큰술
- 레몬즙 1큰술
- 들기름 1큰술
- 원당 2작은술(또는 꿀, 올리고당)
- 들깨가루 1큰술(또는 통들깨, 기호에 따라 가감)

요거트 양배추코울슬로

- ⏱ 10~15분(+ 채소 절이기 10분)
- 🍴 2인분
- 🧊 냉장 1주일

- 양배추 약 3장(손바닥 크기, 100g)
- 적양배추 약 2장(손바닥 크기, 또는 양배추 50g)
- 양파 1/4개(50g)
- 당근 1/4개(50g)
- 유기농 옥수수병조림 1/4컵 (또는 옥수수, 초당옥수수, 50g)
- 소금 1/2큰술

드레싱
- 그릭요거트 1통(80g)
- 홀그레인 머스터드 1/2큰술
- 올리고당 2큰술
- 식초 2작은술
- 후춧가루 약간

양배추 김무침

- ⏱ 10~15분
- 🍴 2인분

- 양배추 6장(손바닥 크기, 또는 적양배추, 알배기배추, 180g)
- 조미 김 2장

양념
- 통깨 1큰술
- 참기름 1큰술
- 양조간장 2작은술
- 액젓 약간(기호에 따라 가감)

1 양배추는 가늘게 채 썬다.

2 볼에 들깨가루를 제외한 드레싱 재료, 양배추를 넣고 섞는다.

3 들깨가루를 더한다.
★들깨가루는 마지막에 넣어야 뭉치지 않는다.

Tip
▶ 색다르게 즐기기
들깨가루, 들기름, 양조간장만 뿌려도 좋고, 레몬즙과 원당 대신 화이트 발사믹식초를 더하면 편해요.

1 양배추, 적양배추, 양파, 당근은 옥수수 크기로 작게 썬다.

2 볼에 양배추, 적양배추, 양파, 당근, 소금을 넣고 버무려 10분간 절인다.

3 ②에 옥수수, 드레싱 재료를 넣고 버무린다.

1 양배추는 한입 크기로 썬다.
★가늘게 채 썰어도 좋다.

2 볼에 양배추, 양념 재료를 넣고 섞은 후 조미 김을 넣어 한 번 더 무친다.

초간단　두뇌발달　장건강

상큼한맛　밀프렙　장건강

초간단　장건강　면역력

파이토케미컬 듬뿍 매일 채소찬 [브로콜리]

브로콜리 버무리 삼총사

비타민C와 엽산이 풍부한 브로콜리. 편식이 심하다면 다양한 맛을 통해 취향을 찾아주세요.
들기름의 맛을 극대화한 기본 들기름 양념, 새콤달콤한 오리엔탈, 고소한 마요네즈를 넣은 통깨 마요까지!
엄마와 함께 찾는 맛의 여정 속에 어느새 채소와 친숙해져 있는 아이를 발견할 수 있을지도 몰라요.

⏱ 5~10분
🍽 2~3인분

- 브로콜리 1개

양념 1_들기름 양념
- 들기름 1큰술 (또는 참기름)
- 소금 1작은술 (또는 양조간장)
- 통들깨 넉넉하게 (또는 들깨가루, 통깨)

양념 2_오리엔탈 양념
- 원당 1큰술
- 통깨 간 것 2큰술
- 양조간장 1큰술
- 식초 1큰술
- 참기름 1큰술

양념 3_통깨 마요 양념
- 통깨 3큰술
- 마요네즈 3큰술
- 양조간장 1/2큰술
- 올리고당 1큰술
- 소금 1꼬집

1. 브로콜리는 한 송이씩 썬다.
2. 위생팩에 브로콜리, 잠길 만큼의 물, 식초 2~3방울을 넣고 5분간 담가둔다. 조물조물 씻은 다음 흐르는 물에 한 번 더 씻는다.
3. 끓는 물 + 소금(1작은술)에 넣고 센 불에서 1분간 데친다. 물기를 없앤다. *브로콜리는 찜기나 전자레인지를 활용해 더 간단하게 익혀도 좋다(134쪽 참고).
4. 세 가지 양념 중 원하는 양념을 선택해 무친다.

Tip

▶ 브로콜리 줄기 활용하기
줄기는 송이에 비해 식감이 억세지만 식이섬유가 풍부하고 비타민A, 비타민C, 칼륨 등의 영양소가 많아요. 볶음밥이나 오믈렛에 넣거나, 살짝 데쳐 스무디(136쪽)에 활용 가능해요.

파이토케미컬 듬뿍 매일 채소찬 [브로콜리]

두뇌발달 뼈튼튼 면역력

브로콜리 새우볶음

브로콜리에 스며든 새우의 감칠맛 덕분에 아이들이 좋아하는 반찬이에요.
마늘 역시 얇게 썰어 볶은 덕분에 매운맛은 날아가고 단맛만 난답니다.
잘 먹는 모습을 볼 때면 어느새 커서 이런 것도 먹나 기특한 마음이 한가득입니다.

🕐 **15~20분**
🍽 **2~3인분**

- 브로콜리 1개
- 냉동 생새우살 6마리
  (킹사이즈, 90g)
- 마늘 6쪽
- 조리유 1큰술
- 고춧가루 1/3작은술
  (또는 파프리카가루,
  기호에 따라 가감)
- 양조간장 1작은술
- 소금 약간
- 참기름 약간
- 후춧가루 약간

밑간
- 청주 약간(또는 요리술)
- 후춧가루 약간

1. 브로콜리는 한 송이씩 썬다.
2. 위생팩에 브로콜리, 잠길 만큼의 물, 식초 2~3방울을 넣고 5분간 담가둔다. 조물조물 씻은 다음 흐르는 물에 한 번 더 씻는다.
3. 마늘은 편 썰고, 새우는 해동한 후 밑간 재료와 섞는다.
4. 달군 팬에 조리유를 두르고 다늘을 넣은 후 중간 불에서 1분, 새우를 넣고 1~2분간 볶는다.
5. 브로콜리, 고춧가루, 양조간장을 넣고 뚜껑을 덮어 4~5분간 찌듯이 굽는다. 소금으로 부족한 간을 더하고 참기름, 후춧가루를 넣는다.

파이토케미컬 듬뿍 매일 채소찬 [애호박]

장건강   면역력

살캉 애호박찜

채소는 어떻게 써느냐에 따라서 맛과 식감이 달라지곤 해요. 애호박과 양파를 두툼하게 썰어 육수만으로 익힌 애호박찜은 식감이 살캉하고 달달한 맛이 일품이에요. 뜨끈한 밥에 국물 자작하게 얹어먹으면 하루 동안 있었던 속상했던 일까지 살캉살캉 풀릴지도요.

⏱ **15~20분(+ 채소 절이기 10분)**
🍴 **2~3인분**

- 애호박 1개(270g)
- 양파 1/2개(100g)
- 육수 1컵
  (또는 물과 무첨가 코인육수, 200㎖)
- 고춧가루 1/4작은술(기호에 따라 가감)
- 소금 2~3꼬집
- 참기름 1큰술(기호에 따라 가감)

1. 애호박은 3~4cm 두께로 썬 다음 4등분한다.
   양파는 3x3cm 크기로 썬다.
2. 볼에 애호박, 양파, 소금을 넣고 버무려 10분간 절인다.
3. 냄비에 ②, 육수, 고춧가루를 넣고 센 불에서 끓어오르면 뚜껑을 덮고 중간 불로 줄여 7~8분간 익힌다.
4. 뚜껑을 열고 센 불로 올린 후 2~3분간 익힌 다음 불을 끈다.
   참기름을 더한다.

★ 기호에 따라 부족한 간은 국간장이나 액젓으로 더한다.

Tip

▶ **코인육수 구입하기**
저도 바쁠 때면 코인육수를 활용하곤 해요.
가급적 제형 유지를 위한 덱스트린, 이산화규소와 같은 첨가물이 들어간 제품은 피하고,
천연재료만 담은 한살림 제품을 사용하고 있어요.

파이토케미컬 듬뿍 **매일 채소찬** [애호박]

애호박 쇠고기조림

냉장고 속 늘 자리 잡고 있는 애호박은 비타민A, C, 칼륨이 풍부하고 소화흡수가 잘 되기에
단맛이 최상으로 올라가는 제철에는 꼭 챙겨주는 식재료이기도 합니다. 불고기 양념에 재운 쇠고기에
애호박을 넣고 슴슴하게 조려 만들면 다른 반찬 없이도 한 끼 식사로 부족함이 없어요.

15~20분
2~3인분

- 애호박 1개(270g)
- 빨간 파프리카 1/4개(50g)
- 쇠고기 불고기용 100g(또는 잡채용)
- 마늘 3쪽
- 소금 2꼬집
- 조리유 1큰술
- 참기름 1큰술
- 통깨 약간

고기 밑간
- 양조간장 1작은술
- 올리고당 1작은술
- 다진 마늘 1작은술

양념
- 양조간장 2큰술
- 물 2큰술
- 요리술 1/2큰술(50쪽)
- 올리고당 1큰술

1 애호박은 손가락 크기로 도톰하게 썬다.
파프리카는 가늘게 채 썰고, 마늘은 편으로 썬다.
쇠고기는 채 썬다.

2 볼에 애호박, 소금을 넣고 버무려 10분간 절인다.
쇠고기는 밑간 재료와 버무린다.

3 달군 팬에 조리유, 마늘을 넣고 중간 불에서 1분,
쇠고기를 넣고 1~2분간 볶는다.

4 애호박, 파프리카, 양념 재료를 넣고 뚜껑을 덮은 후
중약 불로 줄여 4~5분간 뭉근하게 익힌다.

5 뚜껑을 열고 센 불에서 원하는 농도로 졸인 후 불을 끈다.
참기름, 통깨를 더한다.

파이토케미컬 듬뿍 **매일 채소찬** [버섯]

담백 표고버섯볶음

최소한의 재료와 간으로 표고버섯의 향을
온전히 느끼고 맛볼 수 있는 담백한 볶음입니다.
기름 대신 물로 볶았더니 그 향이 좋아
아이들도 잘 먹어요. 너무 자극적인 양념과
조리법보다는 원재료 그대로의
맛과 향을 느낄 수 있는 연습을 점차 함께
해보면 좋겠습니다.

새송이버섯조림

두툼한 새송이버섯은 칼집을 내 버터에만
구워줘도 그 식감이 흡사 관자와 같아서
버섯이 아직 어려운 친구들도 재미있게
먹을 수 있어요. 간장 양념에 조려 말캉하고
촉촉하게 배인 맛이 함께 어우러지니
쫀득한 식감과 맛 모두를 잡은 특별한
레시피입니다.

담백 표고버섯볶음

- ⏱ 10~15분
- 🍴 2~3인분

- 표고버섯 6개
  (또는 느타리버섯, 150g)
- 쪽파 1~2줄기
- 물 2큰술
- 소금 2꼬집(기호에 따라 가감)
- 참기름 1큰술
- 통깨 간 것 1큰술

1 표고버섯은 얇게 채 썰고,
쪽파는 3cm 길이로 썬다.

2 달군 팬에 표고버섯, 물, 소금을 넣고
중약 불에서 3분간 볶는다.

3 쪽파를 넣고 1분간 볶은 후 불을 끈다.
소금으로 부족한 간을 더하고
참기름, 통깨 간 것을 넣는다.

Tip

▶ **표고버섯을 다른 버섯으로 대체하기**
표고버섯 특유의 향을 싫어하는 아이라면
향이 덜하고 특유의 쫄깃한 식감이 특징인
고기 느타리버섯을 동량(150g)으로
대체해도 좋다.

초간단　장건강　면역력

새송이버섯조림

- ⏱ 15~20분
- 🍴 2~3인분

- 새송이버섯 4개(320g)
- 버터 2큰술 + 1큰술
  (또는 조리유)

양념
- 양조간장 1큰술
- 굴소스 1큰술
- 원당 1/2큰술
- 올리고당 1큰술
- 다진 마늘 1작은술

1 새송이버섯은 2~3cm 길이로 썬 후
썬 단면에 격자무늬로 칼집을 낸다.

2 달군 팬에 버터 2큰술을 녹인 후
버섯을 넣는다. 중약 불에서 앞뒤로
뒤집어가며 7~9분간 노릇하게 굽는다.
이때 굽는 중간에 버터 1큰술을 더한다.
*수분감이 어느 정도 날아가도록
버섯을 노릇하게 잘 굽는 것이 중요하다.
버터가 부족할 경우 더해도 좋다.

3 양념 재료를 넣고 끓어오르면 버무린다.

장건강　면역력

파이토케미컬 듬뿍 매일 채소찬 [버섯]

매콤 버섯두루치기

담백한 버섯볶음에 아이들이 제법
익숙해졌다면 버섯에 매콤한 양념이
쏙 배어 든 버섯두루치기까지 도전해
보세요. 아이들 입맛까지 사로잡아
돼지고기로 만든 두루치기보다
더 찾을지도 몰라요.

바삭 팽이버섯구이

말캉한 식감 때문에 버섯을 즐기는 데 시간이
꽤나 걸렸던 첫째 훈이도 처음부터 거부감 없이
잘 먹었던 요리예요. 바삭하고 쭉쭉 찢어지는 식감이
과자 같기도, 치킨 같기도 한 반전 매력의 반찬이지요.
간식으로도 참 좋아요.

매콤 버섯두루치기

- ⏱ **15~20분**
- 🍴 **2인분**

- 느타리버섯 4줌(200g)
- 양파 1/4개(50g)
- 조리유 1작은술
- 송송 썬 쪽파 1큰술
- 참기름 약간
- 통깨 약간

양념
- 다진 마늘 1작은술
- 양조간장 1.5작은술
- 요리술 1작은술(50쪽)
- 올리고당 1작은술
- 고추장 2작은술

1 느타리버섯은 가닥가닥 떼어낸다.
  양파는 가늘게 채 썬다.
  볼에 양념 재료를 섞는다.

2 달군 팬에 조리유, 양파를 넣고
  중간 불에서 1분간 볶는다.

3 느타리버섯을 넣어 센 불에서 3~4분,
  양념을 넣고 2~3분간 볶은 후 불을 끈다.

4 쪽파, 참기름, 통깨를 더한다.

매콤한맛 장건강 면역력

바삭 팽이버섯구이

- ⏱ **10~15분**
- 🍴 **2~3인분**

- 팽이버섯 1봉지(150g)
- 양조간장 1작은술
- 전분가루 2큰술
- 조리유 넉넉하게

1 팽이버섯은 동전 크기로 한 묶음씩
  떼어낸 후 밑동을 눌러준다.

2 그릇에 팽이버섯, 양조간장을 넣고 살살
  버무린 다음 전분가루를 넣고 섞는다.
  *전분가루를 손으로 흩뿌리며 섞어주면
  가루와 재료가 뭉치지 않는다.

3 달군 팬에 조리유를 넉넉하게 두르고
  팽이버섯을 넣어 중간 불에서
  뒤집어가며 튀기듯이 굽는다.

초간단 장건강 면역력

파이토케미컬 듬뿍 매일 채소찬 [가지]

가지장조림

진한 보랏빛 속에 영양이 가득 담긴 대표적인 보라색 컬러푸드인 가지를 구워 양념과 함께 조려냈어요. 부드러운 식감이 극대화되어 따뜻한 밥 위에 쭈욱 찢어 얹어 주면 이게 가지라고? 생각할 만큼 맛있는 반찬이 됩니다. 반숙 달걀프라이를 올려 덮밥으로도 활용하기에도 좋아요.

⏱ **20~25분**
🍽 **2~3인분**

- 가지 2개(300g)
- 조리유 1작은술
- 통깨 약간

양념
- 원당 1큰술
- 다진 마늘 1/2큰술
- 양조간장 3큰술
- 물 1/2컵(100㎖)
- 생강즙 약간(또는 다진 생강, 생강가루, 생략 가능)

1 볼에 양념 재료를 섞는다.

2 가지는 반으로 썬 후 길게 2등분한다. 다시 껍질 쪽에 길이로 칼집을 2~3개씩 낸다.

3 달군 팬에 조리유를 두르고 가지의 껍질 부분이 팬에 닿도록 올린다. 중간 불에서 앞뒤로 각각 4~5분씩 수분감이 없어질 때까지 굽는다.

4 ①의 양념을 붓고 센 불에서 끓어오르면 중간 불로 줄여 5~7분간 가지를 뒤집어가며 조린 후 통깨를 뿌린다.

파이토케미컬 듬뿍 **매일 채소찬** [우엉]

우엉 당근볶음

넉넉하게 만들어두면 든든한 반찬 중 하나예요. 우엉의 경우 대부분 진득하게 졸이는 방법을 많이 쓰는데, 저는 설탕을 적게 넣고 당근 비율을 높여 자연스러운 단맛을 냈어요. 빠르게 볶으면 아삭한 식감과 우엉의 향을 더욱 잘 살릴 수 있답니다. 김밥, 주먹밥이나 유부초밥 속재료에 활용해보세요.

⏱ **15~20분**
🍴 **3~4인분**

- 우엉 지름 2cm, 길이 100cm(200g)
- 당근 1/2개(100g)
- 조리유 1큰술
- 참기름 2작은술
- 통깨 간 것 약간

양념
- 물 1큰술
- 올리고당 1큰술
- 양조간장 5작은술
- 생강즙 1작은술(또는 다진 생강, 생강가루, 생략 가능)

1 우엉, 당근은 필러로 껍질을 벗긴 후 채칼 또는 칼로 가늘게 채 썬다.

2 작은 볼에 양념 재료를 섞는다.

3 달군 팬에 조리유를 두르고 우엉, 당근을 넣어 중간 불에서 2~3분간 볶는다.

4 ②의 양념을 넣고 5~7분간 볶은 후 불을 끈다. 참기름, 통깨 간 것을 섞는다.

파이토케미컬 듬뿍 **매일 채소찬** [연근]

초간단　두뇌발달　장건강

두 가지 양념의 연근무침

연근하면 연근조림을 먼저 떠올리지만 얇게 썰어 아삭하게만 익혀도 맛있다 보니
유아식 때는 별다른 양념 없이도 자주 내어줬었죠. 아이가 컸으니 이제 원하는 양념을 더해준답니다.
톡톡 씹히는 들깨 양념이나, 순두부 마요네즈 중에서 말이지요.

⏱ **10~15분**
🍴 **2~3인분**

- 연근 지름 5cm, 길이 약 9cm(150g)

양념 1_들깨 양념
- 고운 들깨가루 1큰술
- 양조간장 1큰술
- 들기름 1큰술
- 통들깨 약간

양념 2_순두부 마요네즈 양념
- 순두부 1/2봉
- 들깨가루 2큰술
- 레몬즙 1큰술
- 꿀 1큰술(또는 올리고당, 원당, 기호에 따라 가감)
- 소금 2~3꼬집

1. 연근은 껍질을 벗긴 후 최대한 얇게 썬다.
2. 끓는 물 + 식초(1작은술)에 연근을 넣고 중간 불에서 2분간 데친다.
3. 찬물에 헹군 후 체에 밭쳐 물기를 완전히 없앤다.
4. 두 가지 양념 중 원하는 양념을 선택해 무친다.
   *순두부 마요네즈는 볼에 넣어 순두부를 으깨가며 섞거나, 핸드블렌더 또는 믹서에 곱게 갈아준다.

파이토케미컬 듬뿍 매일 채소찬 [연근]

고단백   장건강   면역력

닭고기 연근조림

도톰하게 썬 연근을 닭고기와 함께 조려 내 식감과 영양이 더욱 살아 있어요.
부드럽게 씹히는 닭고기에 아삭한 연근이 참 잘 어울려 자주 만드는 반찬이에요. 은은하게 느껴지는
대파와 매실향, 생강이 일본 가정식 같은 느낌을 전해줘 아이들의 손이 자꾸만 갈 거예요.

⏱ **20~25분**
🍴 **2~3인분**

- 닭다릿살 3쪽(300g)
- 연근 지름 5cm, 길이 9cm(150g)
- 대파(흰 부분) 4cm
- 조리유 1작은술

양념
- 양조간장 1큰술
- 요리술 1큰술(50쪽)
- 굴소스 1큰술
- 매실액 2큰술
- 올리고당 1큰술
- 다진 마늘 1작은술
- 생강즙 1작은술
  (또는 다진 생강, 생강가루, 생략 가능)

1. 연근은 껍질을 벗기고 1~2cm 두께로 도톰하게 썬 후 4등분한다. 대파는 가늘게 채 썬다.

2. 끓는 물 + 소금(1작은술)에 연근을 넣고 센 불에서 3분간 데친 후 찬물에 헹궈 물기를 뺀다.

3. 달군 팬에 조리유를 넣고 닭다릿살의 껍질이 팬의 바닥에 닿도록 올린 후 중간 불에서 노릇해질 때까지 5분간 뒤집거가며 굽는다. 가위로 한입 크기로 자른다.

4. 연근을 넣고 2분간 볶은 후 양념 재료, 대파를 넣고 섞어가며 1~2분간 조린다.

파이토케미컬 듬뿍 매일 채소찬 [무]

무 들깨나물

구수한 들깨가루를 더해 부드럽게
먹을 수 있는 반찬이에요. 무가 제철일
때에는 쓴맛도 없고 수분이 많아
달달함이 일품이니 고기소보로(66쪽)나
오징어소보로(70쪽)와 함께
덮밥처럼 먹어도 참 맛있지요.

밥새우 무조림

뭉근하게 오래 끓이는 요리지만
그 시간이 아깝지 않을 정말 맛있는
무조림이에요. 생선조림을 할 때에도
생선보다 무를 더 좋아하는
둘째 준이를 위한 메뉴이지만 사실
온 가족 모두 잘 먹지요.
제철 무로 맛나게 조려보세요.

무 들깨나물

🕐 **15~20분**
🍽 **2~3인분**

- 무 지름 10cm, 두께 3cm(300g)
- 조리유 1큰술
- 육수 1/4컵(또는 물, 50㎖)
- 들기름 1작은술(기호에 따라 가감)
- 들깨가루 1~2큰술
  (기호에 따라 가감)

양념
- 다진 마늘 1작은술
- 소금 1/2작은술
- 생강즙 1/2작은술
  (또는 다진 생강, 생강가루,
  생략 가능)
- 액젓 약간

1. 무는 6~7cm 길이로 가늘게 채 썬다.
2. 달군 팬에 조리유를 두르고 무를 넣어 중약 불에서 2분간 볶는다.
3. 육수를 넣고 뚜껑을 덮어 3~5분간 무가 숨이 죽을 때까지 익힌다.
   ★눌어붙지 않도록 중간중간 저어주거나 육수나 물을 1큰술씩 더해도 좋다.
4. 다진 마늘, 소금, 생강즙을 넣고 끓어오르면 액젓으로 부족한 간을 더한다.
5. 불을 끄고 들기름, 들깨가루를 더한다.

두뇌발달   장건강

밥새우 무조림

🕐 **35~40분**
🍽 **2~3인분**

- 무 지름 10cm, 두께 4.5cm
  (450g)
- 밥새우 1/5컵(또는
  잔멸치, 밥톳, 생략 가능)
- 육수 2컵(또는 물과
  무첨가 코인육수, 400㎖)
- 참기름 약간

양념
- 원당 1/2큰술
- 양조간장 2큰술
- 요리술 1큰술(50쪽)
- 고춧가루 1/2~1작은술
  (기호에 따라 가감)
- 다진 마늘 1/2작은술

1. 무는 2cm 두께의 부채꼴 모양으로 썬다.
2. 냄비에 무, 밥새우, 육수, 양념 재료를 넣고 센 불에서 끓어오르면 약한 불로 줄여 뚜껑을 덮고 30분간 조린다.
3. 불을 끄고 참기름을 더한다.

장건강   뼈튼튼

파이토케미컬 듬뿍 **매일 채소찬** [숙주, 감자]

새콤 숙주무침

저희 아이들은 새콤달콤하게 숙주를 무쳐 샐러드처럼 먹는 것도 참 좋아해요. 고기와도 어찌나 잘 어울리는지 만들어두면 너무 빨리 사라져 얄미운 반찬 중 하나랍니다.

아삭 감자채무침

감자는 보통 볶거나 삶아 먹지만 살짝 데쳐 무치면 담백 고소하고 아삭한 맛이 일품입니다. 조리 과정도 너무 쉬우니 안 할 이유가 없겠지요? 자주 접하는 재료도 조리법만 달리하면 색다른 요리가 된답니다.

새콤 숙주무침

⏱ 10~15분
🍽 2~3인분

- 숙주 4줌(200g)
- 다진 파 1작은술(또는 쪽파)
- 통깨 넉넉하게

양념
- 원당 1작은술
- 소금 1/2작은술
  (기호에 따라 가감)
- 다진 마늘 1/2작은술
- 식초 1작은술
- 양조간장 1작은술

1 볼에 숙주, 잠길 만큼의 물을 담고 흔들어 씻은 후 체에 밭쳐 물기를 없앤다.

2 끓는 물 + 소금(1작은술)에 숙주를 넣고 30초간 삶은 후 체에 밭쳐 물기를 없앤다.

3 큰 볼에 양념 재료를 섞고 숙주를 넣어 무친 후 다진 파, 통깨를 더한다.

상큼한맛 초간단 장건강

아삭 감자채무침

⏱ 10~15분
  (+ 감자 물에 담가두기 10분)
🍽 2~3인분

- 감자 1개(200g)
- 검은깨 약간(또는 통깨)

양념
- 다진 마늘 1/4작은술
- 국간장 1/2작은술
- 참기름 1/2큰술
- 다진 파 약간
- 소금 약간

1 감자는 얇고 가늘게 채 썬다.

2 물에 10분간 담가 전분기를 없앤 후 체에 밭쳐 물기를 뺀다.

3 끓는 물 + 소금(1작은술)에 감자를 넣고 2분~2분 30초간 아삭하게 삶는다.

4 체에 밭쳐 물기를 완전히 없앤 후 식힌다.
  *물기를 최대한 없애야 양념이 잘 버무려진다.

5 큰 볼에 양념 재료를 넣고 섞는다. 감자를 넣어 무친 후 검은깨를 뿌린다.

초간단 장건강 면역력

파이토케미컬 듬뿍 **매일 채소찬** [절임]

상큼한맛 밀프렙 면역력

174

홈메이드 강황단무지

새콤달콤 당근라페만큼이나 요긴한 단무지예요. 만들기가 정말 간단하고 시판 단무지에 비해
덜 자극적이며 깔끔하지요. 단무지 특유의 노란색은 강황으로 냈지만, 생략하고 하얀 단무지로 즐겨도
좋습니다. 무는 김밥용으로 가늘고 길게, 또는 중식당에서 먹는 것처럼 반달 모양으로도 썰어보세요.

- ⏱ **15~20분 (+ 숙성시키기 1일)**
- 🍴 **1kg**
- 🧊 **냉장 3개월**

- 무 1kg

절임물
- 물 2컵(400㎖)
- 식초 1컵(200㎖)
- 원당 1/2컵(100㎖)
- 소금 1작은술
- 강황 1작은술(생략 가능)

1 무는 김밥용 또는 반달모양으로 썬 후 내열용기에 담는다.
  ★입구가 넓은 내열용기에 담는 것이 좋다.

2 냄비에 강황을 제외한 절임물 재료를 넣고
  센 불에서 끓기 시작하면 강황을 넣어 섞어 불을 끈다.

3 ①의 내열용기에 끓인 절임물을 넣고 한 김 식힌다.
  뚜껑을 덮고 실온에서 1일 정도 숙성시킨 후 냉장 보관한다.

Tip

▶ **활용하기**
  가늘고 길게 썬 것은 김밥 속재료로,
  동그란 모양으로 썬 것은 고기무쌈, 채소말이에,
  반달 모양으로 썬 것은 고춧가루, 참기름 약간을 넣고 무쳐
  반찬으로 활용 가능해요.

파이토케미컬 듬뿍 매일 채소찬 [절임]

파프리카 오일절임

파프리카를 더 특별하게 먹을 수 있는 레시피예요. 김장김치 담그듯 넉넉하게 만들어두고 가까운 지인에게 선물하기도 한답니다. 차고 가볍게 절여진 맛! 달걀과 함께 샐러드로도, 샌드위치 속으로도 좋아요.

토마토 오일절임

토마토는 그대로 먹으면 제일 좋지만 의외로 생으로 먹기 어려워하는 식재료이기도 합니다. 오일에 절이면 올리브유 덕분에 토마토의 라이코펜 흡수율은 높이고, 새콤달콤한 맛에 껍질도 없어 아이들도 맛있게 먹을 수 있지요.

 상큼한맛   밀프렙   면역력

파프리카 오일절임

- ⏱ **35~40분**
  (+ 숙성시키기 1일)
- 🍽 **2~3인분**
- 🧊 **냉장 1개월**

- 파프리카 4개(800g)
- 올리브유 3큰술
- 화이트 발사믹식초 1큰술
- 소금 1작은술
- 마늘 1작은술
- 생허브 약간
  (또는 허브가루, 생략 가능)

1. 파프리카는 2등분한 후 가운데 씨를 없앤다.
2. 에어프라이어에 넣고 200°C에서 20분간 굽는다.
3. 파프리카에 뚜껑을 덮어 10분 정도 식힌 후 껍질을 벗긴다.
   ★뚜껑을 덮고 식히면 껍질을 벗기기 훨씬 더 수월하다.
4. 적당한 크기로 썬다.
5. 볼에 모든 재료를 넣고 밀폐용기에 담는다. 냉장실에서 1일 정도 숙성시킨 후 차게 먹는다.

토마토 오일절임

- ⏱ **15~20분**
  (+ 숙성시키기 1일)
- 🍽 **2~3인분**
- 🧊 **냉장 1개월**

- 방울토마토 40개(600g)
- 다진 양파 1/2개 분량(100g)

소스
- 레몬즙 3큰술
- 발사믹식초 2큰술
- 올리고당 2큰술(또는 꿀)
- 올리브유 3큰술
- 소금 약간
- 후춧가루 약간
- 허브가루 약간

1. 방울토마토는 꼭지를 떼고 꼭지 반대쪽에 열십(+) 자로 칼집을 낸다.
2. 끓는 물에 넣어 30초간 데치고, 찬물에 담근 후 껍질을 벗긴다.
3. 큰 볼에 방울토마토, 다진 양파를 넣고 소스 재료를 부어 버무린다.
4. 밀폐용기에 담아 냉장실에서 1일 정도 숙성시킨 후 차게 먹는다.

제철 재료를 더한 **매일 국물 요리** [봄]

봄나물 된장국

봄나물 자체로 별다른 양념 없이도 끓일 수 있는 된장국이에요. 요리 전에 아이들과 봄나물을 만지고 향을 맡아보는 것 또한 잊지 않고요. 봄동이나 아욱은 물론, 쑥이나 냉이도 된장으로 조리해주면 별미처럼 즐길 수 있어요.

보양식 면역력

🕐 20~25분
🍴 2~3인분

- 달래 20g(또는 냉이, 쑥)
- 봄동 100g
- 두절 건새우 1/4컵
  (약 6g, 생략 가능)
- 대파 10cm
- 육수 4컵(또는 물과
  무첨가 코인육수, 800㎖)
- 된장 2큰술(기호에 따라 가감)
- 다진 마늘 1/2작은술
- 소금 약간

1 달래, 봄동은 손질한 후 한입 크기로 썬다.
대파는 어슷 썬다.

2 냄비에 육수를 넣고 센 불에서 끓어오르면
달래, 봄동, 두절 건새우, 된장을 넣고 끓인다.

3 다시 끓어오르면 중약 불로 줄인 후
뚜껑을 덮고 10분, 대파, 다진 마늘을 넣고
한 번 더 끓인다.
소금이나 된장으로 부족한 간을 더한다.

Tip ----------------------------

▶ 봄나물 대체하기
여름에는 아욱, 근대, 호박잎, 가을에는 배추,
겨울에는 시금치, 얼갈이로 대체해도 좋아요.

▶ 색다르게 즐기기
기호에 따라 바지락이나 두부를 넣어
단백질을 추가해도 좋아요.

제철 재료를 더한 **매일 국물 요리** [여름]

감자 애호박 고추장찌개

제철 맞은 여름 감자와
애호박은 달달한 맛이 참으로
일품이에요. 감자를 두툼하게
넣어 매운기를 줄이고
된장을 섞어 찌개를
끓여줬더니 밥 한 그릇
뚝딱 비우더라고요.

개콤한맛 장건강 면역력

⏱ **20~25분**
🍴 **2~3인분**

- 감자 1과 1/2개(300g)
- 애호박 1/4개(약 70g)
- 양파 1/4개(50g)
- 대파 10cm
- 육수 3컵(또는 물과
  무첨가 코인육수, 600㎖)
- 고추장 1큰술
- 된장 1큰술
- 고춧가루 1/2작은술
- 다진 마늘 1작은술
- 국간장 1작은술
  (기호에 따라 가감)

1 감자는 껍질을 벗긴 후 한입 크기로 썬다.
  애호박, 양파는 3x3cm 크기로 썰고,
  대파는 송송 썬다.

2 냄비에 육수, 감자, 고추장, 된장,
  고춧가루를 넣고 센 불에서 끓어오르면
  중간 불로 줄여 5분간 끓인다.

3 애호박, 양파를 넣고 3분, 대파, 다진 마늘,
  국간장을 넣고 한 번 더 끓인다.
  된장마다 염도가 다르므로 국간장으로
  부족한 간을 더한다.

Tip

▶ **매운맛 조절하기**
  매운 것을 잘 먹는다면 된장을 생략하고
  고추장만 2큰술을 더해도 좋다.

제철 재료를 더한 **매일 국물 요리** [여름]

오징어 뭇국

여름에서 가을로 넘어갈 무렵이면 여름 오징어에 가을 무를 넣고 국을 끓여요. 재료 본연의 맛이 담겨 있어 너무 맛있지요. 제철의 식재료를 애용하는 또 하나의 이유기도 합니다.

고단백　두뇌발달　면역력

🕐 20~25분
🍴 2~3인분

- 손질 오징어 1마리
  (또는 갑오징어, 180g)
- 무 지름 10cm,
  두께 1cm(100g)
- 대파 10cm
- 육수 3.5컵(또는 물과
  무첨가 코인육수, 700㎖)
- 다진 마늘 1작은술
- 국간장 2작은술
- 소금 약간

1 무는 2~3cm 두께로 나박하게 썰고,
  대파는 어슷 썬다.
  오징어는 한입 크기로 채 썬다.

2 냄비에 무, 육수를 넣고 센 불에서 끓어오르면
  중약 불로 줄여 5분간 끓인다.

3 오징어를 넣고 중간 불로 올려 2~3분,
  대파, 다진 마늘, 국간장, 소금을 넣고
  한 번 더 끓인다.

제철 재료를 더한 **매일 국물 요리** [가을]

콩가루 배추국

알배기배추에 날콩가루를 넣어 뽀얀 국물이 일품인 국입니다. 재료 하나 더했을 뿐인데 가을 느낌이 물씬해 쌀쌀해지기 시작하는 가을철에 딱이에요. 가을에는 콩가루나 들깨가루를 더해 맛내기를 추천합니다.

⏱ **20~25분**
🍴 **2~3인분**

- 알배기배추 4장
  (손바닥 크기, 120g)
- 육수 4컵(또는 물과
  무첨가 코인육수, 800㎖)
- 두부 100g
- 된장 2큰술
- 날콩가루 2큰술
  (또는 들깨가루)
- 다진 마늘 1작은술
- 소금 약간

1 알배기배추는 길이로 2등분한 후
   2cm 두께로 썬다.
   두부는 한입 크기로 썬다.

2 알배기배추에 콩가루를 넣고 버무린다.

3 냄비에 육수를 넣고 센 불에서 끓어오르면
   알배기배추, 된장을 넣는다. 중간 불로 줄여
   뚜껑을 덮고 10분간 끓인다.

4 두부, 다진 마늘을 넣고 한 번 더 끓인다.
   소금이나 된장으로 부족한 간을 더한다.

제철 재료를 더한 **매일 국물 요리** [가을]

버섯 들깨 보양탕

가을의 향기로운 보약 버섯에 들깨를 듬뿍 넣고 보양식처럼 끓였어요. 가을철 그 향이 극대화되고 맛과 질감이 풍부해지며, 비타민D 또한 풍부해 나들이 다녀온 후 우리아이 보양탕으로 한 그릇 챙겨주세요.

보양식 · 두뇌발달 · 면역력

🕐 10~15분
🍽 2~3인분

- 느타리버섯 1줌(50g)
- 만가닥버섯 1줌(50g)
- 표고버섯 2개(50g)
- 송송 썬 대파 10cm 분량
- 육수 4컵(또는 물과 무첨가 코인육수, 800㎖)
- 들깨가루 6큰술 (기호에 따라 가감)
- 국간장 1큰술
- 소금 약간

1. 느타리버섯, 만가닥버섯은 결대로 찢는다. 표고버섯은 기둥을 제거하고 모양대로 썬다.
2. 냄비에 육수를 넣고 센 불에서 끓어오르면 버섯을 넣고 중간 불로 줄여 5분간 끓인다.
3. 대파, 들깨가루, 국간장, 소금을 넣고 한 번 더 끓인다.

Tip

▶ 버섯 사용하기
버섯은 종류 상관 없이 사용 가능해요. 단, 총량이 150g 정도 되도록 해요.

▶ 색다르게 즐기기
기호에 따라 순두부나 무농약 감자로 만든 옹심이(52쪽)를 추가해 한 끼 식사로 즐겨도 좋아요.

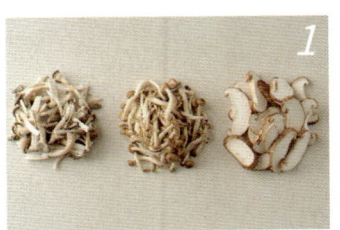

제철 재료를 더한 **매일 국물 요리** [겨울]

매생이 달걀국

저희 집 베스트 국물 요리 중 하나인 매생이 달걀국. 냉동실에는 겨울 제철에 구비해둔 매생이가 늘 들어있을 정도이지요. 참기름이 매생이와 만나 시너지를 내는 풍미가 일품이니 잊지 말고 뿌려주세요.

초간단　보양식　뼈튼튼

⏱ 10~15분
🍴 2~3인분

- 매생이 1/2덩이(150g)
- 달걀 2개
- 육수 4컵(또는 물과 무첨가 코인육수, 800㎖)
- 국간장 1큰술
- 액젓 약간
- 참기름 약간

1 볼에 매생이, 잠길 만큼의 물을 붓고 조물조물 씻어 이물질을 없앤다.

2 매생이는 고운 체에 밭쳐 흐르는 물에 헹궈 그대로 물기를 없앤 후 먹기 좋은 크기로 자른다.

3 볼에 달걀을 풀어둔다.

4 냄비에 육수를 넣고 센 불에서 끓어오르면 매생이, 국간장, 액젓을 넣는다.

5 한 번 더 끓어오르면 달걀을 넣고 2~3회만 저은 후 30초~1분간 끓인다. 불을 끄고 참기름 더한다.

근육 챙기는
단백질 요리

'첫 번째의, 가장 중요한'을 뜻하는 그리스어 'Proteios'에서 유래된
단백질(Protein)은 마치 벽돌처럼
우리 몸을 튼튼하게 쌓아 올리는 중요한 역할을 해요.
자극적인 소스 없이도 다채로운 채소와 양념을 활용해
쇠고기, 돼지고기, 닭고기, 해산물, 두부 등
다양한 단백질 급원 재료를 즐길 수 있는 요리를 소개합니다.

육류와 달걀, 어떻게 골라야 할까?

병원에 가면 주는 항생제를 아이에게 먹이느냐 마느냐는 엄마들 초미의 관심 중 하나입니다. 하지만 약뿐만 아니라 정작 매일 식탁에 오르는 돼지고기, 쇠고기, 닭고기를 통해서도 항생제 내성이 생길 수 있다는 사실을 알고 계실까요? 고기 반찬은 자주 먹는 만큼 건강하게 키운 가축의 고기를 잘 골라야 합니다. 많이 접하는 성조숙증의 원인 중 하나가 가축을 키울 때 먹이는 성장촉진제의 영향이라 알려져 있고, 각종 항생제와 방부제 등을 과다 투여하는 공장식 축산이 우리 아이들의 건강을 위협할 수 있기 때문이지요.

[세 가지 대표적인 축산품 인증제]

	친환경		동물복지	일반 축산
	유기축산물 (Organic)	무항생제 (Non antibiotic)	동물복지 (Animal welfare)	일반 축산
사료	유기농 사료	일반사료 가능 단, 사료 내 항생제 금지	일반사료 가능 *유기농 사료사용이 필수적이지 않아요.	제한 없음
사육밀도	가장 넓음	가장 협소함	넓은 편. 유기축산물 보다는 좁음	밀집사육
철망우리 (케이지)	사용 금지	사용 가능	사용 가능	사용 가능
동물의약품 (항생제) 사용	사용 금지	사용 제한 *예방적 항생제 사용 가능	수의사 처방시 사용 가능	사용 가능

*무항생제 축산물은 비록 항생제를 적게 투여했다고 해도 가축들이 GMO사료, 화학비료를 사용한 사료를 먹고 자랄 수 있기 때문에 유기축산물이라 할 수는 없습니다.

쇠고기 투뿔이 아닌 자연친화적으로 기른 육류인지부터 따지기

고기를 고를 때 흔히 마블링의 상태로 투뿔인지 1등급인지 따져왔다면 이제는 **어떤 환경에서 자랐는지, 무엇을 먹고 자랐는지를 먼저 확인하는 습관**을 들여보세요. 좁은 사육장에서 대량 사육된 가축들은 수많은 전염병들을 피할 수 없게 되고 이런 질병을 예방하기 위해 각종 항생제를 투여하게 됩니다. 가축들이 먹는 사료 또한 유전자 조작 식품으로 만든 것이라면? 더더욱 안전할 수 없겠죠.
그러므로 고기의 등급 표시에 연연해하기보다는 국내산 무항생제 기준 이상의, 자연친화적으로 기른 육류인지 먼저 따져봐야 합니다. 수입산을 구매해야 하는 경우에는 좋지 않은 환경에서 곡물로 사육한 미국산 보다는 풀을 주사료로 방목해 키우는 호주산이나 뉴질랜드산 고기를 추천해요.

돼지고기   조리법과 부위를 가려 조금 더 안전하게 먹기

삼겹살은 특히 우리나라 사람들이 좋아하는 부위예요. 이처럼 인기가 많다 보니 최근 수입산 비중 또한 높아지고 있으나 수입산 돼지고기에서는 항생제가 많이 검출되는 편입니다. 삼겹살 사이사이 지방에는 특히 항생제가 그대로 축적될 수 있어 조리 시 완전히 익혀 항생제 잔류 가능성을 줄이고 세균감염을 최소화하는 것이 좋습니다. 또한 항생제는 뼈 속에서는 분해되지 않고 그대로 남으므로 사골이나 족발 등을 조리한다면 더더욱 친환경 축산물을 선택하는 것을 권해드립니다.

닭고기 & 오리고기   건강하게 키운, 첨가물 없는 것으로 선택하기

닭고기는 단백질, 필수아미노산 뿐 아니라 비타민A, 콜라겐이 풍부해 언제나 밥상에서 환영받는 식품이지요. 하지만 대부분 값싸게 기르는 사육환경, 빠른 성장을 위해 성장호르몬과 항생제를 수시로 먹이는 경우가 많아요. 특히 치킨이나 삼계탕과 같이 닭을 통째로 삶거나 튀기는 요리의 경우 닭의 뼈 속에 축적된 항생제 성분까지 영향을 미칠 수 있지요. 따라서 무항생제 사료를 먹고 건강한 환경에서 자란 닭을 선택하는 것이 좋습니다. 또한 껍질에는 지방이 많을 뿐 아니라 항생제나 호르몬제가 남아 있을 수 있어서 가능하면 껍질은 제거하고 요리하는 것을 권합니다. 콜레스테롤은 낮고 불포화지방산이 풍부해 보양식으로 선호하는 오리고기 역시 그 사육환경이 닭고기와 비슷합니다. 오리고기하면 빼놓을 수 없는 훈제오리는 햄처럼 각종 발색제와 보존료 등을 넣는 경우가 많아 꼼꼼히 살펴 첨가물을 사용하지 않은 것을 선택하고, 오리정육 자체로 요리해도 맛있으니 도전해보세요.

달걀   난각번호 확인하기

달걀의 영양성분은 닭이 무엇을 먹고 자랐느냐에 따라 결정됩니다. 때문에 항생제나 동물의 부산물을 넣지 않은 사료와 자연의 먹이를 먹고 자유롭게 자란 닭이 낳은 달걀이 가장 좋지요. 최근에는 난각번호에 대한 인식이 높아져 이를 보고 구분해서 달걀을 구입하는 소비자들이 많아졌어요. 아래를 참고해 구입하고 보통 산란일로부터 20일 정도가 신선도 유지기간이니 산란일도 함께 확인해보도록 해요.

➜ 0625 JO02B 1
　　❶　　 ❷　 ❸

❶ 산란 일자
닭이 알을 낳은 날짜로 월일로 표시해요.

❷ 생산자 고유번호
명칭, 소재지 등 식품안전나라 달걀농장 정보에서 확인 가능해요.

❸ 사육환경번호
유기농 1
방사사육 2
축사내평사 3
케이지사육 4

근육 챙기는 단백질 요리

생선, 어떻게 얼마나 먹여야 할까?

생선 권고량에 맞춰 적절하게 섭취하기

오메가3 지방산은 체내에서 합성되지 않아 식사나 영양제로 섭취해야 하는 필수지방산 중 하나입니다. 오메가3 지방산 중에서도 DHA와 EPA는 신경세포를 만드는 주성분이며 신경전달을 원활하게 해 기억과 학습 같은 두뇌발달에 효과가 있다고 잘 알려져 있어요. 생선은 DHA와 EPA가 풍부한 대표적 식품으로 한 연구에 따르면 생선 섭취 빈도를 기준으로 그룹을 나눈 후 아이들의 지능검사를 진행했을 때 일주일에 1회 이상 생선을 섭취한 아이들이 그렇지 않은 아이보다 지능검사 점수가 더 높은 결과가 나타났습니다. 또한 생선에는 뇌 신경 발달과 관련된 비타민D, 셀레늄 등 다양한 무기질 또한 풍부하지요.

DHA가 풍부한 등푸른 생선은 주 1~2회 추천

고등어, 꽁치, 참치, 삼치, 청어, 방어, 정어리로 대표되는 등푸른 생선은 붉은살 생선이에요. 담백한 맛의 흰살 생선에 비해 DHA를 많이 포함하고 있어 뇌 건강에 효과적입니다. 특히 오메가3 지방산의 보고라 불리는 고등어는 100g당 함량이 월등히 높아 성장기 아이들뿐 아니라 중장년층에게도 권장되지요. 적어도 주 1~2회 고등어, 연어, 참치와 같은 생선을 견과류와 함께 챙겨 먹는다면 오메가3 영양제를 따로 먹지 않아도 충분히 섭취가 가능하니 공급 식품들을 확인해 꾸준히 아이들 식사에 활용해보도록 해요.

좀 더 맛있는 조리법으로 생선을 가까이에

특유의 비린내나 가시 때문에 생선을 싫어하는 친구들이라면 가시를 제거한 순살 생선이나 번거로운 손질이 필요 없는 손질 생선도 쉽게 구입할 수 있으니 활용하세요. 잘 구워 레몬즙을 뿌리거나 카레가루를 묻혀 구우면 비린내 제거에 도움이 되며, 전분을 묻혀 구워 양념을 곁들인 강정이나 간장 조림 등으로 조리하면 더욱 맛있게 먹을 수 있습니다. DHA가 풍부한 잔멸치나 견과류들을 반찬에 함께 넣거나 토핑처럼 활용하는 것도 좋은 방법이에요.

생선 속 수은, 과연 괜찮은 걸까?

생선에는 메틸수은이 함유되어 있지만 우리나라 생선 수은 노출은 안전한 수준으로 관리되고 있으며 메틸수은은 절대 먹으면 안 되는 독성물질은 아니니 그 권고량만 지키면 안심해도 됩니다.
단, 영유아와 만 10세 이하의 어린이는 수은에 민감해 그 섭취량에 약간의 주의가 필요하기 때문에 식약처가 권고하는 적절한 생선 섭취 권고량을 참고하세요.

만 7~10세 어린이 기준 일주일에 생선 250g, 다랑어나 새치류 및 상어류는 65g으로 섭취하길 권고하고 있어요. 생선 한 토막이 보통 성인 손바닥 정도 크기(70g)이므로 일주일에 3~4번 정도 먹는 것이 적당합니다. 100g 통조림 참치를 기준으로 했을 때는 2캔 정도이니 식단에 적절히 배치해주세요.

분류	섭취 권고량(g/주)			
	임신, 수유부	만 1~2세	만 3~6세	만 7~10세
일반어류 및 참치통조림	400g	100g	150g	250g
다랑어, 새치류 및 상어류	100g	25g	40g	65g

* 출처 : 식품의약안전처. 생선 안전섭취가이드
* 다랑어류 등의 메틸수은 실제 오염량은 100g당 0.03mg 수준이나 극단적인 오염(관리기준 0.1mg)을 기준으로 해요.
* 통조림 참치(가다랑어)는 참다랑어와 같은 다랑어류에 비해 메틸수은이 1/10수준으로 검출돼요.

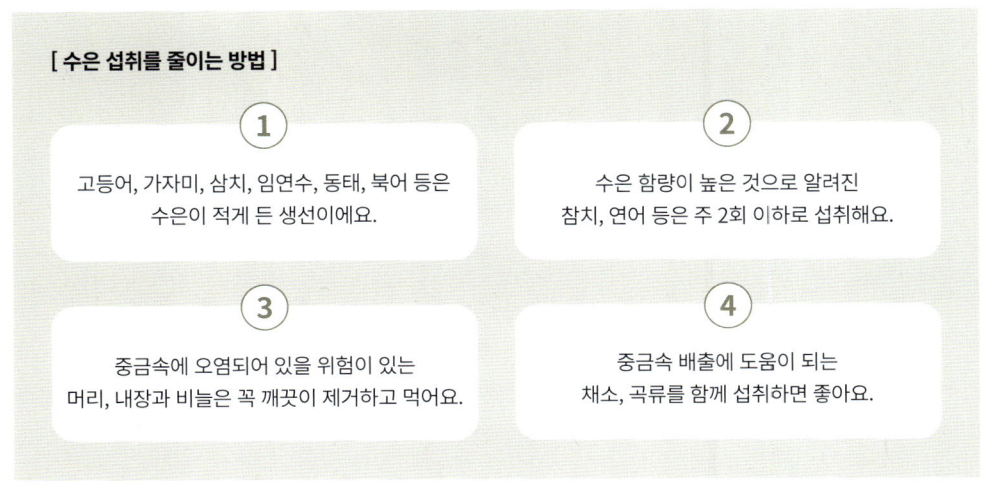

[수은 섭취를 줄이는 방법]

1. 고등어, 가자미, 삼치, 임연수, 동태, 북어 등은 수은이 적게 든 생선이에요.

2. 수은 함량이 높은 것으로 알려진 참치, 연어 등은 주 2회 이하로 섭취해요.

3. 중금속에 오염되어 있을 위험이 있는 머리, 내장과 비늘은 꼭 깨끗이 제거하고 먹어요.

4. 중금속 배출에 도움이 되는 채소, 곡류를 함께 섭취하면 좋아요.

근육 챙기는 **단백질 요리** [쇠고기]

고단백   철분   장건강

쇠고기 청경채 숙주볶음

고기 육즙과 채소의 살아있는 풍미가 입안 가득 함께 느껴져
채소 편식하는 아이들도 잘 먹을 수 있는 볶음입니다. 청경채 대신 부추로 듬뿍 향을 내도 좋고,
초록잎 채소라면 무엇이든 대체 가능해요.

⏰ **15~20분**
🍴 **2~3인분**

- 쇠고기 안심 300g
  (또는 등심, 부채살, 불고기용)
- 청경채 2개(80g)
- 숙주 2줌(100g)
- 조리유 1작은술
- 굴소스 1큰술
- 후춧가루 약간
- 소금 약간

밑간
- 요리술 1큰술(50쪽)
- 양조간장 1큰술
- 다진 마늘 1큰술
- 원당 1작은술

1. 쇠고기는 키친타월로 감싸 핏물을 없앤 후 손가락 크기로 길고 얇게 썬다.
2. 볼에 쇠고기, 밑간 재료를 넣고 버무린다.
3. 청경채는 길이로 3~4등분한다.
   볼에 숙주, 잠길 만큼의 물을 담고 흔들어 씻은 후 체에 밭쳐 물기를 없앤다.
4. 달군 팬에 조리유를 두르고 쇠고기를 넣어 센 불에서 2~3분간 볶는다.
5. 청경채, 숙주, 굴소스를 넣고 2~3분간 볶는다.
   후춧가루를 넣고, 소금으로 부족한 간을 더한다.

Tip

▶ **청경채를 다른 재료로 대체하기**
청경채 대신 동량(80g)의 부추, 버섯, 브로콜리, 파프리카로 대체해도 좋아요. 단, 부추는 다지막에 더해 잔열로 살짝 익혀요.

▶ **굴소스 구입하기**
첨가물 없이 국산굴과 믿을 수 있는 재료로 만든 한살림 굴소스나 오아시스마켓의 사랑담은 굴소스를 사용하고 있어요.

근육 챙기는 **단백질 요리** [쇠고기]

고단백   철분   면역력

발사믹 찹스테이크

보통의 찹스테이크는 대부분 첨가물이 많이 든 시판 우스타 소스나 스테이크 소스를 활용하지만,
저는 발사믹식초를 활용해 충분히 감칠맛이 있는 산미와 꿀의 단맛을 더한
찹스테이크 소스를 만들었어요. 파프리카의 살캉살캉함이 진한 양념 없이드 고기와 잘 어울리지요.

- ⏱ **20~25분**
- 🍴 **2~3인분**

- 쇠고기 안심 300g(또는 등심, 부채살)
- 마늘 5쪽
- 파프리카 1/2개(100g)
- 양파 1/2개(100g)
- 양송이버섯 2~3개(또는 다른 버섯)
- 올리브유 1큰술
- 허브가루 약간(생략 가능)
- 후춧가루 약간

밑간
- 올리브유 1큰술
- 소금 2꼬집

소스
- 발사믹식초 3큰술
- 양조간장 2큰술
- 요리술 1큰술(50쪽)
- 꿀 1큰술(또는 올리고당, 원당)

1 쇠고기는 키친타월로 감싸 핏물을 없앤다.
  한입 크기로 썬 후 밑간 재료와 버무린다.

2 파프리카, 양파는 3x3cm 크기로 썰고,
  양송이버섯은 2~4등분 한다. 마늘은 편으로 썬다.

3 달군 팬에 올리브유, 마늘을 넣고 중간 불에서 30초,
  쇠고기를 넣고 센 불에서 겉면을 3~5분간 익힌다.
  ＊쇠고기는 너무 오래 익히면 질겨지므로 굽는 시간을
  잘 조절한다. 또한 아이의 취향, 연령에 따라 작게 잘라도 좋다.

4 나머지 채소를 넣고 2분간 볶은 후 소스 재료를 넣고
  중강 불에서 3~5분간 졸이듯이 볶는다.

5 허브가루와 후춧가루를 넣는다.

근육 챙기는 **단백질 요리** [쇠고기]

알배기배추 샤부샤부

간단한데 얼마나 푸짐한지, 알배기배추와 고기를 집어 원하는 소스에 찍어먹으면
언제 먹어도 물리지 않지요. 고기를 찌듯이 익힌 덕분에 구운 고기보다
더 건강하게 맛볼 수 있어 아이들에게도, 어른들에게도 모두 적극 추천합니다.

🕐 30~35분
🍴 3~4인분

- 샤부샤부용 쇠고기 400g
  (또는 차돌박이, 우삼겹, 대패삼겹살, 오리고기)
- 알배기배추 10장
  (손바닥 크기, 또는 양배추, 300g)
- 숙주 2줌(100g)
- 육수 3컵(또는 물과 무첨가 코인육수, 600㎖)
- 양조간장 1큰술
- 소금 약간
- 후춧가루 약간

소스 1_간장 매실 소스
- 양조간장 2큰술
- 생수 1큰술
- 매실액 1큰술(또는 올리고당, 원당)
- 레몬즙 1작은술

소스 2_땅콩 버터 소스
- 양조간장 2큰술
- 레몬즙 1큰술
- 올리고당 1큰술
- 땅콩버터 1작은술
- 연겨자 1/2작은술
  (또는 고추냉이, 기호에 따라 가감)

1. 알배기배추는 길이로 2등분한 후 3cm 두께로 썬다.
   쇠고기는 알배기배추와 비슷한 크기로 썬다.
2. 볼에 소스 재료를 각각 섞는다.
3. 낮고 넓은 냄비에 알배기배추 → 쇠고기 → 소금을
   반복해가며 겹쳐 올린다.
4. ③에 육수, 양조간장을 붓고 센 불에서 끓어오르면
   중약 불로 줄여 뚜껑을 덮고 15~20분간 익힌다.
5. 숙주를 올려 뚜껑을 덮고 2~3분간 익힌 후
   불을 끄고 후춧가루를 더한다. 소스를 곁들인다.

Tip

▶ 채소 활용하기
깻잎, 부추, 양파, 쑥갓, 청경채나 각종 버섯 등
다양한 채소를 더해도 좋아요.

▶ 소스 활용하기
어른들이 함께 먹을 때는 소스에 다진 청양고추, 고춧가루,
와사비를 더해도 좋아요.

근육 챙기는 **단백질 요리** [쇠고기]

보양식　고단백　장건강

무 밀푀유나베

무가 제철일 때 꼭 만드는 무 밀푀유나베. 다진 고기를 무에 붙여 처소만두 같기도,
갈비탕 같기도 해 아이들이 뭇국보다 훨씬 더 잘 먹어요. 무 싫어하는 친구들 마음도
돌아서게 만들 비주얼과 맛이니 꼭 한번 만들어보세요.

30~35분

3~4인분

- 무 지름 10cm, 두께 3cm(300g)
- 송송 썬 쪽파 약간
- 소금 약간
- 후춧가루 약간

고기 반죽

- 다진 쇠고기 300g(또는 다진 돼지고기)
- 다진 부추 4줌(또는 대파, 쪽파, 100g)
- 양조간장 1큰술
- 소금 1/2작은술(기호에 따라 가감)

국물

- 육수 2.5컵(또는 물과 무첨가 코인육수, 500㎖)
- 국간장 1큰술
- 요리술 1큰술(50쪽)

1 무는 동그란 모양을 살려 얇게 썬다.
2 볼에 분량의 고기 반죽 재료를 넣고 충분히 치댄다.
3 무에 고기 반죽을 올려 얇게 펴 붙인다.
4 냄비에 고기 반죽 붙인 쪽이 아래로 향하도록 무를 겹쳐 담는다.
5 국물 재료를 넣고 센 불에서 끓어오르면 중약 불로 줄여 뚜껑을 덮고 15~20분간 익힌다.
소금으로 부족한 간을 더하고 쪽파, 후춧가루를 넣는다.

Tip

▶ **칼칼하게 즐기기**
국물 재료에 송송 썬 청양고추를 더해도 좋아요.

▶ **든든하게 즐기기**
당면이나 버미셀리면, 소면을 더해도 좋아요.

1

3

근육 챙기는 **단백질** 요리 [쇠고기]

맵지 않은 파개장

가끔은 뜨끈한 국물 요리를 찾는 아이들. 과연 녀석들이 '시원하다'는 맛을 알까 싶었지요.
그런데 이 파개장을 끓여주니 표정에서부터 제대로 더라고요. 듬뿍 넣은 파에서 나오는 진한 단맛에
맵지 않게 끓여 더욱 좋고요, 간이나 맵기도 아이들 연령에 따라 조정해 줄 수 있답니다.

⏱ **40~45분**
🍴 **3~4인분**

- 쇠고기 불고기용 300g(또는 국거리용)
- 대파 15cm 3대
- 느타리버섯 2줌(또는 다른 버섯, 100g)
- 숙주 4줌(200g)
- 조리유 1큰술
- 소금 약간

국물
- 물 9컵
  (또는 물과 무첨가 코인육수, 1.8ℓ)
- 국간장 3큰술
- 액젓 2~3큰술
- 다진 마늘 1큰술
- 다시마 5×5cm 2장

1. 느타리버섯은 가늘게 찢는다.
   대파는 길이로 2등분한 후 5cm 길이로 썬다.
   쇠고기는 키친타월로 감싸 핏물을 없앤다.
2. 달군 냄비에 조리유, 쇠고기를 넣고 중간 불에서 2~3분간 볶는다.
3. 대파를 넣고 숨이 죽을 때까지 3~4분간 볶는다.
4. 국물 재료를 넣고 센 불에서 끓어오르면 뚜껑을 덮고
   중약 불로 줄여 15분 이상 끓인다. 다시마를 건져낸다.
5. 느타리버섯, 숙주를 넣고 센 불에서 한 번 더 끓인다.
   소금으로 부족한 간을 더한다.

Tip

▶ **매콤하게 즐기기**
고춧가루를 취향껏 넣어 매콤하게 즐겨도 좋아요.

▶ **든든하게 즐기기**
당면이나 버미셀리면을 함께 더해도 좋아요.

근육 챙기는 **단백질 요리** [돼지고기]

밀프렙　고단백　면역력

깻잎 돼지불고기

"엄마 오늘 메뉴 뭐예요?"라고 물을 때 대답해 주면 아이들의 엉덩이춤이 저절로 나오는 요리예요.
깻잎을 듬뿍 넣은 덕분에 쌈 싸 먹지 않아도 깻잎의 향을 제대로 즐길 수 있고,
식어도 맛있지요. 인기 만점 저희 집 고기반찬 1호 되겠습니다.

⏱ **15~20분(+ 고기 양념에 재우기 15분)**
🍴 **3~4인분**

- 돼지고기 불고기용 600g
  (앞다릿살, 뒷다리살)
- 깻잎 10장
- 양파 1개(200g)
- 조리유 1작은술
- 참기름 약간
- 통깨 약간

양념
- 양조간장 5큰술
- 요리술 2큰술(50쪽)
- 다진 마늘 1큰술
- 다진 파 2큰술
- 생강즙 1큰술
  (또는 다진 생강, 생강술, 생략 가능)
- 올리고당 3큰술(또는 원당)

1 양파는 가늘게 채 썬다. 깻잎은 돌돌 만 후 가늘게 채 썬다.
돼지고기는 키친타월로 감싸 핏물을 없앤 후 한입 크기로 썬다.

2 큰 볼에 양념 재료, 돼지고기를 넣고 버무린 후 15분간 재운다.

3 달군 팬에 조리유, 돼지고기, 양파를 넣고
센 불에서 2분, 중강 불로 줄여 5~7분간 볶는다.
★오래 볶을수록 고기에 양념이 스며들게 되므로
취향에 따라 볶는 시간을 조절해도 좋다.

4 불을 끄고 깻잎, 참기름, 통깨를 넣는다.
★아이가 깻잎향을 싫어한다면 넣고 한 번 더 볶아도 좋다.

Tip
▶ 냉동 보관하기
과정 ②까지 진행한 후 한 번 먹을 분량씩 냉동한다(냉동 1개월).
자연해동한 다음 과정 ③부터 진행한다.

근육 챙기는 **단백질 요리** [돼지고기]

치즈 토마토 제육볶음

매운 고추장 양념이 어려운 친구들도 맛있게 즐길 수 있는 토마토 제육볶음이에요.
고추장 양념에 토마토를 넣으면 매운맛은 순화되고 감칠맛이 더해져 익숙한 듯 색다른 요리로
재탄생 됩니다. 쭉 늘어나는 피자치즈를 올려주면 매운맛이 덜해 저희 둘째 준이도 잘 먹어요.

⏱ **15~20분(+ 고기 양념에 재우기 15분)**
🍴 **3~4인분**

- 돼지고기 불고기용 600g
  (앞다릿살, 뒷다리살)
- 토마토 1개(150g)
- 양파 1개(200g)
- 대파 15cm
- 조리유 1작은술
- 슈레드 피자치즈 1/2컵(50g, 생략 가능)

양념
- 고춧가루 1큰술(기호에 따라 가감)
- 원당 2큰술
- 양조간장 2큰술
- 요리술 1큰술(50쪽)
- 고추장 3큰술
- 다진 마늘 1작은술

1. 토마토는 굵게 다지고, 양파는 채 썬다. 대파는 어슷 썬다. 돼지고기는 키친타월로 감싸 핏물을 없앤 후 한입 크기로 썬다.
2. 볼에 양념 재료를 섞은 후 돼지고기, 토마토를 넣고 버무려 15분간 재운다.
3. 달군 팬에 조리유를 두르고 ②를 넣어 중간 불에서 5~7분간 양념이 자작하게 남을 때까지 볶는다.
   ★오래 볶을수록 고기에 양념이 스며들게 되므로 취향에 따라 볶는 시간을 조절해도 좋다.
4. 양파, 대파를 넣고 2~3분간 볶는다.
5. 슈레드 피자치즈를 올려 뚜껑을 덮은 후 치즈를 녹인다.

Tip

▶ 냉동 보관하기
과정 ②까지 진행한 후 한 번 먹을 분량씩 냉동한다(냉동 1개월).
자연해동한 다음 과정 ③부터 진행한다.

근육 챙기는 **단백질 요리** [돼지고기]

고단백　면역력

구운 파프리카 탕수육

고기를 번거롭게 튀기지 않아서 만드는 엄마도 편하고, 소스의 양을 적게 해 아이의 건강도 챙긴 탕수육이에요. 돼지고기 잡채용을 사용해 더 빠르게 만들 수 있지요. 고소하게 구워낸 돼지고기에 입안 가득 파프리카의 단맛이 팡팡 터져 온 가족이 좋아한답니다.

⏱ **15~20분**
🍴 **2~3인분**

- 돼지고기 잡채용 300g
- 파프리카 1개(200g)
- 양파 1/2개(100g)
- 전분 3큰술(또는 밀가루)
- 조리유 1큰술
- 검은깨 약간(또는 통깨)

밑간
- 요리술 1큰술(50쪽)
- 양조간장 1작은술

소스
- 양조간장 1큰술
- 다진 마늘 1작은술
- 올리고당 1작은술
- 생강즙 약간
  (또는 다진 생강, 생강술, 생략 가능)

1 돼지고기는 키친타월로 감싸 핏물을 없앤 후 밑간 재료와 버무린다.

2 파프리카, 양파는 가늘게 채 썬다. 볼에 소스 재료를 넣고 섞는다.

3 돼지고기에 전분을 뿌려 섞는다.
★위생팩에 돼지고기, 전분을 넣고 가볍게 흔들어 가루를 입혀도 좋다.

4 달군 팬에 조리유, 돼지고기를 넣고 중강 불에서 3분간 볶는다.

5 파프리카, 양파, 소스를 넣고 센 불로 올려 2분간 볶은 후 검은깨를 뿌린다.

Tip
▶ **새콤하게 즐기기**
마지막에 식초나 레몬즙을 취향껏 더해 새콤하게 즐겨도 좋아요.

근육 챙기는 **단백질 요리** [돼지고기]

고단백　장건강　면역력

중화풍 돼지고기 가지볶음

매콤하고 간간한 맛의 중화풍 돼지고기 가지볶음은 저와 신랑이 좋아하는 요리예요.
아이들을 위해 살짝 덜 맵게 만들었더니 반숙으로 삶은 달걀과 함께 밥에 올려 덮밥처럼 맛있게
먹더라고요. 가지 식감에 거부감이 있는 아이들을 위해 가지를 오래 구운 후 볶는 게 포인트랍니다.

- ⏱ **20~25분**
- 🍴 **2~3인분**

- 가지 2개(300g)
- 다진 돼지고기 200g
  (또는 불고기용, 다진 쇠고기)
- 대파 15cm
- 조리유 1작은술
- 다진 부추 약간(또는 쪽파)
- 통깨 약간
- 참기름 약간

양념
- 양조간장 1큰술
- 식초 1큰술
- 요리술 1큰술(50쪽)
- 굴소스 1큰술
- 올리고당 1큰술
  (또는 원당)
- 고춧가루 1작은술
  (기호에 따라 가감)
- 다진 마늘 1작은술

1 가지는 어슷하게 한입 크기로 썬다. 대파는 송송 썬다.
★아이의 취향, 연령에 따라
가지는 더 작게 썰거나, 필러로 껍질을 벗겨도 좋다.

2 달군 팬에 조리유를 두르지 않고 가지를 올려
중간 불에서 앞뒤로 7~10분간 노릇하게 구운 후 덜어둔다.

3 ②의 팬을 다시 달궈 조리유를 두르고 대파를 넣어
중간 불에서 30초간 볶아 향을 낸다.

4 다진 돼지고기를 넣고 센 불로 올려 3~5분간 풀어가며 볶는다.

5 ②의 가지와 양념 재료를 넣고 중간 불로 줄여 조리듯이 볶는다.
다진 부추, 통깨, 참기름을 더한다.

근육 챙기는 **단백질 요리** [돼지고기]

고단백   면역력

목살 사과조림

자칫 퍽퍽해질 수 있는 돼지고기 목살을 사과와 함께 조렸어요.
은은하게 씹히는 사과와 새콤달콤한 맛이 잘 어울려 이국적인 느낌도 들면서
과일의 단맛을 더해 더 건강한 것만 주고 싶은 엄마의 마음도 담아낸 요리랍니다.

🕐 **20~25분**
🍴 **2~3인분**

- 돼지고기 목살 300g
  (1cm 두께, 또는 불고기용)
- 사과 1/2개(또는 복숭아, 배)
- 채 썬 양파 1/4개 분량(50g)
- 조리유 1작은술
- 버터 1큰술
- 다진 마늘 1큰술
- 후춧가루 약간

밑간
- 생강즙 1큰술
- 소금 약간

소스
- 물 2큰술
- 요리술 1작은술(50쪽)
- 양조간장 1큰술
- 레몬즙 2작은술
  (기호에 따라 가감)

1. 돼지고기는 한입 크기로 썬 후 밑간 재료와 버무린다. 사과는 2x2cm 크기로 얇게 썬다.
2. 달군 팬에 조리유를 두른 후 돼지고기를 넣어 센 불에서 앞뒤로 2분씩 노릇하게 구워 덜어둔다.
   ★돼지고기를 센 불에서 구워야 육즙이 살아 있다.
3. ②의 팬을 약한 불로 달궈 버터를 넣어 녹인 후 다진 마늘을 넣고 30초간 볶아 향을 낸다.
4. 사과, 채 썬 양파를 넣어 2분간 볶는다.
5. 물, 요리술을 넣고 뚜껑을 덮은 후 약한 불에서 4분간 뭉근하게 익힌다.
6. 구운 돼지고기, 양조간장, 레몬즙을 넣고 중간 불에서 섞어가며 볶는다. 후춧가루를 더한다.

근육 챙기는 **단백질 요리** [돼지고기]

밀프렙　보양식　고단백

등갈비구이

뜯어먹는 재미만으로 인기만점인 등갈비랍니다. 등갈비는 미리 손질해 삶아 냉동해두면
구이, 찜, 탕 등에 언제든 다양하게 활용이 가능하지요.

⏱ **30~35분(+ 등갈비 핏물 없애기 30분)**
🍴 **2~3인분**

- 돼지고기 등갈비 500g(구이용)
- 후춧가루 약간

등갈비 삶는 물
- 물 5컵(1ℓ)
- 마늘 5쪽
- 통후추 1큰술
- 소금 1작은술

밑간
- 올리브유 1큰술
- 소금 1작은술
- 허브가루 1작은술

1 볼에 등갈비, 잠길 만큼의 둘을 넣고 30분 이상 핏물을 없앤다.

2 냄비에 ①의 등갈비, 등갈비 삶는 물 재료를 넣고 센 불에서
끓어오르면 중간 불로 줄여 핏기가 없어질 때까지 10분간 삶는다.
★한번 삶는 과정을 진행하면 고기의 잡내와 불순물 제거,
더 부드러운 식감을 낼 수 있다. 이 과정은 생략해도 좋다.

3 찬물에 헹궈 물기를 없애고, 1~3마디씩 썬 후
밑간 재료와 버무린다.

4 에어프라이어에 등갈비를 넣고 180℃에서
중간중간 뒤집어가며 15~20분간 굽는다. 후춧가루를 뿌린다.

Tip

▶ **에어프라이어를 다른 조리기구로 대체하기**
오븐 200℃로 예열한 오븐에서 앞뒤로 각각 10분씩 구워요.
팬 달군 팬에 조리유를 두르고 등갈비를 넣어
앞뒤로 각각 10분씩 구워요.

▶ **양념 등갈비구이로 즐기기**
팬에 양념(고춧가루 1큰술 + 다진 마늘 1큰술 + 요리술 2큰술 +
양조간장 1큰술 + 올리고당 2큰술 + 매실액 1큰술 + 고추장 2큰술)
을 넣고 센 불에서 끓어오르면 약한 불로 줄인 후 익힌 등갈비를
넣고 버무려 양념 등갈비구이로 즐겨도 좋아요.

▶ **냉동 보관하기**
과정 ②까지 진행한 후 한 번 먹을 분량씩 냉동한다(냉동 1개월).
자연해동한 후 과정 ④를 진행한다.

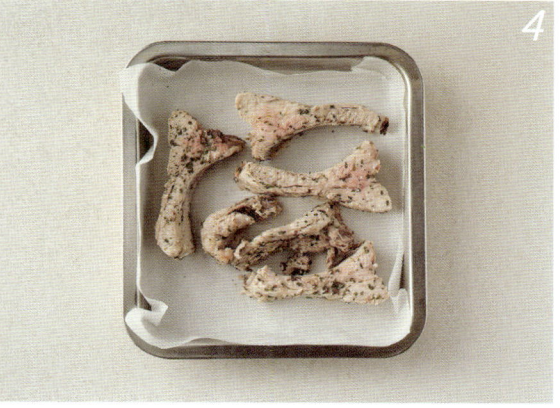

근육 챙기는 **단백질 요리** [돼지고기]

고단백　장건강　면역력

돼지고기 김치말이찜

아직은 아이들이 매운 김치를 잘 못 먹는 경우가 많아요. 이렇게 물에 씻어낸 김치를
국물에 자작하게 익혀 들기름을 뿌려내면 매콤한 김치찌개보다 덜 자극적이고
재료 각각의 감칠맛이 어우러져 참 잘 먹는답니다. 돌돌 말아 더 특별해보이기까지 하고요.

🕐 30~35분
🍽 2~3인분

- 돼지고기 목살 300g
  (1cm 두께, 또는 돼지고기 불고기용)
- 익은 배추김치 6장
- 육수 1.5컵
  (또는 물과 무첨가 코인육수, 300㎖)
- 국간장 1작은술(기호에 따라 가감)
- 다진 마늘 1작은술
- 들기름 1큰술
  (또는 참기름, 기호에 따라 가감)

1. 김치는 길이를 살려 1장씩 준비한 후 흐르는 물에 대충 씻는다.
   돼지고기는 김치와 비슷한 길이로 썬다.
2. 김치에 돼지고기를 올려 돌돌 만 후 냄비에 담는다.
   같은 방법으로 여러 개 만든다.
3. 육수, 국간장, 다진 마늘을 넣고
   뚜껑을 덮은 후 약한 불에서 20분간 끓인다.
4. 국간장으로 부족한 간을 더하고 불을 끈 후 들기름을 넣는다.

Tip

▶ **김치 사용하기**
김치의 익은 정도에 따라 국간장으로 부족한 간을 더하고,
너무 익어 신맛이 강할 경우 원당을 1작은술씩 더하며
조절하세요.

▶ **매콤하게 즐기기**
과정 ①에서 김치를 씻지 않고 매콤하게 즐겨도 좋아요.

근육 챙기는 **단백질 요리** [돼지고기]

보양식　장건강　면역력

뿌리채소 돈지루

일본 대표 가정식 된장국인 돈지루(とんじる)는 우리나라 된장찌개만큼이나 대중적인 국물 요리예요.
우엉의 향이 일품인데다 고기와 채소가 듬뿍 들어가 꼭 수프 먹는 느낌도 들어
선선한 바람이 불기 시작하는 가을철에 보양식처럼 내곤 합니다.

⏱ **25~30분**
🍴 **2~3인분**

- 대패삼겹살 200g
  (또는 돼지고기 불고기용)
- 우엉 지름 2cm, 길이 25cm(50g)
- 무 100g
- 당근 1/4개(50g)
- 표고버섯 2개
  (또는 느타리버섯 1줌, 50g)
- 조리유 1작은술
- 육수 4컵
  (또는 물과 무첨가 코인육수, 800㎖)
- 장국용 된장 1큰술 + 1큰술
  (또는 미소된장, 순한된장,
  기호에 따라 가감)
- 송송 썬 대파 약간(생략 가능)

1. 우엉은 껍질을 벗긴 후 어슷 썬다.
   무, 당근은 0.5cm 두께로 썬 후 부채꼴 모양으로 썬다.
   표고버섯은 얇게 썬다. 대패삼겹살은 한입 크기로 썬다.
2. 달군 냄비에 조리유를 두르고 대패삼겹살을 넣어
   중강 불에서 1분간 볶는다.
3. 우엉을 넣고 1~2분, 무, 당근, 된장 1큰술을 넣고 1분간 볶는다.
4. 육수를 넣고 뚜껑을 덮은 후 약한 불로 줄여 10~15분간 끓인다.
5. 표고버섯, 된장 1큰술을 넣고 한 번 더 끓인 후 대파를 올린다.

Tip

▶ **된장 사용하기**
오래 끓일수록 깊은 맛이 나는 한식된장과는 달리
장국용 된장은 짧게 끓여야 텁텁함을 줄일 수 있어요.
된장 일부는 재료를 볶을 때 함께 넣어 진한 맛을 내고
나머지는 마지막에 넣고 끓여주세요.

▶ **재료 대체하기**
우엉, 당근은 감자와 같은 뿌리채소로 대체해도 좋고,
곤약을 넣어도 맛있어요.

근육 챙기는 **단백질 요리** [돼지고기]

보양식 고단백 장건강

뼈 없는 순살감자탕

둘째 준이가 정말 좋아하는 감자탕이에요. 감자탕은 보통 뼈 때문에 아이들이 먹기가 어려운데
수육용으로 만들어 고기는 훨씬 부드럽고, 고춧가루를 넣지 않아 담백하지요.
막상 만들고 보면 정말 간단해 아이들의 기운을 챙기고 싶을 때 준비한답니다.

🕐 50~55분
🍽 3~4인분

- 돼지고기 앞다릿살 600g
  (수육용, 또는 뒷다리살, 돼지등갈비, 차돌박이)
- 감자 2개
- 깻잎 20장
- 대파 15cm
- 무첨가 사골육수 2.5컵(500㎖)
- 들깨가루 4큰술(기호에 따라 가감)

돼지고기 삶는 물
- 물 4컵(800㎖)
- 된장 1큰술
- 청주 1큰술(또는 요리술)

시래기 무침
- 삶은 시래기 200g(또는 삶은 우거지)
- 양조간장 1큰술(기호에 따라 가감)
- 다진 마늘 1큰술
- 된장 1큰술

양념
- 고춧가루 1큰술(기호에 따라 가감 또는 생략)
- 액젓 1큰술(기호에 따라 가감)
- 다진 마늘 1큰술

1. 감자는 한입 크기로 썬다.
   깻잎은 4등분하고, 대파는 송송 썬다.

2. 돼지고기는 아이 주먹 크기로 크게 썬다.
   볼에 시래기 무침 재료를 넣고 무친다.

3. 큰 냄비에 돼지고기, 돼지고기 삶는 물 재료를 넣고
   중간중간 불순물을 없애가며 중간 불에서 20분간 삶는다.

4. 감자, 대파, 사골육수, 시래기 무침, 양념 재료를 넣고
   뚜껑을 덮은 후 약한 불로 줄여 15~20분간 끓인다.
   ★ 국물이 부족할 경우 육수 1컵씩을 더해도 좋다.

5. 액젓으로 부족한 간을 더한다.
   불을 끄고 깻잎, 들깨가루를 넣는다.

근육 챙기는 **단백질 요리** [닭고기]

매콤한맛　고단백　장건강　면역력

숙주무침 버섯 닭갈비

매콤한 닭갈비를 어떻게 만들어줄까, 고민하며 개발한 메뉴예요. 수분감 있는 버섯 덕분에 촉촉하게
닭안심을 굽고, 여기에 숙주나물을 따로 무침으로 만들어서 곁들였지요. 아삭한 채소도
함께 먹을 수 있고, 매운맛도 순화되어 근사한 요리처럼 즐길 수 있었답니다.

⏱ 20~25분
🍴 2~3인분

- 닭안심 12쪽(300g)
- 느타리버섯 3줌(150g)
- 참기름 약간

양념
- 다진 마늘 1큰술
- 물 2큰술
- 양조간장 2큰술
- 요리술 1큰술(50쪽)
- 올리고당 2큰술
- 고추장 2큰술
- 원당 2작은술
- 고춧가루 1작은술(기호에 따라 가감)

숙주무침
- 숙주 2줌(100g)
- 소금 1/2작은술(기호에 따라 가감)
- 참기름 1작은술

1 느타리버섯은 밑동을 제거한 다음 가닥가닥 떼어낸다.
닭안심은 2등분하고, 볼에 양념 재료를 섞는다.

2 찜기의 물이 끓어오르면 숙주를 펼쳐 올린 후 뚜껑을 덮고
센 불에서 2분 30초간 익힌다.
소금, 참기름과 버무려 숙주무침을 완성한다.
★숙주는 끓는 물에 살짝 데치거나
달군 팬에 조리유 1작은술과 살짝 볶아도 좋다.

3 달군 팬에 느타리버섯을 넣고 중간 불에서 2~3분간 볶는다.

4 닭안심을 넣고 중간 불에서 3분간 뒤집어가며 굽는다.
양념을 넣고 3~5분간 원하는 농도가 될 때까지 저어가며 볶는다.
★버섯을 볶을 때 생긴 수분 덕분에 조리유 없이도 쉽게 구울 수
있으나, 너무 마른 상태가 된다면 조리유 1작은술을 더해도 좋다.

5 불을 끄고 참기름을 두른 후 숙주무침을 곁들인다.

Tip
▶ **숙주무침를 다른 재료로 대체하기**
양배추나 양파볶음을 곁들여도 좋아요.

근육 챙기는 **단백질 요리** [닭고기]

고단백 면역력

일본식 대파 닭조림

잘 구운 닭고기에 대파를 듬뿍 넣고 은근하게 익힌 닭조림이에요.
대파의 촉촉한 감칠맛이 닭고기에 스며들어 부드러움을 극대화해주지요.
아이들이 "파닭 먹고 싶어요!"라며 너무 좋아해 자주 만드는 요리입니다.

- ⏱ 20~25분
- 🍴 3~4인분

- 닭다릿살 5쪽(500g)
- 대파 15cm 3대

밑간
- 요리술 1큰술(50쪽)
- 소금 1/3작은술

양념
- 원당 1큰술
- 양조간장 1.5~2큰술(기호에 따라 가감)
- 식초 1큰술

1 대파는 송송 썬다. 닭다릿살은 밑간 재료와 버무린다.
★아이의 취향, 연령에 따라 닭껍질은 없애도 좋다.

2 달군 팬에 닭다릿살의 껍질이 팬의 바닥에 닿도록 올린 후 중간 불에서 3~5분, 뒤집어서 3~5분간 굽는다.

3 닭고기를 먹기 좋은 크기로 자른다.

4 대파와 양념 재료를 넣고 약한 불로 줄인 후 뚜껑을 덮고 5분간 뭉근하게 조린다.

5 뚜껑을 열고 중간 불로 올려 스스가 자작해질 때까지 2분간 조린다.

근육 챙기는 **단백질 요리** [닭고기]

상큼한맛   고단백

레몬 간장 닭봉조림

레몬즙의 신맛이 단맛을 더 부각시켜줘 당류를 적게 넣어도 달콤하게 느껴지는 닭봉조림이에요. 고기를 먼저 굽고 양념을 끓여 코팅하듯 살짝 버무려주면 양손 가득 닭봉을 들고 입천장까지는 줄 모르게 먹을 정도로 아이들이 좋아한답니다.

⏱ 25~30분
🍴 3~4인분

- 닭봉 15개(또는 닭날개, 500g)

밑간
- 올리브유 1큰술
- 소금 1/3작은술

레몬 간장 소스
- 원당 1큰술
- 다진 마늘 1큰술
- 물 4큰술
- 양조간장 4작은술
- 레몬즙 1큰술(또는 식초)
- 꿀 1큰술(또는 올리고당)

1 닭봉은 밑간 재료와 버무린다.

2 에어프라이어에 넣고 180℃에서 10분, 뒤집어서 10분간 굽는다.

3 달군 팬에 레몬 간장 소스 재료를 넣고 센 불에서 끓어오르면 약한 불로 줄여 구운 닭봉을 넣고 2~3분간 버무린다.

Tip

▶ **에어프라이어를 다른 조리기구로 대체하기**
<u>오븐</u> 180℃로 예열한 오븐에서 20분간 구워요.
<u>팬</u> 달군 팬에 조리유를 두르고 닭봉을 넣어 중약 불에서 앞뒤로 각각 3분씩 구워요.

근육 챙기는 **단백질 요리** [닭고기]

고단백　장건강

224

양배추 듬뿍 고구마찜닭

고기 요리에 채소를 더하면 영양은 물론이고, 고기를 부드럽게 만들어주며
채소에서 나온 단맛과 감칠맛이 요리를 더 맛있게 만들지요.
뼈를 골라낼 필요가 없는 닭다릿살에 양배추, 파프리카를 듬뿍 넣은 추천하는 메뉴예요.

⏱ **30~35분**
🍴 **2~3인분**

- 닭다릿살 3쪽(또는 닭안심 12쪽, 300g)
- 고구마 1/2개(100g)
- 양배추 약 3장(손바닥 크기, 100g)
- 양파 1/4개(50g)
- 파프리카 1/4개(50g)
- 대파 약간
- 버미셀리면 25g(또는 불린 당면, 생략 가능)
- 조리유 1작은술

밑간
- 양조간장 1작은술
- 생강즙 약간(또는 다진 생강, 생강술, 생략 가능)

양념
- 다진 마늘 1큰술
- 양조간장 3큰술
- 요리술 1큰술(50쪽)
- 올리고당 2큰술(또는 원당)
- 물 1.5컵(300㎖)

1 닭다릿살은 한입 크기로 썬 후 밑간 재료와 버무린다.
  볼에 양념 재료를 넣고 섞는다.

2 고구마, 양배추는 한입 크기로 썬다.
  양파, 파프리카는 채 썬다. 대파는 어슷 썬다.

3 달군 팬에 조리유를 두르고 닭다릿살을 넣어
  중간 불에서 앞뒤로 각각 2분씩 구워 겉면을 익힌다.

4 고구마, 양념을 넣고 센 불에서 끓어오르면 중간 불로 줄여
  고구마가 익을 때까지 뚜껑을 덮고 15~20분간 익힌다.

5 양배추, 양파, 파프리카, 버미셀리면, 대파를 넣고
  3~5분간 저어가며 끓인다.

Tip

▶ **버미셀리면**
소면보다 얇은 쌀국수로 쌀 또는 녹두로 만든 제품들이 있어요.
얇아 빠르게 조리가 가능하고 엄마표 컵누들(312쪽)을
만들어도 부담스럽지 않아 애용하고 있지요.
파개장(198쪽)에 활용하기에도 제격입니다.

근육 챙기는 **단백질 요리** [닭고기]

매콤한맛   고단백   면역력

새송이버섯떡 집코바치킨

아이들이 먹고 싶다는 외식 메뉴를 너무 제한하기보다는 건강한 엄마표로 만들어주세요.
유명 치킨 메뉴에서 착안, 쫄깃한 새송이버섯을 떡처럼 썰어 더했더니 얼마나 잘 먹던지요.
아이들이 붙여준 이름하여 '매콤 집. 코. 바. 치킨!' 메뉴명 참 잘 지었죠?

○ **25~30분**
3~4인분

- 닭다릿살 5쪽(500g)
- 떡볶이 떡 100g(또는 새송이버섯 1개)
- 새송이버섯 1개(또는 다른 버섯, 80g)
- 조리유 1작은술
- 통깨 약간

밑간
- 요리술 1큰술(50쪽)
- 소금 1/3작은술

양념
- 고춧가루 2큰술(기호에 따라 가감)
- 원당 1큰술(기호에 따라 가감)
- 다진 마늘 2큰술
- 물 2큰술
- 요리술 2큰술(50쪽)
- 양조간장 1큰술
- 고추장 1큰술
- 토마토케첩 2큰술
- 굴소스 4작은술
- 올리고당 1큰술

1. 닭다릿살은 밑간 재료와 버무린다.
2. 떡볶이 떡은 물에 담가둔다. 새송이버섯은 2등분한 후 떡볶이 떡과 비슷한 크기로 썬다. 볼에 양념 재료를 넣고 섞는다.
3. 달군 팬에 조리유를 두르고 닭다릿살의 껍질이 팬의 바닥에 닿도록 올린 후 중간 불에서 앞뒤로 각각 5~7분씩 굽는다.
4. 닭고기를 먹기 좋은 크기로 자른다.
5. 떡볶이 떡, 새송이버섯을 넣고 중간 불에서 1분간 볶는다.
6. 양념을 넣고 중강 불로 올려 3~5분간 저어가며 조린다. 통깨를 뿌린다.

Tip

▶ **매콤한 맛 조절하기**
양념의 고춧가루를 1큰술로 줄여 덜 매콤하게 만들어도 좋고,
송송 썬 청양고추 1개분을 양념에 더해
더 매콤하게 즐겨도 좋아요.

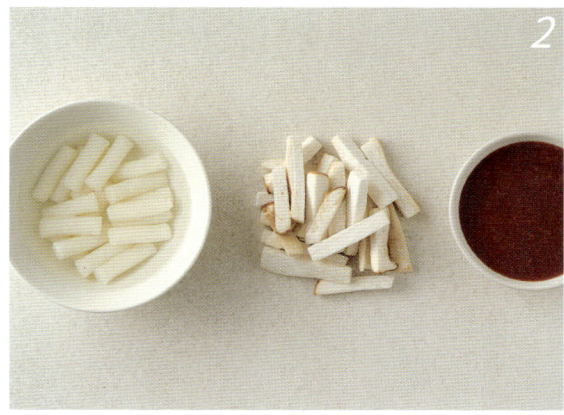

근육 챙기는 **단백질** 요리 [닭고기]

상큼한맛   고단백

랜치 소스 구운 크리스피치킨

튀김이 몸에 좋지 않다 해도 치킨은 못 참죠! 아래 레시피대로만 닭다릿살을 눌러서 구우면
튀기지 않았는데도 바삭바삭한 맛이 일품인 크리스피치킨이 완성돼요.
어디든지 잘 어울리는 엄마표 랜치 소스도 함께 곁들여보세요.

⏱ **25~30분(+ 닭다릿살 밑간하기 10분)**
🍽 **3~4인분**

- 닭다릿살 5~6쪽(500g)
- 소금 5~6꼬집
- 후춧가루 5~6꼬집

랜치 소스
- 다진 양파 2큰술
- 레몬즙 1큰술
- 마요네즈 3큰술
- 그릭요거트 3큰술
- 올리고당 1큰술
- 소금 2꼬집
- 후춧가루 약간
- 허브가루 약간

1 닭다릿살은 포크로 5~6군데 찌른 후
  소금을 뿌려 10분간 밑간을 한다.

2 달구지 않은 팬에 닭다릿살의 껍질이 팬의 바닥에 닿도록 올린
  후 종이포일로 덮는다. ★바닥이 두꺼운 팬을 사용하면 더 좋다.

3 무거운 그릴프레스로 눌러 닭의 껍질 쪽이 노릇해질 때까지
  중간 불에서 5분간 굽는다. ★그릴프레스가 없다면 무거운
  주물냄비나 큰 반찬통에 물을 담아 눌러도 좋다.

4 뒤집어서 같은 방법으로 5분간 더 굽는다.
  다시 껍질 쪽이 팬의 바닥에 닿도록 올린 후
  원하는 식감이 될 때까지 1~2분간 바삭하게 굽는다.

5 후춧가루를 뿌린 후 먹기 좋은 크기로 썬다.
  랜치 소스를 곁들인다.

Tip

▶ **랜치 소스 활용하기**
  랜치 소스는 샌드위치나 또띠야랩의 스프레드로,
  샐러드의 드레싱으로 활용 가능해요.

▶ **색다르게 즐기기**
  원하는 양념이 있다면 닭다릿살을
  동일한 방법으로 구운 후 곁들여도 좋아요.

근육 챙기는 **단백질 요리** [오리고기]

밀프렙 　 고단백 　 면역력

부추 오리주물럭

필수아미노산뿐 아니라 불포화지방산이 풍부한 오리정육은 고춧가루를 살짝 넣어
아이들도 먹을 수 있을 정도의 매운맛의 주물럭으로 만들면 별미가 따로 없지요.
오리정육, 대패오리로스 무엇이든 가능해요.

⏱ 25~30분
🍴 3~4인분

- 오리정육 1팩(500g)
- 숙주 2줌(100g)
- 부추 1줌(50g)
- 소금 약간

양념
- 원당 1큰술
- 고춧가루 1큰술
- 다진 마늘 1큰술
- 양조간장 3큰술
- 요리술 1큰술(50쪽)
- 매실액 1큰술
- 생강즙 약간(또는 다진 생강, 생강가루, 생략 가능)

1 볼에 숙주, 잠길 만큼의 물을 담고 흔들어 씻은 후
  체에 밭쳐 물기를 없앤다.
2 부추는 5cm 길이로 썰고, 오리정육은 한입 크기로 썬다.
3 볼에 양념 재료, 오리정육을 넣고 버무린다.
4 달군 팬에 오리정육을 넣고 중간 불에서 3~4분간 볶는다.
5 숙주, 부추를 넣고 2~3분간 볶은 후
  소금으로 부족한 간을 더한다.
  ★숙주, 부추는 오래 익히면 아삭한 식감이 사라지므로
  익히는 시간에 주의한다.

Tip
▶ **부추를 다른 재료로 대체하기**
부추는 동량(50g)의 양파, 양배추, 파프리카, 버섯으로
대체해도 좋아요.

근육 챙기는 **단백질 요리** [오리고기]

보양식   고단백   장건강   면역력

들깨 소스 오리채소찜

훈제오리는 육가공품에 자주 쓰이는 발색제인 아질산나트륨뿐 아니라 많은 첨가물이 들어있는 경우가 있어
특히 신경 쓰는 식재료예요. 다행히도 무항생제, 무첨가 제품들이 많이 판매되고 있어
구비해 놓곤 하지요. 채소를 듬뿍 넣어 찜으로 먹으면 온 가족 초간단 건강식으로 최고예요.

⏱ 20~25분
🍴 2~3인분

- 무첨가 훈제오리 1팩(300~400g)
- 양배추 7장(손바닥 크기, 또는 알배기배추, 숙주, 210g)
- 부추 1줌(50g)
- 새송이버섯 1개(또는 팽이버섯 1봉지)
- 청주 1큰술(또는 요리술, 생략 가능)

들깨 소스
- 들깨가루 2큰술
- 양조간장 3큰술
- 물 2큰술
- 식초 1큰술
- 올리고당 1/2큰술
- 연겨자 1/2작은술(기호에 따라 가감)

1 양배추는 가늘게 채 썰고, 부추는 4cm 길이로 썬다.
새송이버섯은 얇게 편 썬다.
작은 볼에 들깨 소스 재료를 넣고 섞는다.

2 찜기에 양배추 → 훈제오리 → 새송이버섯 순으로
올린 다음 청주를 뿌린다.

3 찜기의 물이 끓어오르면 ②를 올려 뚜껑을 덮고
중간 불에서 8~10분간 찐다.

4 뚜껑을 열고 부추를 올려 3~5분간 더 익힌 후
들깨 소스를 곁들인다.

Tip

▶ **채소 대체하기**
양배추, 부추, 새송이버섯은 청경채, 당근, 단호박, 애호박 등
다양한 채소로 대체해도 좋아요. 단, 단단한 채소를 사용할 경우
익히는 시간을 더 늘려주세요.

▶ **무첨가 훈제오리 구입하기**
자연누리 훈제오리, 오아시스마켓의 무항생제 자연공법
오리훈제, 한살림이나 초록마을 훈제오리슬라이스 등을
추천합니다.

근육 챙기는 **단백질 요리** [해산물 - 생선]

카레 고등어구이

오메가3가 풍부한 고등어.
카레가루를 입혀 구우면
특유의 비린내는 줄어들고,
바삭한 식감은 올라가요.
간단한 엄마의 킥으로
바삭하게 구워 즐겨보세요.

두뇌발달 면역력

⏱ 15~20분
🍽 1~2인분

- 손질 고등어 1쪽
  (또는 갈치, 삼치,
  가자미, 임연수)
- 조리유 1작은술

밑간
- 청주 1작은술
- 소금 약간

양념
- 카레가루 1작은술
- 전분 1작은술
  (또는 밀가루, 부침가루)

1 고등어는 씻은 후 키친타월로 감싸
　물기를 없앤다.

2 밑간 재료와 버무린 후
　키친타월로 감싸 물기를 완전히 없앤다.
　★껍질 쪽에 칼집을 넣으면 밑간이
　더 잘 스며든다.

3 작은 볼에 양념 재료를 섞은 후
　고등어의 앞뒤로 바르고 살짝 털어낸다.

4 에어프라이어에 넣고 180℃에서 15분간
　굽는다. 이때, 중간에 한번 뒤집어준다.
　★달군 팬에 조리유를 두르고
　고등어를 넣어 중간 불에서 앞뒤로
　각각 3분씩 노릇하게 구워도 좋다.

데리야끼 삼치구이

탄탄한 살에 담백한 맛이
일품인 삼치는 데리야끼
소스와 잘 어울려요.
양념에 조리는 것보다
따로 끓여 부으면 양념을 덜
먹을 수 있지요. 양파, 깻잎을
채 썰거나 대파를 구워
함께 곁들여도 좋아요.

🕐 15~20분
🍽 2~3인분

- 순살 삼치 2쪽
  (또는 삼치, 연어, 가자미, 고등어)
- 전분 2큰술
  (또는 밀가루, 부침가루)
- 조리유 1큰술
- 채 썬 깻잎 약간

밑간
- 청주 1작은술
- 소금 약간

데리야끼 소스
- 원당 1/2큰술
- 물 3큰술
- 양조간장 2큰술
- 요리술 1큰술(50쪽)
- 올리고당 1큰술
- 다진 마늘 1작은술
- 생강즙 약간(또는 다진 생강, 생강가루, 생략 가능)

1. 삼치는 씻은 후 키친타월로 감싸 물기를 없앤다.
2. 한입 크기로 썬 후 밑간 재료와 버무린다. 키친타월로 감싸 물기를 완전히 없앤다.
3. 위생팩에 삼치, 전분을 넣고 가볍게 흔들어 입힌다.
4. 달군 팬에 조리유를 두르고 삼치를 넣어 중간 불에서 5~6분간 뒤집어가며 노릇하게 구워 덜어둔다.
5. 팬을 닦고 데리야끼 소스 재료를 넣는다. 센 불에서 끓어오르면 구운 삼치를 넣고 중간 불로 줄여 약 3분간 조려가며 익힌다. 채 썬 깻잎을 올린다.

근육 챙기는 **단백질 요리** [해산물 - 생선]

깐풍 소스 임연수구이

도톰한 살 덕분에 깐풍 소스가 특히 잘 어울리는 중식당 요리 같이 근사한 메뉴예요. 아이들이 매콤함을 즐길 수 있다면 파프리카 대신 고추를 활용하거나 대파채를 올려보세요.

두뇌발달 뼈튼튼

🕐 15~20분
🍽 1~2인분

- 손질 임연수 1쪽
  (또는 삼치, 가자미, 고등어)
- 조리유 1작은술
- 다진 마늘 1작은술
- 다진 양파 2큰술
- 다진 파프리카 4큰술

밑간
- 청주 1작은술
- 소금 약간

깐풍 소스
- 물 2큰술
- 양조간장 2큰술
- 요리술 2큰술(50쪽)
- 원당 1큰술(기호에 따라 가감)
- 식초 2큰술

1 임연수는 씻은 후 키친타월로 감싸 물기를 없앤다.

2 껍질 쪽에 3~4군데 칼집을 낸 후 밑간 재료와 버무린다.
키친타월로 감싸 물기를 완전히 없앤다.
★껍질 쪽에 칼집을 넣으면 밑간이 더 잘 스며든다.

3 에어프라이어에 넣고 180℃에서 15분간 굽는다. 이때, 중간에 한번 뒤집어준다.
★달군 팬에 조리유를 두르고 임연수를 넣어
중간 불에서 앞뒤로 각각 3분씩 노릇하게 구워도 좋다.

4 달군 팬에 조리유를 두르고 다진 마늘을 넣어
중간 불에서 30초, 다진 양파,
다진 파프리카를 넣고 1분간 볶는다.

5 깐풍 소스 재료를 넣고 센 불에서
원하는 농도가 될 때까지 조린다.
구운 임연수에 소스를 붓는다.

버터 레몬 소스 가자미구이

가자미는 지방 함량이 낮고 식감이 부드러운 생선이에요. 그덕에 미역국에 넣기도 하고, 밀가루를 묻혀 버터에 구우면 프랑스식 생선요리인 솔 뫼니에르도 만들 수 있지요. 버터의 풍미와 레몬의 상큼함이 일품인 가자미구이랍니다.

고단백 두뇌발달

⏱ 15~20분
🍽 1~2인분

- 손질 가자미 1쪽
  (또는 가자미 필렛, 대구필렛, 연어, 삼치, 임연수)
- 전분 1큰술(또는 밀가루)
- 소금 약간
- 버터 1큰술
- 후춧가루 약간

버터 레몬 소스
- 버터 1큰술
- 레몬즙 1/2큰술
  (기호에 따라 가감)

1 가자미는 씻은 후 키친타월로 감싸 물기를 없앤다.

2 소금을 뿌려 밑간을 한 후 전분을 앞뒤로 묻히고 살살 털어낸다.

3 달군 팬에 버터 1큰술을 넣어 녹인 후 가자미를 올린다.
중간 불에서 앞뒤로 각각 3~4분씩 노릇하게 구운 다음 덜어둔다.

4 가자미를 구운 팬에 버터 1큰술을 넣어 녹인 후
레몬즙을 넣고 중약 불에서 한 번 끓인다.

5 ③의 가자미에 버터 레몬 소스를 붓고 후춧가루를 뿌린다.
★으깬 감자나 올리브절임을
함께 곁들여도 좋다.

근육 챙기는 **단백질 요리** [해산물 - 오징어]

두뇌발달　면역력

올리브유 깻잎 오징어구이

새우와 마늘을 넣은 스페인 대표 요리 감바스(Gambas). 새우를 오징어로 바꿨더니
아이들도 잘 먹는 근사한 한 끼가 되었어요. 오징어와 깻잎, 감칠맛이 가득한 토마토까지!
색다른 오징어 요리에 도전해보세요.

⏱ **15~20분**
🍴 **2~3인분**

- 손질 오징어 2마리
  (또는 새우, 360g)
- 방울토마토 10개(150g)
- 마늘 10쪽
- 깻잎 5장(또는 시금치)
- 올리브유 1/2컵(100㎖)
- 소금 1~2꼬집(기호에 따라 가감)
- 레몬즙 1큰술
- 그라나파다노 치즈 약간
  (또는 파마산 치즈, 생략 가능)
- 후춧가루 약간

1. 방울토마토는 2~3등분한다.
   깻잎은 돌돌 말아 채 썬다. 마늘은 편으로 썬다.
2. 달군 팬에 올리브유를 넣고 중약 불에서
   작은 기포가 올라오면 마늘을 넣고 1분간 익힌다.
3. 방울토마토를 넣고 중간 불에서 1~2분간 볶는다.
4. 오징어, 소금을 넣고 중약 불로 줄인 후
   앞뒤로 각각 2분씩 굽는다. 오징어는 먹기 좋은 크기로 자른다.
5. 중간 불로 올려 레몬즙을 뿌려 섞은 후 불을 끈다.
   깻잎, 그라나파다노 치즈, 후춧가루를 더한다.

Tip

▶ **색다르게 즐기기**
삶은 파스타를 마지막에 넣고 버무리거나
통밀빵을 곁들여도 좋아요.

▶ **매콤하게 즐기기**
과정 ②에서 페페론치노나 건고추를 마늘과 함께 볶아
매콤하게 즐겨도 좋아요.

근육 챙기는 **단백질 요리** [해산물 - 새우]

두뇌발달　뼈튼튼

갈릭 마요 소스 새우구이

색감과 그 차림만으로도 우리집을 근사한 레스토랑으로 변신시켜주는 요리예요.
구워 탱글탱글한 새우에 맛깔나는 갈릭 마요 소스를 버무리면 완성!
맛있는 소스 덕분에 함께 넣은 브로콜리까지 아이들이 잘 먹는답니다.

⏱ **20~25분**
🍴 **2인분**

- 홍새우 10마리
  (또는 킹사이즈 새우, 대하, 150g)
- 브로콜리 1/4개(60g)
- 조리유 1큰술(또는 버터)
- 후춧가루 약간

밑간
- 청주 1작은술(또는 요리술)
- 소금 약간

갈릭 마요 소스
- 마요네즈 2~3큰술(기호에 따라 가감)
- 다진 마늘 1큰술
- 꿀 2작은술(또는 원당, 올리고당)

1. 브로콜리는 한 송이씩 썬다.
   볼에 새우, 밑간 재료를 넣고 버무린다.
2. 위생팩에 브로콜리, 잠길 만큼의 물, 식초 2~3방울을 넣고 5분간 담가둔다. 조물조물 씻은 다음 흐르는 물에 한 번 더 씻는다.
3. 끓는 물에 브로콜리를 넣고 1~2분간 살짝 데친 후 찬물에 헹궈 물기를 없앤다.
4. 다른 볼에 갈릭 마요 소스 재료를 섞는다.
5. 달군 팬에 조리유를 두르고 새우를 넣어 중강 불에서 뒤집어가며 2~3분간 굽는다.
6. 갈릭 마요 소스, 브로콜리를 넣고 섞은 후 불을 끈다. 후춧가루를 더한다.

Tip

▶ **바삭하게 즐기기**
밑간한 새우에 전분 2큰술(또는 밀가루)을 입혀 구우면 더 바삭하게 즐길 수 있어요.

▶ **상큼하게 즐기기**
갈릭 마요 소스에 레몬즙을 취향껏 더해 상큼하게 즐겨도 좋아요.

근육 챙기는 **단백질 요리** [해산물]

해물 백짬뽕

아이들도 맛있게 먹을 수 있는 짬뽕이에요. 채소, 해산물을 볶다가 국물만 내면 되니
어렵지 않은 것도 장점이지요. 해산물을 듬뿍 넣어 시원하고 알찬데 시판 사골로 국물을 내어
깊고 진하죠. 한번 만들면 단골 메뉴가 될지도 몰라 자신 있게 소개해요.

○ 25~30분
2~3인분

- 손질 오징어 1마리(180g)
- 냉동 생새우살 6마리
  (킹사이즈, 90g)
- 홍합 5개(또는 바지락, 굴, 100g)
- 알배기배추 2장(손바닥 크기, 60g)
- 양배추 2장(손바닥 크기, 60g)
- 청경채 2개
- 양파 1/4개(50g)
- 대파 1/2대
- 숙주 1줌(50g)
- 조리유 1큰술
- 다진 마늘 1큰술
- 요리술 1큰술(50쪽)
- 후춧가루 약간

국물
- 무첨가 사골육수 2컵(400㎖)
- 물 2컵(400㎖)
- 양조간장 1큰술
- 굴소스 1큰술
- 액젓 1큰술(기호에 따라 가감)

1 오징어의 몸통은 길이로 2등분한 후 1cm 두께로 썰고,
   다리는 5cm 길이로 썬다.

2 알배기배추, 양배추는 1cm 두께로 썬다.
   청경채는 2~4등분한다.
   양파는 가늘게 채 썰고, 대파는 어슷 썬다.

3 깊은 팬을 달궈 조리유를 두르고 다진 마늘, 대파를 넣어
   중간 불에서 30초간 볶는다.

4 센 불로 올려 알배기배추, 양배추, 양파를 넣고 2~3분간 볶는다.

5 오징어, 새우, 홍합, 요리술을 넣고 1분간 볶은 후
   국물 재료를 넣고 끓어오르면 2~3분간 끓인다.

6 액젓으로 부족한 간을 더하고 청경채, 숙주를 넣어
   한 번 끓인 후 불을 끈다. 후춧가루를 더한다.

Tip

▶ **채소 활용하기**
버섯, 당근, 애호박 등을 취향에 다라 더해도 좋아요.

▶ **국수로 즐기기**
마지막에 삶은 면을 더해 국수로 즐겨도 좋아요.

근육 챙기는 **단백질 요리** [두부]

고단백   장건강

하얀 비지찌개

담백한 맛에 다진 고기의 식감까지, 밥보다 더 떠 먹게 되는 맵지 않은 하얀 비지찌개입니다.
비지는 콩이나 두부보다 칼로리가 낮고 담백한 맛에 식이섬유까지 풍부한 재료이니 꼭 챙겨보세요.

⏱ **30~35분**
🍴 **3~4인분**

- 다진 돼지고기 100g
  (또는 앞다릿살, 뒷다리살)
- 배추김치 1컵
- 양파 1/4개(50g)
- 콩비지 1팩(300g)
- 쌀뜨물 2컵(또는 물, 400㎖)
- 조리유 1작은술
- 새우젓 2작은술
- 국간장 1작은술
- 다진 마늘 1작은술
- 소금 약간
- 들기름 약간(또는 참기름)

1 양파는 가늘게 채 썬다.
김치는 흐르는 물에 씻은 후 송송 썬다.

2 달군 냄비에 조리유를 두른 후 다진 돼지고기를 넣고
중간 불에서 1분, 김치, 양파를 넣고 2분간 볶는다.

3 콩비지, 쌀뜨물을 넣고 센 불로 올려 5분간 끓인다.

4 새우젓, 국간장, 다진 마늘을 넣고 한 번 더 끓인다.
소금으로 부족한 간을 더하고 불을 끈다.
들기름을 더한다.

Tip

▶ **매콤하게 즐기기**
과정 ①에서 김치를 씻지 않고,
마지막에 고춧가루를 더해 매콤하게 즐겨도 좋아요.

▶ **콩비지 구입하기**
콩비지나 순두부는 원산지 확인을 놓치기 쉬워요.
의외로 중국산이나 미국산 콩을 사용하는 제품들도 많으므로
국산 콩비지인지 확인한 후 구입하세요.

근육 챙기는 **단백질 요리** [두부]

초간단   고단백

두부 쇠고기전골

두부를 쇠고기와 함께 자박하게 끓인 두부전골은 제대로 된 밥도둑이에요.
자주 먹는 두부조림보다 덜 짜고 부드러워 아이들과 먹기에 더 제격이지요.
두부를 큼직하고 두툼한 네모 모양으로 썬 후 밥과 함께 비벼 먹는게 포인트랍니다.

⏱ **10~15분**
🍴 **2~3인분**

- 두부 큰 팩 1모(부침용, 300g)
- 다진 쇠고기 100g(또는 불고기용)
- 양파 1/4개(50g)
- 조리유 1작은술
- 송송 썬 쪽파 약간(또는 대파, 부추)
- 후춧가루 약간

국물
- 원당 1큰술
- 양조간장 2큰술
- 요리술 1큰술(50쪽)
- 육수 1컵
  (또는 물과 무첨가 코인육수, 200㎖)

1. 두부는 두툼하게 9등분한 후 키친타월에 올려 물기를 없앤다. 양파는 가늘게 채 썬다.
2. 깊이 있는 냄비를 달군 후 조리유를 두르고 양파를 넣어 중간 불에서 1분간 볶는다.
3. 다진 쇠고기를 넣고 1분간 고기를 풀어가며 볶는다.
4. 두부, 국물 재료를 넣고 센 불에서 끓어오르면 중간 불로 줄여 국물을 끼얹어가며 3~5분간 끓인다.
5. 불을 끄고 쪽파, 후춧가루를 더한다.

영양균형을 한 번에
근사한 한 그릇

풍부한 영양은 물론 아이들의 미각 발달에도 도움이 될
한 그릇 요리를 소개합니다.
외식으로만 먹었을 법한 메뉴들을 엄마표로 쉽게 만들어서
식재료는 더 풍성하게, 맛은 더 깊게 느낄 수 있지요.
다양한 재료와 맛의 경험으로
아이들의 미식 눈높이를 높여주세요.

영양균형을 한 번에 근사한 한 그릇 [덮밥]

고단백 장건강

오야코동

육수에 닭고기와 달걀을 풀어 익힌 후 밥에 얹어먹는 일본식 덮밥, 오야코동(おやこどん)이에요.
촉촉한 식감에 재료의 다양한 응용이 가능한 매력이 있지요. '오야'는 부모를, '코'는 자식을 뜻하는데,
닭고기와 달걀 모두를 사용해서 붙여진 이름인 걸 알고 아이들과 한참 웃었던 기억이 나네요.

⏱ **20~25분**
🍽 **2~3인분**

- 따뜻한 밥 2공기(400g)
- 닭안심 12쪽(또는 닭다릿살, 닭가슴살, 생새우살, 300g)
- 양파 1/2개(100g)
- 양배추 2장(손바닥 크기, 또는 팽이버섯, 60g)
- 달걀 3개
- 대파 약간
- 조리유 1작은술
- 고춧가루 약간(생략 가능)
- 검은깨 약간(또는 통깨)
- 소금 약간

밑간
- 생강즙 1큰술(또는 다진 생강, 생강술, 생강가루, 생략 가능)
- 소금 1/3작은술

양념
- 육수 2/3컵(또는 물과 무첨가 코인육수, 약 140㎖)
- 양조간장 2.5큰술
- 요리술 1큰술(50쪽)
- 원당 2작은술(또는 매실액, 올리고당)

1 양파, 양배추는 가늘게 채 썬다. 대파는 송송 썬다.
   닭안심은 한입 크기로 썬 후 밑간과 버무린다.

2 볼에 달걀, 대파, 소금을 넣고 섞는다.

3 달군 팬에 조리유를 두르고 닭안심을 넣은 후
   중간 불에서 2~3분, 양파, 양배추를 넣고 1~2분간 볶는다.

4 양념 재료를 넣고 센 불에서 끓어오르면
   중약 불로 줄여 3~5분간 닭안심을 완전히 익힌다.

5 ②의 달걀물을 넣고 뚜껑을 덮어 달걀이 살짝 익어
   보들보들해질 때까지 1~2분간 익힌 후 불을 끈다.
   ★아이의 취향, 연령에 따라 달걀의 익은 정도를 조절해도 좋다.

6 그릇에 밥과 함께 나눠 담고 고춧가루, 검은깨를 더한다.

영양균형을 한 번에 근사한 한 그릇 [덮밥]

동남아풍 시금치덮밥

태국 음식점에서 '팟카오무쌉'이라는 돼지고기 바질덮밥을 처음으로 먹어봤는데
가족들 입맛에도 잘 맞고 너무 맛있어서 시금치로 변경해 집에서도 즐겨 만들고 있지요. 액젓으로 낸
돼지고기의 감칠맛과 짭조름함, 달걀프라이의 고소함이 모두 잘 어우러진답니다.

ⓒ 20~25분
🍴 2~3인분

- 따뜻한 밥 2공기(400g)
- 다진 돼지고기(또는 다진 쇠고기, 200g)
- 시금치 2줌(또는 바질, 마늘종, 100g)
- 빨간 파프리카 1/4개(또는 홍고추, 50g)
- 조리유 1작은술
- 다진 마늘 1작은술
- 송송 썬 대파 3큰술
- 달걀프라이 2개

양념
- 양조간장 1큰술
- 식초 1/2큰술
- 굴소스 1/2큰술
- 올리고당 1/2큰술
- 고춧가루 1작은술(기호에 따라 가감)
- 액젓 2작은술

1 시금치는 5cm 크기로 썰고, 파프리카는 가늘게 채 썬다.
대파는 송송 썬다. 볼에 양념 재료를 섞는다.

2 달군 팬에 조리유를 두르고 다진 마늘, 대파를 넣어
중간 불에서 30초간 볶는다.

3 다진 돼지고기를 넣고 3분간 풀어가며 볶는다.

4 양념, 파프리카를 넣고 1분, 시금치를 넣고 30초간 볶는다.

5 그릇에 밥과 함께 나눠 담고 달걀프라이를 올린다.

Tip

▶ **매콤하게 즐기기**
양념에 다진 고추, 고춧가루를 더해 매콤하게 즐겨도 좋아요.

영양균형을 한 번에 근사한 한 그릇 [덮밥]

장건강　면역력

채소 듬뿍 된장 마파두부

마파두부의 주재료인 두반장을 생략하고, 된장과 고추장을 사용해 맛을 순화시키면서 동시에
익숙한 재료로 만든 된장 마파두부입니다. 모든 영양소를 골고루 담아낼 수 있는 한 그릇 음식의 장점을
적극 살려 다진 고기와 함께 알록달록 채소들을 듬뿍 볶았어요.

🕐 20~25분
🍴 2~3인분

- 따뜻한 밥 2공기(400g)
- 두부 큰 팩 1모(또는 순두부, 300g)
- 다진 돼지고기(또는 다진 쇠고기, 200g)
- 애호박 1/4개(70g)
- 양파 1/4개(50g)
- 파프리카 1/3개(70g)
- 대파 10cm
- 조리유 1작은술
- 물 1컵(200㎖)
- 녹말물
  (물 2큰술 + 전분 1큰술, 생략 가능)
- 참기름 약간(또는 들기름)

양념
- 고춧가루 1큰술(기호에 따라 가감)
- 다진 마늘 1큰술
- 양조간장 2.5큰술
- 된장 1큰술
- 고추장 1/2큰술
- 원당 2작은술

1 애호박, 양파, 파프리카는 사방 1cm 크기로 썬다.
대파는 송송 썬다. 볼에 양념 재료를 섞는다.

2 두부는 사방 2cm 크기로 썬다.

3 달군 팬에 조리유를 두르고 대파를 넣어
중강 불에서 30초간 볶아 향을 낸다.

4 애호박, 양파, 파프리카를 넣고 2분,
다진 돼지고기를 넣고 2~3분간 풀어가며 볶는다.

5 두부, 물 1컵, 양념을 넣고 센 불에서 끓어오르면
중간 불로 줄인다. 녹말물을 한 번 섞은 후
조금씩 넣으며 원하는 농도로 끓인다.

6 그릇에 밥과 함께 나눠 담고 참기름을 더한다.

Tip

▶ 채소 대체하기
애호박, 양파, 파프리카 대신 버섯, 당근, 양배추 등 다양한 채소로
대체해도 좋아요. 단, 총량이 190g 정도 되도록 해요.

영양균형을 한 번에 **근사한 한 그릇** [덮밥]

상큼한맛　장건강　면역력

무수분 토마토카레

뭉근하게 끓인 토마토와 양파에서 나오는 신맛과 단맛의 조화에 부드러운 순두부가 더해져
물을 넣지 않아도, 빠르게 끓여도 깊은 풍미가 일품입니다. 색과 영양을 챙기는 시금치까지 넣으면
이국적인 매력의 카레 완성. 마지막에 달걀을 섞어주면 크리미한 맛이 더해지니 취향껏 추가하세요.

⏱ **15~20분**
🍴 **3~4인분**

- 따뜻한 밥 2공기(400g)
- 토마토 3개(450g)
- 양파 1개(200g)
- 한입 크기로 썬 시금치 1줌(50g)
- 순두부 1봉(또는 연두부, 350g)
- 고형카레 3조각
  (또는 카레가루 5큰술, 기호에 따라 가감)
- 액젓 1큰술(기호에 따라 가감)
- 올리고당 1큰술
- 조리유 1큰술

1 양파는 가늘게 채 썬다. 토마토는 사방 2cm 크기로 썬다.
★아이의 취향, 연령에 따라 양파는 더 작게 썰어도 좋다.

2 달군 팬에 조리유를 두르고 양파를 넣어
중강 불에서 2~3분간 볶는다.

3 토마토, 액젓을 넣고 토마토에서 수분이 나올 때까지
5~7분간 뭉근하게 볶는다.

4 고형카레, 올리고당을 넣고 섞은 후 순두부를 더해 으깬다.

5 시금치를 넣고 섞은 후 뚜껑을 덮어
약한 불에서 3~4분간 익힌다.

6 그릇에 밥과 함께 나눠 담는다.

Tip ---------------------------------------

▶ **색다르게 즐기기**
과정 ④에서 시금치를 넣고 달걀 1개를 풀어 더하면
좀 더 크리미한 카레로 즐길 수 있어요.

영양균형을 한 번에 **근사한 한 그릇** [덮밥]

홈메이드 강황단무지 174쪽

두뇌발달 면역력

해물 짜장덮밥

아이들 좋아하는 짜장! 엄마표로 만들면 건더기도 듬뿍 넣을 수 있어 너무 좋지요. 캐러멜색소 없이
쌀로 만든 쌀춘장에 해물로 감칠맛을 더해 입에 착 감기는 맛이 기가 막혀요.
그동안 짜장은 사 먹는 메뉴라 생각만 했다면 이번 기회에 한번 도전해 볼까요?

○ 20~25분
🍴 3~4인분

- 따뜻한 밥 2공기(400g)
- 손질 오징어 1/2마리(90g)
- 냉동 생새우살 약 7마리
  (또는 자숙 새우, 50g)
- 다진 돼지고기 200g(또는 다진 쇠고기)
- 양파 1개(200g)
- 당근 1/2개(100g)
- 양배추 5장(손바닥 크기, 150g)
- 다진 파 2큰술
- 조리유 1큰술
- 생강즙 약간(또는 다진 생강, 생강술,
  생강가루, 생략 가능)
- 녹말물(물 2큰술 + 전분 1큰술)

양념
- 물 2컵(400ml)
- 쌀춘장 100g
- 요리술 1큰술(50쪽)
- 원당 1큰술
- 올리고당 1작은술

1 양파, 당근은 사방 1cm 크기로 썬다.
   양배추, 오징어는 한입 크기로 썬다.

2 달군 팬에 조리유를 두르고 다진 파를 넣어
   중간 불에서 30초간 볶아 향을 낸다.

3 다진 돼지고기, 생강즙을 넣고 센 불로 올려 2~3분간 볶는다.

4 양파, 당근을 넣고 2분간 볶은 후 오징어, 새우를 넣고 익힌다.

5 양념 재료, 양배추를 넣고 센 불에서 끓어오르면
   중간 불로 줄인다. 녹말물을 한 번 섞은 후 조금씩 넣으며
   원하는 농도로 끓인다.

6 그릇에 밥과 함께 나눠 담는다.
   ★달걀프라이, 오이채를 곁들여도 좋다.

Tip

▶ **해산물을 고기로 대체하기**
오징어, 새우를 동량(140g)의
다진 돼지고기나 쇠고기로 대체해도 좋아요.

▶ **쌀춘장 구입하기**
진미 우리쌀 춘장이나 마야 항아리 제품을 추천합니다.
캐러멜색소를 사용하지 않아 진한 갈색을 띄고 있지는 않지만
국내산 재료를 사용했고, 맛도 있답니다.

영양균형을 한 번에 **근사한 한 그릇** [볶음밥]

매콤한맛　도시락　면역력

쇠고기 마늘종볶음밥

초여름에는 완두콩만큼이나 마늘종도 아이들 식단에 자주 내어 주려고 해요.
알싸한 풍미에 식감이 재미있어 볶음밥 재료로 활용하면 그 진가가 드러나지요. 온 가족이 함께
마늘종 오독오독 씹는 초여름의 맛과 순간을 행복하게 기억하길 바래봅니다.

⏱ 15~20분
🍴 2~3인분

- 밥 2공기(400g)
- 다진 쇠고기 200g
  (또는 불고기용, 안심, 다진 돼지고기)
- 마늘종 8줄기
  (또는 아스파라거스, 미나리, 80g)
- 다진 파 2큰술
- 무염버터 1큰술(또는 조리유)
- 통깨 약간
- 소금 약간

양념
- 원당 1큰술(기호에 따라 가감)
- 다진 마늘 1큰술
- 양조간장 2.5큰술
- 요리술 1큰술(50쪽)
- 고춧가루 1작은술(기호에 따라 가감)

1 다진 쇠고기는 양념 재료와 버무린다.
  마늘종은 1~2cm 길이로 썬다.

2 깊은 팬을 달군 후 버터를 두르고 다진 파,
  다진 쇠고기를 넣어 중간 불에서 2분간 볶는다.

3 밥을 넣고 1~2분간 볶는다.

4 마늘종을 넣고 센 불로 올려 1~2분간 볶는다.
  소금으로 부족한 간을 더하고 통깨를 뿌린다.

Tip

▶ 마늘종 익히기
아린맛이 익숙하지 않은 아이라면 마늘종 크기를 더 작게 썰고
볶는 시간을 늘려서 충분히 익혀주세요.

영양균형을 한 번에 **근사한 한 그릇** [볶음밥]

매콤한맛　도시락　장건강

콜라플라워 라이스 김치볶음밥

최근 건강식, 식단 조절용으로 많이 사용되는 콜리플라워 라이스는 수분 없이 볶으면 밥과 식감이 비슷해서 볶음밥에 활용하기 좋아요. 한국인의 소울푸드 김치볶음밥에 넣으면 아이들 채소 섭취를 도와주고 고소함이 배가되는 건강 볶음밥이 완성됩니다.

⏱ **15~20분**
🍴 **2~3인분**

- 밥 2공기(400g)
- 콜리플라워 라이스 2컵
- 작게 썬 배추김치 1컵
- 쇠고기 불고기용 200g
  (또는 다진 쇠고기, 돼지고기 앞다릿살)
- 조리유 1작은술 + 1작은술
- 액젓 1큰술(기호에 따라 가감)
- 원당 2~3꼬집
- 소금 약간
- 김가루 약간
- 참기름 약간

1. 달군 팬에 조리유 1작은술을 두르고 콜리플라워 라이스, 소금을 넣고 중강 불에서 수분이 없어질 때까지 5분간 볶은 후 덜어둔다.

2. ①의 팬에 조리유 1작은술을 두르고 김치, 원당을 넣어 중간 불에서 2분, 쇠고기를 넣고 2~3분간 볶는다.

3. 약한 불로 줄여 밥, 액젓을 넣고 섞은 후 ①의 콜리플라워 라이스를 넣어 한 번 더 섞는다.
   ★김치의 익은 정도에 따라 액젓, 설탕으로 부족한 간을 더한다.

4. 소금으로 부족한 간을 더하고 불을 끈다. 김가루, 참기름을 더한다.

Tip

▶ **콜리플라워 라이스를 생 콜리플라워로 대체하기**
콜리플라워를 한 송이씩 썰고 씻은 후 사방 0.5cm의 쌀알 크기로 잘게 다져 동일한 방법으로 사용해도 돼요.

▶ **콜리플라워 라이스 구입하기**
콜리플라워 라이스는 콜리플라워를 쌀 모양으로 잘게 썬 것으로 주로 온라인에서 유기농 냉동 제품을 구입합니다. 아이들뿐 아니라 어른들 역시 밥 대신 포만감을 주고 탄수화물 섭취를 줄이고 싶을 때 활용하면 좋아요.

영양균형을 한 번에 **근사한 한 그릇** [영양밥]

도시락 밀프렙 뼈튼튼 철분

톳조림밥

집밥 쿠킹클래스에서 큰 호응을 받고, 집에 놀러 온 편식쟁이 아이 친구들 입맛까지 사로 잡은,
제 시그니처 메뉴예요. 칼슘과 철분, 식이섬유가 풍부한 톳을 조려 밥에 비벼 먹기 때문에
비린 맛은 최소화하고 오독거리는 식감이 정말 매력적이랍니다. 꼭 한번 만들어보세요.

ⓒ **15~20분**
🍴 **2~3인분**

- 따뜻한 밥 1과 1/2공기(300g)
- 생톳 1컵(또는 염장톳, 100g)
- 다진 쇠고기(또는 다진 돼지고기) 100g
- 당근 1/4개(50g)
- 표고버섯 2개(또는 느타리버섯, 50g)
- 조리유 1작은술
- 참기름 1작은술
  (또는 들기름, 기호에 따라 가감)

양념
- 원당 1큰술
- 양조간장 2큰술
- 요리술 1.5큰술(50쪽)
- 물 1큰술
- 다진 마늘 1작은술

1. 톳은 주물러가며 찬물에 흔들어 씻은 후 체에 밭쳐 물기를 없앤다.
2. 당근, 표고버섯, 톳은 잘게 썬다. 볼에 양념 재료를 섞는다. 쇠고기는 키친타월로 감싸 핏물을 없앤다.
3. 달군 냄비에 조리유를 두르고 쇠고기를 넣어 중간 불에서 2분간 풀어가며 볶는다.
4. 당근, 표고버섯, 톳을 넣고 1분간 볶는다.
5. 양념을 넣고 국물이 거의 없어질 때까지 중간 불에서 3~4분간 조려 톳조림을 만든다.
6. 불을 끄고 밥을 섞은 후 참기름을 더한다.

Tip

▶ **염장톳 사용하기**
생톳 대신 염장톳을 사용할 경우 중간중간 물을 갈아가며 1시간 이상 물에 담가 짠맛을 없앤 후 사용해요.

▶ **냉동 보관하기**
재료의 2~3배 분량을 준비한 후 과정 ⑤까지 진행, 한 번 먹을 분량씩 냉동한다(냉동 1개월). 자연해동한 후 밥과 비벼 먹는다.

영양균형을 한 번에 **근사한 한 그릇** [솥밥]

전기밥솥 돼지고기 가지밥

전기밥솥으로 만든 솥밥이에요. 버튼만 누르면 되니 이보다 편할 수가 없어요. 제가 제일 자주 하는 솥밥 중 하나인 가지밥은 가지를 즐기지 않는 친구들도 돼지고기와 함께 볶아 부드럽게 맛있게 먹을 수 있답니다. 촉촉하게 만든 편이라서 한 번 먹을 분량씩 소분해 냉동해두기에도 좋습니다.

⏱ **15~20분(+ 쌀 불리기 30분 이상)**
🍴 **3~4인분**

- 쌀 2컵(불리기 전)
- 다시마육수 2컵(또는 물, 400㎖)
- 가지 2개(300g)
- 다진 돼지고기 200g(또는 다진 쇠고기)
- 조리유 1작은술

밑간
- 원당 1큰술
- 양조간장 1큰술
- 생강즙 1작은술
  (또는 다진 생강, 생강술, 생강가루, 생략 가능)

양념장
- 양조간장 3큰술
- 매실액 1큰술
- 물 1큰술
- 참기름 1큰술
- 다진 마늘 1작은술
- 통깨 약간

1 쌀은 30분 이상 불린 후 체에 밭쳐 물기를 없앤다.

2 다진 돼지고기는 밑간 재료와 버무린다.
가지는 길이로 2등분한 후 먹기 좋은 크기로 썬다.
★아이의 취향, 연령에 따라 가지의 껍질을 필러로 없애거나 작게 썰어도 좋다.

3 달군 팬에 가지를 넣고 중약 불에서 숨이 죽을 때까지 2분간 볶은 후 덜어둔다.

4 다시 팬에 조리유를 두르고 다진돼지고기를 넣어 중간 불에서 1~2분간 풀어가며 볶는다.

5 전기밥솥에 모든 재료를 넣고 평소와 동일하게 밥을 짓는다. 양념장을 곁들인다.

Tip
▶ **초간단 냉침 다시마육수 만들기**
생수에 다시마 1장(5×5cm)를 넣어 30분 이상 우려내요.
간편한 육수가 필요할 때, 솥밥에 활용하기 좋아요.

영양균형을 한 번에 근사한 한 그릇 [솥밥]

보양식 뼈튼튼 철분

가자미 매생이솥밥

제철 매생이의 철분은 우유의 40배이며 칼슘, 식이섬유도 풍부해
추운 겨울 꼭 챙겨 먹는 재료예요. 미역보다 연하고 부드러운데 그 맛이 은은하게 달고 향기로워
바다에서 나오는 친구들과 함께 밥을 지으면 더욱 특별하답니다.

⏱ **30~35분(+ 쌀 불리기 30분 이상)**
🍽 **3~4인분**

- 쌀 2컵(불리기 전)
- 다시마육수 약 1.7컵
  (또는 물, 350㎖, 267쪽)
- 순살 가자미 1쪽(또는 가지미필렛,
  연어, 대구필렛, 손질갈치, 굴)
- 냉동 매생이 1팩(50g)
- 버터 1큰술(또는 조리유)
- 양조간장 1큰술
- 액젓 1큰술
- 송송 썬 쪽파 약간

밑간
- 청주 1작은술(또는 요리술)
- 소금 약간

양념장
- 양조간장 2큰술
- 고춧가루 1작은술
- 식초 2작은술
- 매실액 1작은술
- 참기름 1작은술
- 통깨 약간

1 쌀은 30분 이상 불린 후 체어 밭쳐 물기를 없앤다.

2 매생이는 고운 체에 밭쳐 흐르는 물에
 헹궈 그대로 물기를 없앤 후 먹기 좋은 크기로 자른다.

3 가자미는 씻은 후 키친타월로 감싸 물기를 없앤 다음 밑간한다.

4 달군 냄비에 버터를 넣고 가자미를 넣어 중간 불에서
 앞뒤로 각각 2~3분씩 노릇하게 굽고 덜어둔다.
 *뜸들이는 과정에서 한 번 더 익히기 때문에 70~80%만 익힌다.

5 ④의 냄비에 불린 쌀, 양조간장, 액젓을 넣고
 중약 불에서 1분간 볶은 후 매생이를 넣고 섞는다.

6 육수를 넣고 센 불에서 끓기 시작하면 약한 불로 줄여
 뚜껑을 덮고 10분간 끓인다.

7 불을 끄고 가자미를 올려 뚜껑을 덮고 5~10분간 뜸을 들인 후
 쪽파를 올린다. 양념장을 곁들인다.

Tip

▶ **가자미를 낙지로 대체하기**
끓는 물에 손질 낙지 300g을 넣고
30초 정도 데친 후 사용하면 돼요.

영양균형을 한 번에 근사한 한 그릇 [솥밥]

버섯 명란솥밥

별다른 양념장 없이도 탱글탱글하게 씹히는 버섯과 톡톡 터지는 알알이 명란의 조화가 최고예요.
버터에 명란을 굽기 시작하면 두 아이가 코를 킁킁거리며 주방으로 올 정도이지요.
버섯을 싫어하는 첫째 훈이도, 좋아하는 둘째 준이도 사랑하는 솥밥이랍니다.

⏱ **30~35분(+ 쌀 불리기 30분 이상)**
🍴 **3~4인분**

- 쌀 2컵(불리기 전)
- 다시마육수 약 1.7컵
  (또는 물, 350㎖, 267쪽)
- 저염명란 4~5개(120g)
- 모듬 버섯 100g
  (표고버섯 2개, 느타리버섯 1/2줌,
  새송이버섯 1개)
- 버터 1큰술(또는 조리유)
- 양조간장 1큰술
- 송송 썬 쪽파 5큰술(기호에 따라 가감)

1. 쌀은 30분 이상 불린 후 체에 밭쳐 물기를 없앤다.
2. 표고버섯은 채 썰고, 느타리버섯은 가늘게 찢는다.
   새송이버섯은 길이로 얇게 썬 후 2~3cm 크기로 썬다.
   ★아이의 취향, 연령에 따라 버섯은 작게 다져도 좋다.
3. 달군 냄비에 버터, 명란을 넣고 약한 불에서 1~2분간
   겉면만 익혀 덜어둔다.
4. 불린 쌀, 버섯, 양조간장을 넣고 중약 불에서 1분간 볶는다.
5. 육수를 넣고 센 불에서 끓기 시작하면 약한 불로 줄여
   뚜껑을 덮고 10분간 끓인다.
6. 불을 끄고 쪽파, ③의 명란을 올려 다시 뚜껑을 덮고
   5~10분간 뜸을 들인다.
   ★아이의 취향에 따라 버터 1조각을 넣어도 좋다.

Tip--

▶ **양념장 만들기**
취향에 따라 양념장(양조간장 3큰술 + 요리술 1큰술 +
참기름 1큰술 + 다진 마늘 1작은술 + 통깨 약간)을 곁들여도 좋아요.

영양균형을 한 번에 **근사한 한 그릇** [솥밥]

밀프렙 장건강 뼈튼튼

통들깨 알배기배추솥밥과 순두부장

알배기배추의 달달함이 베어 그냥 밥만 먹어도 맛있어요. 천연 오메가3 통들깨까지 듬뿍 넣으면 톡톡 씹히는 식감이 너무 잘 어울리지요. 듬뿍 떠서 비벼도 부담 없는 순두부장은 별미이니 함께 내어주세요. 순두부장은 갓 지은 밥에 곁들여도 맛있답니다.

🕐 30~35분(+ 쌀 불리기 30분 이상)
🍴 3~4인분

- 쌀 2컵(불리기 전)
- 다시마육수 약 1.7컵
  (또는 물, 350㎖, 267쪽)
- 알배기배추 5장(손바닥 크기, 또는 양배추, 150g)
- 당근 1/10개(20g)
- 양조간장 1큰술
- 통들깨 1큰술(기호에 따라 가감)
- 들기름 약간

순두부장
- 순두부 2봉(700g)
- 다진 파 15cm 분량
- 다진 양파 1/4개 분량(50g)
- 다진 파프리카 1/4개 분량(50g)
- 물 1/4컵(50㎖)
- 통깨 1큰술
- 양조간장 7큰술
- 액젓 2큰술
- 올리고당 1큰술
- 참기름 2큰술
- 고춧가루 1작은술(기호에 따라 가감)
- 다진 마늘 1작은술

1. 밀폐용기에 순두부를 담고 2cm 두께로 썬다.
2. 작은 볼에 순두부를 제외한 순두부장 재료를 섞는다. ①의 용기에 부어 순두부장을 만든다.
   ★반나절 이상 냉장고에서 숙성시켜 차갑게 먹으면 더 맛있다.
3. 쌀은 30분 이상 불린 후 체어 밭쳐 물기를 없앤다.
4. 알배기배추는 1cm 두께로 썬다. 당근은 가늘게 채 썬다.
5. 달군 냄비에 불린 쌀, 알배기배추, 당근 양조간장을 넣고 중약 불에서 1분간 볶는다.
6. 육수를 넣고 센 불로 올려 끓기 시작하면 약한 불로 줄여 뚜껑을 덮고 10분간 끓인다.
7. 불을 끄고 5~10분간 그대로 뜸을 들인 후 통들깨, 들기름을 넣고 섞는다. 순두부장을 곁들인다.

영양균형을 한 번에 **근사한 한 그릇** [솥밥]

대파 고기 소스 우엉솥밥

땅의 기운을 받아 단단한 힘을 가진 우엉은 유독 쇠고기와 그 맛이 참 잘 어울려요.
대파를 과하다 싶을 정도로 많이 넣은 대파 고기 소스는
불고기와는 또 다른 풍미가 일품이니 단독으로 만들어서 활용해도 좋아요.

○ 30~35분(+ 쌀 불리기 30분 이상)
3~4인분

- 쌀 2컵(불리기 전)
- 다시마육수 약 1.7컵
  (또는 물, 350㎖, 267쪽)
- 우엉 지름 2cm, 길이 50cm(100g)
- 양조간장 1큰술
- 조리유 1작은술

대파 고기 소스
- 쇠고기 불고기용 300g
- 대파 30cm 2대
- 조리유 1큰술
- 물 4큰술
- 액젓 1큰술

밑간
- 요리술 1큰술(50쪽)
- 매실액 1큰술(또는 올리고당, 원당)
- 소금 2꼬집

1 쌀은 30분 이상 불린 후 체에 밭쳐 물기를 없앤다.
2 우엉은 껍질을 벗긴 후 채칼로 가늘게 채 썬다.
3 달군 냄비에 조리유, 우엉, 양조간장을 넣고
  중약 불에서 1분간 볶는다.
4 불린 쌀, 육수를 넣고 섞은 후 센 불에서 끓기 시작하면
  약한 불로 줄여 뚜껑을 덮고 10분간 끓인다.
5 불을 끄고 5~10분간 그대로 뜸을 들인 후
  대파 고기 소스를 곁들인다.

대파 고기 소스

6 쇠고기는 작게 썰어 밑간 재료와 버무린다. 대파는 송송 썬다.
7 달군 팬에 조리유를 두르고 대파를 넣어
  중약 불에서 1분, 물, 액젓을 넣고 약한 불로 줄여
  뚜껑을 덮고 7~8분간 뭉근하게 익힌다.
8 팬의 한쪽으로 대파를 밀어두고, 빈 공간에 쇠고기를 넣어
  볶은 후 모든 재료를 중간 불에서 4~5분간 조리듯이 익힌다.
  ★어른용으로 와사비를 더해도 좋다.

영양균형을 한 번에 **근사한 한 그릇** [프라이팬 밥]

보양식 고단백 면역력

파프리카 닭고기 원팬라이스

프라이팬밥이라고도 불리는 원팬라이스. 쌀과 각종 재료, 양념을 한 번에 볶아 쌀에 그 맛이 배어들게 하는 조리법이에요. 덕분에 조리시간도 단축시킬 수 있어 솥밥과는 또 다른 매력을 가졌지요. 파프리카의 수분과 달콤함, 카레의 감칠맛이 밥에 자연스레 배고, 구운 닭다릿살까지 더한 별식이랍니다.

⏱ **30~35분(+ 쌀 불리기 30분 이상)**
🍴 **3~4인분**

- 쌀 2컵(불리기 전)
- 닭다릿살 5쪽(500g)
- 양파 1/2개(100g)
- 빨간 파프리카 1/2개(100g)
- 노란 파프리카 1/2개(100g)
- 올리브유 1큰술
- 다진 마늘 1큰술
- 소금 약간
- 카레가루 1큰술
- 양조간장 2큰술
- 다시마육수 1.5컵
  (또는 물, 300㎖, 267쪽)
- 후춧가루 약간
- 허브가루 약간

밑간

- 훈제 파프리카가루 1작은술
  (또는 고춧가루 약간)
- 소금 1/2작은술

1 쌀은 30분 이상 불린 후 체에 밭쳐 물기를 없앤다.

2 닭다릿살은 밑간과 버무린다.
   양파, 파프리카는 사방 1cm 크기로 썬다.

3 달군 팬에 올리브유를 두르고 닭다릿살의 껍질이 팬의 바닥에 닿도록 올린다. 중간 불에서 노릇해질 때까지 5분간 구운 후 한입 크기로 자른다.

4 양파, 파프리카, 다진 마늘, 소금을 넣고 중간 불에서 1~2분간 볶는다.

5 약한 불로 줄인 후 불린 쌀, 카레가루, 양조간장을 넣고 1분간 볶는다.

6 육수를 넣어 섞고 뚜껑을 덮은 후 15분간 익힌다.

7 불을 끄고 5~10분간 그대로 뜸을 들인다.
   소금으로 부족한 간을 더하고 후춧가루, 허브가루를 넣는다.

Tip

▶ **팬 사용하기**
지름 24~26cm 정도의 약간의 깊이감이 있고, 뚜껑이 있는 팬을 사용하는 것이 좋아요.

영양균형을 한 번에 **근사한 한 그릇** [프라이팬 밥]

상큼한맛 두뇌발달 면역력

토마토 새우 원팬라이스

별다른 양념이 뭐가 필요할까요? 토마토의 신맛, 새우의 감칠맛, 옥수수의 단맛까지, 재료 자체가 맛있는걸요. "엄마 이거 뭐야? 너무 예쁘다! 옥수수 톡톡 터져서 맛있어! 다음에 초당옥수수로 해주세요"라는 아이들. 그거 아니? 엄마는 너희가 훨씬 예뻐!

○ 30~35분(+ 쌀 불리기 30분 이상)
🍴 3~4인분

- 쌀 2컵(불리기 전)
- 다시마육수 1.5컵(또는 물, 300㎖, 267쪽)
- 방울토마토 20개(300g)
- 냉동 생새우살 약 15~18마리
  (또는 자숙새우, 오징어, 문어, 약 150g)
- 올리브유 2큰술
- 다진 마늘 1큰술
- 유기농 옥수수병조림 1/2컵
  (또는 옥수수, 초당옥수수, 100g)
- 송송 썬 쪽파 5큰술(기호에 따라 가감)
- 양조간장 1큰술
- 액젓 1.5큰술
- 그라나파다노 치즈 약간
  (또는 파마산 치즈, 생략 가능)

1 쌀은 30분 이상 불린 후 체에 밭쳐 물기를 없앤다.
2 방울토마토는 2등분하고, 새우는 한입 크기로 썬다.
3 달군 팬에 올리브유를 두르고 다진 마늘을 넣어 중간 불에서 30초, 방울토마토, 양조간장, 액젓을 넣고 1분간 방울토마토를 으깨가며 볶는다.
4 뚜껑을 덮고 방울토마토에서 수분이 나올 때까지 약한 불에서 2~3분간 익힌다.
5 새우, 불린 쌀, 육수를 넣고 섞은 후 뚜껑을 덮어 15분간 익힌다.
6 옥수수, 쪽파를 넣고 5~10분간 뚜껑을 덮고 뜸을 들인다. 그라나파다노 치즈를 더한다.

Tip

▶ **방울토마토 사용하기**
방울토마토는 일반 완숙토마토에 비해 더 진한 맛을 내므로 가급적 방울토마토를 사용하세요.

▶ **팬 사용하기**
지름 24~26cm 정도의 약간의 깊이감이 있고, 뚜껑이 있는 팬을 사용하는 것이 좋아요.

무지개 샐러드 라이스볼

알록달록 다채로운 채소의 색깔을 눈으로 한 번, 입으로 또 한 번 먹는 파이토케미컬 가득 한 그릇입니다.
조리법이 간단해서 평일 저의 점심 단골 메뉴이지요. 아이들에게도 조금은 가벼운 식사가 필요할 때도
잘 챙겨준답니다. 닭안심구이는 달걀, 구운 연어 등 다양한 단백질로 바꿔도 좋아요.

ⓘ 15~20분
🍽 2~3인분

- 따뜻한 밥 1공기(200g)
- 닭안심 8쪽(또는 닭다릿살, 닭가슴살, 200g)
- 당근라페 1/2컵(144쪽)
- 아보카도 1개
- 방울토마토 4개
- 노란 파프리카 1/4개(50g)
- 적양배추 1장(손바닥 크기, 또는 양배추, 30g)
- 샐러드채소 1/2줌(또는 어린잎채소, 25g)
- 후춧가루 약간

밑간
- 올리브유 1큰술
- 양조간장 1작은술
- 생강즙 약간(또는 다진 생강, 생강가루, 요리술)

마요 소스
- 다진 양파 3큰술
- 레몬즙 2큰술
- 마요네즈 3큰술
- 올리고당 1큰술
- 소금 1/2작은술
- 후춧가루 약간

1. 볼에 닭안심, 밑간 재료를 넣고 버무린다.
   다른 볼에 마요 소스 재료를 넣고 섞는다.
2. 아보카도는 과육만 손질한 후 슬라이스한다.
   방울토마토는 2등분하고, 파프리카, 적양배추는 가늘게 채 썬다.
3. 달군 팬에 닭안심을 넣고 중간 불에서 앞뒤로 각각 2분씩 굽는다.
4. 그릇에 모든 재료를 나눠 담고 마요 소스를 곁들인다.
   후춧가루를 뿌린다.

Tip

▶ **채소, 닭안심을 다른 재료로 대체하기**
채소는 다양한 색깔이 들어가도록 사용하세요.
닭안심은 동량(200g)의 쇠고기 불고기용, 새우, 두부 등
다른 단백질 재료로 대체해도 좋아요.

▶ **매콤하게 즐기기**
마요 소스에 스리라차 약간을 더해 매콤하게 즐겨도 좋아요.

▶ **오리엔탈 드레싱 곁들이기**
오리엔탈 드레싱(원당 1큰술 + 양조간장 2큰술 + 레몬즙 2큰술
+ 올리브유 3큰술 + 참기름 1작은술 + 통깨 간 것 2큰술 +
소금 약간 + 후춧가루 약간)으로 담백하게 즐겨도 좋아요.

영양균형을 한 번에 **근사한 한 그릇** [보양식]

상큼한맛   면역력

삼계 도토리묵사발

입맛 없는 더운 여름날 아이들이 먼저 찾곤 하는 메뉴예요.
채소를 가늘게 채 썰고, 참기름에 고소하게 버무린 김치, 새콤달콤하게 무친 닭고기,
그리고 육수까지! 입안 가득 시원한 한 그릇으로 더위를 물리쳐 보아요.

⏱ 20~25분(+ 국물 차게 만들기)
🍴 2~3인분

- 도토리묵 1팩(300g)
- 닭안심 8쪽(또는 닭가슴살, 200g)
- 오이 1/4개(50g)
- 적채 1장(손바닥 크기, 또는 양배추, 30g)
- 김가루 약간

국물
- 육수 3컵(또는 물, 600㎖)
- 원당 1/2큰술
- 국간장 1큰술
- 식초 2큰술
- 소금 2꼬집

닭무침 양념
- 식초 1큰술
- 올리고당 1큰술
- 다진 마늘 1작은술
- 연겨자 1/2작은술
- 소금 2꼬집
- 후춧가루 약간

김치 양념
- 송송 썬 김치 1/4컵
- 참기름 1작은술

1. 볼에 국물 재료를 섞은 후 냉장고에 넣어 차게 만든다.
2. 끓는 물에 닭안심을 넣고 센 불에서 15분간 삶는다.
3. 닭안심은 잘게 찢은 후 닭무침 양념과 무친다.
4. 도토리묵은 길게 채 썬다.
   오이, 적채는 가늘게 채 썬다.
5. 송송 썬 김치는 참기름과 버무린다.
6. 그릇에 모든 재료를 나눠 담는다.

Tip

▶ **도토리묵 사용하기**
냉장 보관 후 단단해진 도토리묵이라면
끓는 물에 2~3분 정도 데쳐 식힌 후 사용해요.

▶ **국물 대체하기**
시판 동치미나 냉면육수를 활용해도 좋아요.
친환경마켓에서 첨가물 없는 제품을 구입해두면
다양한 요리에 유용하게 사용할 수 있습니다.

영양균형을 한 번에 **근사한 한 그릇** [보양식]

보양식 고단백 면역력

감자 닭다리곰탕

뜯어먹는 재미도 있고, 쫀득한 식감이 좋아 저는 주로 닭다리로 닭곰탕을 끓여요.
여기에 감자를 넣어 한 끼 식사로도 부족함이 없게 하고, 부추까지 듬뿍 넣어주지요. 이제 제법
엄마, 아빠 먹는 것을 따라 하려는 녀석들을 위해 초간장에 고춧가루를 더했더니 또 잘 먹더라고요.

⏱ **40~45분**
🍴 **2~3인분**

- 닭다리 약 4~5개(500g)
- 감자 2개(400g)
- 대파(흰 부분) 30cm
- 부추 1줌(25g)
- 소금 약간

국물
- 물 7컵(1.4ℓ)
- 마늘 5쪽
- 소금 1/2큰술
- 액젓 1작은술

초간장
- 원당 1큰술
- 물 3큰술
- 양조간장 2큰술
- 식초 2큰술
- 연겨자 약간

1 끓는 물에 닭다리를 넣고 센 불에서 1분간 데친 후 건져낸다.
★끓는 물에 먼저 데치면 기름기와 잡내를 없앨 수 있다.

2 큰 냄비에 닭다리, 국물 재료를 넣고 센 불에서 끓어오르면 중약 불로 줄여 20분간 끓인다.
★삶은 후 닭다리의 살만 발라내도 좋다.

3 감자는 껍질을 벗긴 후 동그란 모양대로 1cm 두께로 썬다.
부추는 5cm 길이로 썬다.
대파는 길이로 2등분한 후 다시 5cm 길이로 썬다.

4 ②의 냄비에 감자, 대파를 넣고 중간 불에서 감자가 익을 때까지 10~15분간 끓인 후 부추를 넣고 한 번 더 끓인다.

5 소금으로 부족한 간을 더한 후 초간장을 곁들인다.

Tip

▶ **매콤하게 즐기기**
볼에 닭육수 1/4컵(50㎖), 고춧가루 2큰술을 섞은 후
초간장에 조금씩 더해 매콤하게 즐겨도 좋아요.

▶ **든든하게 즐기기**
버미셀리면이나 불린 당면, 누룽지를 더해도 좋아요.

영양균형을 한 번에 **근사한 한 그릇** [보양식]

보양식　두뇌발달　뼈튼튼　면역력

해물 누룽지탕

메뉴명만 들으면 왠지 어렵게 느껴지지만 정말 쉬운 요리랍니다. 채소와 해산물을 빠르게 볶은 후 끓여 내면 풍미가 가득해지고, 여기에 적당히 눅눅해진 누룽지의 고소함까지 더해져 힘이 솟는 한 끼가 되지요. 아이들은 물론 어른들도 참 좋아해요.

⏱ **20~25분**
🍴 **2~3인분**

- 시판 누룽지 1컵(80g)
- 냉동 해물 2컵(또는 손질 오징어, 새우, 바지락살, 홍합, 200g)
- 양파 1/4개(50g)
- 당근 1/10개(20g)
- 브로콜리 1/8개(30g)
- 다진 파 1큰술
- 다진 마늘 1큰술
- 조리유 1큰술
- 요리술 1작은술(또는 청주, 50쪽)
- 녹말물(물 2큰술 + 전분 1큰술)

양념
- 물 1.5컵(300㎖)
- 양조간장 1작은술
- 굴소스 1작은술(기호에 따라 가감)

1. 냉동 해물은 해동한 후 씻어 체에 밭쳐 물기를 없앤다.
   양파, 당근은 가늘게 채 썬다. 브로콜리는 작은 송이로 썬다.

2. 달군 냄비에 조리유를 두르고 다진 파, 다진 마늘을 넣어 센 불에서 30초, 양파, 당근을 넣고 1분간 볶는다.

3. 냉동 해물, 요리술을 넣고 2분간 볶은 후 중간 불로 줄여 양념 재료, 브로콜리, 누룽지를 넣고 3분간 끓인다.
   ★원하는 누룽지의 식감에 따라 끓이는 시간을 조절한다.

4. 굴소스로 부족한 간을 더한다.
   녹말물을 한 번 섞은 후 조금씩 넣으며 원하는 농도로 끓인다.

Tip

▶ **냉동 해물 구입하기**
오아시스마켓의 손질 통통 해물모둠을 추천합니다.
해물 백짬뽕(242쪽), 해물 짜장덮밥(258쪽)에 활용하면 좋아요.

영양균형을 한 번에 근사한 한 그릇 [볶음 국수]

원팬 쌀국수 볶음면

쌀국수 볶음면인 팟타이(Pad thai)를 팬 하나로 만들어보아요. 탱글탱글한 쌀국수면에
새우, 달걀, 숙주까지 볶아냈으니 새콤달콤하고 짭짤한 그 맛에 아이들이 안 좋아할 수 없지요.
다양한 재료뿐만 아니라 다양한 맛을 경험해 아이들 미식의 눈높이를 높여주세요.

⏱ **15~20분(+ 쌀국수 불리기 1시간)**
🍽 **2~3인분**

- 쌀국수 160g
- 냉동 생새우살 약 12마리
  (또는 자숙새우, 약 100g)
- 달걀 2개
- 숙주 2줌(100g)
- 부추 1줌(50g)
- 조리유 1큰술 + 1큰술
- 다진 마늘 1큰술
- 다진 견과류 약간

양념
- 물 4큰술
- 양조간장 2큰술
- 액젓 3큰술
- 식초 5큰술
- 원당 2큰술

1. 볼에 쌀국수와 잠길 만큼의 둘을 담고 1시간 동안 불린 후 체에 밭쳐 물기를 없앤다. 부추는 4cm 길이로 썬다.
2. 볼에 숙주, 잠길 만큼의 물을 담고 흔들어 씻은 후 체에 밭쳐 물기를 없앤다.
3. 달군 팬에 조리유 1큰술, 다진 마늘을 넣어 중간 불에서 30초, 새우를 넣고 1분간 볶는다.
4. 양념 재료, 쌀국수면을 넣고 2~3분간 볶아 팬의 한쪽으로 밀어둔다.
5. 팬의 빈 공간에 조리유 1큰술, 달걀을 넣고 젓가락으로 풀어가며 30초~1분간 볶아 스크램블을 만든다.
6. 숙주, 부추를 넣고 모든 재료를 섞어가며 볶은 후 다진 견과류를 더한다.
   ★고수, 레몬즙으로 이국적인 풍기를 더해도 좋다.

Tip

▶ **채소 대체하기**
숙주, 부추는 양배추, 청경채로 대체해도 좋아요.

영양균형을 한 번에 근사한 한 그릇 [비빔 국수]

상큼한맛 두뇌발달 면역력

들기름 오이 메밀국수

아이들도 먹기 좋은 향긋한 들기름국수에 청량감 가득한 오이채를 넣어
느끼함은 잡고 식감은 살렸어요. 듬뿍 올린 홈메이드 김가루는
메밀국수에 고소함과 감칠맛을 돋워주니 잊지 말고 꼭 함께 넣어주세요.

⏱ **20~25분**
🍴 **2~3인분**

- 건메밀면 2와 1/2줌(또는 현미국수, 200g)
- 오이 1/2개(100g)
- 적양파 1/4개(또는 양파, 50g)
- 깻잎 4장

홈메이드 김가루
- 김밥 김 2장
- 통깨 4큰술

양념
- 양조간장 3큰술
- 들기름 2큰술(기호에 따라 가감)
- 원당 1작은술
- 식초 1작은술

1 믹서에 김밥 김, 통깨를 넣고 곱게 갈아 홈메이드 김가루를 만든다.
★믹서가 없다면 위생팩에 넣고 부숴도 좋다.

2 끓는 물에 메밀면을 부채꼴로 펼쳐 넣고 센 불에서 끓어오르면 찬물을 2~3회 부어가며 포장지에 적힌 시간대로 삶는다.

3 삶은 메밀면은 체에 밭쳐 찬물에 비벼가며 헹군 후 그대로 물기를 없앤다.
★충분히 씻어 전분기를 없앤 후 물기를 없애야 완성된 국수가 더 맛있다.

4 오이, 적양파는 가늘게 채 썬다. 깻잎은 돌돌 말아 가늘게 채 썬다.
★일반 양파로 대체할 경우 채 썬 다음 찬물에 5분 정도 담가 아린맛을 없앤다.

5 볼에 메밀면, 오이, 적양파, 양념 재료를 넣고 비빈 다음 그릇에 나눠 담는다. 홈메이드 김가루, 깻잎을 올린다.

Tip

▶ **단백질 더하기**
구운 차돌박이나 데친 샤부샤부고기를 곁들이면 부족한 단백질을 채울 수 있어요.

영양균형을 한 번에 **근사한 한 그릇** [뇨끼]

두유 옹심이뇨끼

뇨끼(Gnocchi)는 찐 감자에 밀가루, 달걀노른자 등을 더해 만든 이탈리아 파스타의 한 종류예요.
우리나라의 감자옹심이와 많이 닮았기에 시판 옹심이로 뇨끼를 만들었지요.
고소한 두유와 버섯의 풍미를 더한 덕분에 아이들이 숟가락으로 퍼먹을 정도로 잘 먹는답니다.

⏱ 20~25분
🍴 2~3인분

- 무농약 감자로 만든 옹심이 1봉
  (150~200g, 52쪽)
- 모둠 버섯 100g
  (표고버섯 2개, 느타리버섯 1줌)
- 양파 1/2개(100g)
- 올리브유 1.5큰술
- 다진 마늘 1큰술
- 소금 약간
- 채소육수 1/2컵(또는 물, 100㎖, 61쪽)
- 무가당 두유 1컵
  (또는 무가당 아몬드밀크, 우유, 200㎖)
- 그라나파다노 치즈 약간
  (또는 파마산 치즈, 생략 가능)
- 후춧가루 약간

버섯 토핑
- 만가닥버섯 1/2줌
  (또는 느타리버섯, 팽이버섯, 50g)
- 올리브유 1작은술
- 소금 약간

1. 표고버섯, 느타리버섯, 양파는 굵게 다진다.
   토핑용 만가닥버섯은 가닥가닥 떼어낸다.
2. 달군 팬에 버섯 토핑 재료를 넣고
   중간 불에서 1~2분간 볶은 후 덜어둔다.
3. 팬을 다시 달궈 올리브유 1.5큰술, 다진 마늘을 넣어
   중간 불에서 30초간 볶는다.
4. 양파, 소금을 넣고 1~2분, 모둠 버섯, 소금을 넣고 1~2분간 볶는다.
5. 채소육수, 두유, 옹심이를 넣고 뚜껑을 덮어 중약 불에서 10분,
   중강 불로 올려 되직한 농도가 될 때까지 끓인다.
6. 소금으로 부족한 간을 더한다.
   버섯 토핑, 그라나파다노 치즈, 후춧가루를 뿌린다.

영양균형을 한 번에 **근사한 한 그릇** [고기파이]

고단백　장건강　철분

양배추 고기파이

파이의 흔한 밀가루 반죽 대신 양배추로 대신하고, 여기에 고기를 듬뿍 올려 그 이름을
고기파이라 붙였습니다. 밀가루 없이 채소 섭취를 늘릴 수 있는 것은 물론이고 양배추의 달콤함,
고기의 짭짤한 풍미, 치즈의 고소한 삼박자가 너무 잘 어울려요. 식탁에 내놓기 구섭게 비워지는 요리랍니다.

⏱ 15~20분
🍴 2인분

- 양배추 7장(손바닥 크기, 210g)
- 다진 쇠고기 200g
- 전분 2큰술
- 조리유 1큰술
- 소금 1꼬집
- 슈레드 피자치즈 1/3컵(기호에 따라 가감)
- 허브가루 약간
- 후춧가루 약간

양념
- 다진 양파 2큰술
- 양조간장 1.5큰술
- 토마토케첩 2큰술
- 올리고당 1작은술

1. 양배추는 가늘게 채 썬다.
   다진 쇠고기는 양념 재료와 섞어 충분히 치댄다.
2. 달군 팬에 조리유를 두르고 양배추, 전분, 소금을 넣고
   중약 불에서 2~3분간 양배추 숨이 죽을 때까지 볶는다.
3. ①의 고기를 올려 고르게 펴 누른 후
   뚜껑을 덮고 약한 불에서 7분간 익힌다.
4. 슈레드 피자치즈를 올려 녹을 때까지 뚜껑을 덮고 익힌다.
   허브가루, 후춧가루를 더한다.

Tip

▶ **양배추를 다른 재료로 대체하기**
양배추는 파프리카, 양파 등 구웠을 때 단맛이 나는 채소로
대체 가능해요. 단, 총량이 200g 정도 되도록 해요.
옥수수를 더해 식감을 살려도 좋아요.

영양균형을 한 번에 **근사한 한 그릇** [샥슈카]

상큼한맛   장건강   면역력

토마토 샥슈카

토마토 소스에 채소를 익혀 달걀과 함께 내는 샥슈카(Shakshouka)는 붉은 토마토 소스에 달걀이 빠진 모습 때문에 에그 인 헬(Eggs in hell)이라고도 해요. 팬 하나로 완성할 수 있는 간단한 요리로 통밀빵과 함께 아침식사, 브런치로 즐기기 좋지요. 저희 집에서는 계절마다 제철 재료를 더해 다양하게 즐기고 있답니다.

⏱ **20~25분**
🍴 **2~3인분**

- 완숙 토마토 3개(450g)
- 양파 1/2개(100g)
- 파프리카 1/2개(100g)
- 다진 쇠고기(또는 돼지고기) 100g
- 달걀 2개
- 올리브유 1큰술
- 다진 마늘 1큰술
- 소금 1작은술(기호에 따라 가감)
- 그라나파다노 치즈 약간
  (또는 파마산 치즈)
- 후춧가루 약간

1. 토마토는 4~8등분한다.
   양파, 파프리카는 사방 1cm 크기로 썬다.
2. 달군 팬에 올리브유를 두르고 다진 쇠고기, 다진 마늘, 소금을 넣어 중간 불에서 3분, 양파, 파프리카를 넣고 2분간 볶는다.
3. 토마토, 소금을 넣고 10분간 주걱으로 으깨가며 익힌다.
   달걀을 깨뜨릴 공간을 2군데 만든다.
   ★과정 ①~③을 생략하고 라구 소스(64쪽)로 대체해도 좋다.
4. 달걀을 넣어 뚜껑을 덮고 약한 불에서 5분간 뭉근하게 익힌 후 그라나파다노 치즈, 후춧가루를 더한다.

Tip
▶ **토마토 사용하기**
① 깊은 맛을 원한다면 완숙 토마토 대신 더 진하고 단맛이 나는 동량(450g)의 방울토마토를 사용하세요.
② 토마토의 단맛과 깊은 맛이 부족하다면 원당 또는 카레가루를 약간 추가해도 좋습니다.
③ 토마토가 제철이 아닐 경우 깊은 맛을 내기 힘들 수 있어요. 토마토 대신 통조림 홀토마토나 한살림 농축토마토 2컵(400㎖)을 사용해도 돼요. 농도는 물을 조금씩 더하며 조절하세요.

영양균형을 한 번에 근사한 한 그릇 [샥슈카]

여름채소와 옥수수 샥슈카

햇빛에 맛이 오르기 시작해 여름이면
단맛과 감칠맛이 더욱 풍부해지는 애호박.
이때를 놓칠세라 양파와 함께 뭉근하게
볶다가 제철 친구 옥수수까지 넣어
여름채소 샥슈카로 제철의 낭만을
느끼곤 하지요.

가을 뿌리채소 샥슈카

땅의 기운을 듬뿍 받아 몸집을 키운
채소의 영양을 우리 아이들에게 고스란히
전해주고 싶은 마음에 가을이면
달콤하고 포근한 고구마와 당근을 활용해
샥슈카를 만든답니다. 별다른 기교 없이도
뭉근하게 익히기만 하면 돼요.

여름채소와
옥수수 샥슈카

가을 뿌리채소
샥슈카

장건강 면역력

여름채소와 옥수수 샥슈카

🕐 20~25분
🍴 2~3인분

- 양파 1/2개(100g)
- 애호박 2/3개(180g)
- 유기농 옥수수병조림 1컵
  (또는 옥수수,
  초당옥수수, 200g)
- 달걀 2개
- 올리브유 1작은술
- 그라나파다노 치즈 약간
  (또는 파마산 치즈)
- 소금 약간
- 후춧가루 약간

1 양파, 애호박은 가늘게 채 썰고,
  옥수수는 체에 밭쳐 물기를 없앤다.

2 달군 팬에 올리브유를 두르고
  양파, 애호박, 소금을 넣어
  중간 불에서 2~3분간 볶는다.

3 옥수수, 달걀을 넣어 뚜껑을 덮고
  약한 불에서 5분간 뭉근하게 익힌다.
  ★아이의 취향, 연령에 따라
  달걀의 익은 정도를 조절해도 좋다.

4 그라나파다노 치즈, 후춧가루를 더한다.

가을 뿌리채소 샥슈카

🕐 20~25분
🍴 2~3인분

- 고구마 1개
  (또는 단호박, 200g)
- 당근 1/5개(40g)
- 양파 1/2개(100g)
- 달걀 2개
- 토핑 병아리콩 약간(80쪽)
- 올리브유 1작은술 + 약간
- 물 4큰술
- 소금 약간
- 후춧가루 약간
- 파프리카가루 약간
  (생략 가능)

1 고구마, 당근은 껍질을 벗긴 후
  사방 1cm 크기로 썬다.
  양파는 가늘게 채 썬다.

2 달군 팬에 올리브유 1작은술을 두르고
  고구마, 당근, 양파, 소금을 넣어
  양파가 투명해질 때까지 2분간 볶는다.

3 물 4큰술을 넣고 뚜껑을 덮어
  중간 불에서 5~7분간 고구마를 완전히
  익힌 후 그대로 또는 취향에 따라 으깬다.

4 토핑 병아리콩, 달걀을 넣어 뚜껑을 덮고
  약한 불에서 5분간 뭉근하게 익힌다.
  ★아이의 취향, 연령에 따라
  달걀의 익은 정도를 조절해도 좋다.

5 올리브유 약간, 후춧가루, 파프리카가루를
  더한다. ★마지막에 올리브유를 더하면
  풍미가 살아난다.

있을 건 다 있는
엄마표 편의점

지속적으로 두뇌를 쓰고,
각종 활동으로 인해 에너지가 많이 필요한 아이들에겐
간식 또한 엄연한 식사의 일부예요.
영양밀도는 낮고 허기짐만 달래는 시중의 간식들 대신
건강하고 맛있게 즐길 수 있는
엄마표 간식을 준비해보세요.
아이들의 건강한 입맛을 기르는 데도 도움이 된답니다.

단 음료와 과자, 첨가물로부터 아이를 사수하라!

수업이 끝난 후 학교 근처 편의점 앞은 늘 구름떼같이 몰려있는 아이들로 정신이 없어요. 아이스크림과 닭꼬치, 컵라면, 삼각김밥, 거기에 화려한 봉지의 빵과 과자류도 배고픔을 달래는 단골 메뉴입니다. 그도 그럴 것이 맞벌이 가정이 늘고 아이들은 하교 후 학원으로 바로 가기 일쑤이니 그 사이 허기를 채우기 위한 편의점이나 분식집은 당연한 필수 코스가 되고 있지요.

아이들은 아직 성인에 비해 신체의 크기가 작은 데도 불구하고 에너지 권장량은 비슷해 세 끼 식사 이외에도 간식을 포함해 이를 채워야 합니다. 지속적으로 두뇌를 쓰고 방과 후 여러 활동을 할 수 있는 에너지 보충을 위해 간식은 선택이 아닌 필수적인 항목이에요. 하지만 우리 아이들이 접하는 간식은 대부분 영양밀도(Nutrient density)가 낮고, 탄수화물, 설탕, 나쁜 기름, 인공감미료가 잔뜩 들어 있어 아이들의 체격은 월등해졌지만 체력이 그에 못 미치고 비만과 생활습관병에 노출되고 있지요.
특히 초가공식품을 꾸준히 섭취한 아이들의 경우 비타민D가 결핍되기 쉽고 장에서 칼슘과 인의 흡수를 저하시켜 뼈가 약해질 뿐 아니라 설탕은 인슐린을 과잉 분비시켜 저혈당을 유발해 비만이나 2형당뇨병 같은 건강문제를 일으킬 수 있습니다.

껌과 사탕   첨가물덩어리의 경계대상 1호

껌은 주재료인 껌 베이스에 각종 감미료와 착향료를 섞어 만들어 대부분 약 정제당 70%, 첨가물 30%로 이루어져 있으며, 사탕 또한 대부분이 설탕과 색소로 이루어져 있습니다. 간혹 제품명은 청포도맛, 복숭아과즙이라고 해도 과일로 위장한 설탕덩어리인 경우가 대부분이기 때문에 여전히 건강을 위협할 뿐 아니라 충치를 유발하기 좋은 간식거리로 경계대상 1호입니다. 아이들이 단맛을 찾는다면 비타민, 미네랄과 천연 당분이 풍부한 과일, 건과일을 대신 챙겨주세요.

과자   멈출 수 없는 유혹

한 봉지 뜯으면 멈출 수 없는 과자류. 자세히 살펴보면 농약을 많이 치는 수입 밀가루, 유전자 조작 우려가 있는 옥수수와 감자, 정제설탕, 쇼트닝과 같은 지방과 각종 화학첨가물로 절대 안심할 만한 먹거리가 아닙니다. 학교 소풍, 학원 중간 간식 등에 어쩔 수 없이 줘야 한다면 원산지 표기와 첨가물을 따져보고 친환경마켓에서 비교적 건강한 제품을 구매하거나 집에서 만들 수 있다면 고구마, 감자, 단호박과 같이 에너지를 제공할 수 있는 자연식으로 간식을 준비합니다.

라면 — 인스턴트 음식의 대표주자

서울대 보건대학원 연구팀의 지난 연구에 따르면 하루에 라면을 1/3개 이상 먹는 어린이가 전혀 먹지 않는 학생에 비해 아토피 피부염에 걸리는 경향성이 약 2배 가량 높은 것으로 나타났어요. 라면은 수입 밀가루와 안전하지 않은 기름, 각종 화학첨가물이 듬뿍 들어간 나트륨 함량 높은 수프까지, 어린이의 식사 대용식으로는 적합하지 않은 메뉴입니다. 가급적 수입밀이 아닌 국산 밀가루나 감자를 주성분으로 색소를 첨가하지 않은 라면으로 선택하고 해물이나 채소를 추가로 넣어 영양가 있는 식사로 조리하면 좋습니다.

저희 집에서 라면은 등산 후 그리고 가끔의 여행지에서만 먹는 특식으로 가족문화를 만들었어요. 한밤중에 라면이 먹고 싶었던 둘째가 산에 가자고 엉엉 울며 조른 웃픈 에피소드도 있었지만, 열심히 정상에 오른 후 맛있게 먹는 한 끼 정도면 아이들의 라면에 대한 욕구를 충분히 만족시키고 등산을 더욱 즐겁게 해주는 이벤트가 되니 독자님들도 너무 제한만 하는 것이 아니라 그 횟수와 방법을 줄이기 위한 여러 방법을 고민해보면 좋겠습니다.

가공주스 — 알고 보면 설탕물

다소 위협적이게 들릴 수 있지만 음료수에는 당도가 높고 값이 싼 액상과당이 첨가된 경우가 많아 과도하게 섭취 시 비만과 당뇨병, 충치, 심장병, 고혈압의 위험이 높아집니다. 또한 한 잔만 마셔도 당류 권고 섭취량의 반 이상(한국 영양 섭취 기준 하루 섭취 열량의 10% 이내)을 채우기 쉬워요. 단순당과 에너지만 높은 음료는 되려 삼투압에 의해 탈수를 일으키기 쉽고, 탄산으로 인해 치아와 뼈에 치명적인 영향을 끼칠 수 있답니다. 가급적 물이나 곡물차로 갈증을 대신하고 향료나 과당이 첨가되지 않은 과일이나 채소를 100% 착즙한 주스를 선택하세요. 우유 또한 바나나맛, 딸기맛, 초코맛 등의 가공우유에는 액상과당과 향료가 포함된 것이 많으니 흰 우유나 두유 혹은 우유에 과일을 갈아 스무디로 만들어 주는 것도 좋은 방법입니다.

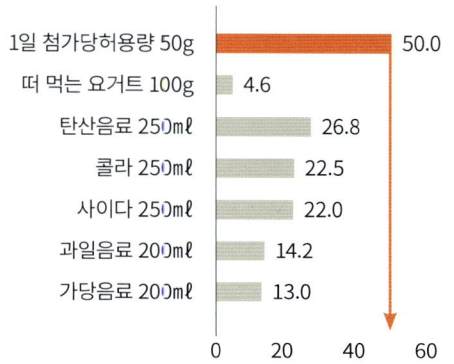

[주요 음료의 당 함량]

- 1일 첨가당허용량 50g : 50.0
- 떠 먹는 요거트 100g : 4.6
- 탄산음료 250㎖ : 26.8
- 콜라 250㎖ : 22.5
- 사이다 250㎖ : 22.0
- 과일음료 200㎖ : 14.2
- 가당음료 200㎖ : 13.0

출처 : 보건복지부·한국영양학회, 2020 한국인 영양소 섭취기준

있을 건 다 있는 **엄마표 편의점**

더 나은 간식거리를 위한 작은 습관들

간식을 먹지 않고 피해갈 수는 없지만 적어도 건강하게, 덜 먹는 방법에 대한 고민은 아이와 부모, 모두에게 필요해요. 무조건 먹지 못하게 하기보다는 아이들도 식품첨가물에 대해 알고 영양정보와 식품표시를 보는 법을 배우면 어느새 후면부를 보고 있는 모습을 발견하게 될지도 모릅니다. 함께 실천할 수 있는 작은 습관들을 소개할게요.

똑똑하게 간식을 줄이는 방법

- **눈에서 멀어지면 마음에서도 멀어져요** : 열린 냉장고에 전시된 아이스크림이 닫힌 냉장고 속 아이스크림보다 두 배 이상 잘 팔리는 것처럼, 여러 연구에서 밝혀졌듯이 어떤 음식을 많이 보게 되면 그 음식을 먹게 될 확률이 커집니다. 집에는 가급적 초가공 간식류는 사 놓지 않는 것이 좋은 방법입니다.

- **규칙적인 양질의 식사로 단 음식의 욕구를 줄여요** : 양질의 식사를 포만감 있게 충분히 하면 자연스럽게 간식 욕구가 덜 생기게 됩니다. 또한 규칙적인 식사는 혈당수치가 올라가는 것을 피할 수 있어 간식조절이 가능하지요.
  아이가 단 음식을 먹고 싶어한다면 혈당이 떨어지지 않도록 견과류나 과일, 우유 등으로 단 음식을 먹었을 때와 같은 효과를 내보세요. 식사에 영향을 미치지 않을 정도의 양으로 부족한 영양소를 보충하는 것이 간식의 진정한 목적입니다.

- **간식은 적당량, 정해진 시간에 먹어요** : 간식은 정해진 시간에 규칙적으로 준비해 전반적으로 균형잡힌 식사습관을 형성할 수 있도록 도와줘야 합니다. 식사 전 간식은 단호하게 거절하고 간식 섭취를 너무 많이 해 실제 식사시간에 밥에 흥미를 잃지 않게 해야겠지요.

[**비추천 간식 vs 추천 간식**]

	비추천 간식	추천 간식
탄수화물	과자, 라면, 가공빵	고구마, 감자, 단호박, 통밀빵, 쌀식빵, 누룽지, 현미떡, 통곡물 에너지바
단백질	치킨, 돈가스	삶은달걀, 큐브치즈, 그릭요거트, 육포, 토핑 병아리콩 & 칙팝(80쪽)
당류, 식이섬유	사탕, 젤리, 껌	과일, 건과일
수분	콜라, 주스	곡물차, 스무디(136쪽), 우유, 두유
지방	튀김류	견과류, 그래놀라(322쪽)

건강한 간식을 먹는 방법

- **늘 좋은 대체 간식을 준비해둬요** : 외출을 하거나 하교 후 미리 준비된 간식이 없는데 아이들이 배고프다고 보채면 충동적으로 간식을 사게 됩니다. 이럴 때를 대비해 늘 좋은 대안을 마련해보세요. 고구마말랭이, 그래놀라바, 치즈, 두유 등 취향에 맞는 건강간식을 구비해두세요.

- **간식을 줄일 수 있는 게임이나 규칙을 함께 만들어요** : 라면은 등산 후 정상에서 맛있게 먹기, 매주의 과자는 주말에만 허용하되 독서타임 후 먹기, 편의점 간식은 용돈으로만 주 1~2회 허용하기 등 게임같은 룰을 만들어보세요. 단 음식을 무조건 금지하면 더 먹고 싶은 욕구의 위험이 있어 조금씩, 적당히 즐길 수 있게 도와줍니다.

- **건강한 간식 선택을 위해 아이와 함께 연습해요** : 식품표시를 읽는 방법에 대해 아이와 엄마가 함께 같이 연습해보세요. 의외로 마트에 가면 재미있게 실천할 수 있답니다. 식약청 홈페이지에 들어가면 식행동, 영양표시 등에 대한 퀴즈, 게임, 만화로도 다양하게 배울 수 있어 활용해보는 것도 추천합니다.

[식품표시 읽어보기]

1단계 원재료명 확인하기

원산지, 첨가물이나 유전자조작 원료는 없는지 꼼꼼히 보아요.

2단계 영양정보 기준 확인하기

단위 내용량(100㎖, 1봉지, 1조각 등)과 열량을 확인합니다.

3단계 영양성분별 함량 / 1일 영양성분 기준치에 대한 비율(%) 확인하기

나트륨, 당류, 트랜스지방을 유의깊게 봅니다.

있을 건 다 있는 **엄마표 편의점**

감자 치즈호떡

설탕으로 만든 시럽 없이도 한입 베어 물면 고소한 치즈가 가득해 아이들이 너무 좋아해요. 아침식사로 스무디와 함께 내어도 훌륭하지요.

🕐 20~25분
🍴 5~6개 분량

- 감자 3~4개
  (또는 고구마, 단호박)
- 전분 3큰술
- 소금 1/2작은술
- 슈레드 피자치즈 1컵
  (100g, 기호에 따라 가감)
- 조리유 3큰술

1 감자는 껍질을 벗긴 후 한입 크기로 썬다.
2 내열용기에 감자, 물 4큰술을 넣고 뚜껑을 덮어 전자레인지에서 6~7분간 익힌다.
3 볼에 감자, 전분, 소금을 넣고 으깨가며 반죽을 만든 다음 5~6등분한다.
4 동그랗게 만든 후 가운데를 오목하게 누른다.
5 슈레드 피자치즈 약간씩을 넣고 잘 오므려 동글납작하게 빚는다.
6 달군 팬에 조리유를 넣고 반죽을 올려 중약 불에서 앞뒤로 뒤집어가며 5~10분간 노릇하게 굽는다.

고구마크룽지

삶은 고구마를 납작하게 눌러 구워만 주면 유행 간식인 크룽지가 완성! 간단한 데다 원물로만 만들어 아이들에게도, 엄마에게도 최고의 간식입니다.

초간단　장건강

⏱ 5~10분
(+ 에어프라이어에 굽기 25분)
🍴 2~3인분

- 삶은 고구마 2개
  (또는 감자, 단호박)
- 조리유 약간
- 검은깨 약간
  (또는 통깨, 생략 가능)

1 삶은 고구마는 1cm 두께로 썬다.

2 종이포일에 조리유를 펴 바른 후 고구마를 펼쳐 올린다.

3 다른 종이포일로 덮은 후 컵의 바닥으로 고구마를 납작하게 누른다.

4 위의 종이포일을 벗겨낸 후 고구마에 조리유를 바르고 검은깨를 올린다.

5 에어프라이어에 넣고 180℃에서 1~2회 뒤집어가며 20~25분간 굽는다. 완전히 식혀 바삭하게 즐긴다.
    * 슈레드 피자치즈나 소금을 뿌려도 좋다.

Tip ----------------------------------
▶ 고구마 구입하기
퍼석한 식감의 밤고구마보다는 꿀고구마로 만들어야 더 맛있어요.

있을 건 다 있는 **엄마표 편의점**

무 떡볶이

부산의 명물 무떡볶이에서
아이디어를 얻어 만들어
보았어요. 쫀쫀하게 씹히는
무가 단맛을 내어 신랑도
맛있다 엄지척해준
저희 집만의 특별 떡볶이예요.

매콤한맛 / 면역력

🕐 25~30분
🍴 2~3인분

- 떡볶이 떡 250g(또는 떡국 떡)
- 무 지름 10cm, 두께 3cm(300g)
- 사각어묵 2장(100g)
- 양파 1/2개(100g)
- 대파 8cm
- 육수 1컵(또는 물, 200㎖)
- 참기름 약간
- 통깨 약간

양념
- 원당 1큰술
- 고춧가루 1큰술
- 양조간장 2큰술
- 올리고당 1큰술
- 고추장 1작은술

1. 떡볶이 떡은 찬물에 헹군 후 체에 밭쳐
   물기를 없앤다.
   볼에 양념 재료를 넣고 섞는다.

2. 무, 양파는 채 썬다.
   어묵은 한입 크기로 썬다.
   대파는 송송 썬다.

3. 달군 냄비에 무, 양념을 넣고 약한 불에서
   촉촉하게 수분이 나오기 시작할 때까지
   볶은 후 뚜껑을 덮고 10분간 익힌다.

4. 떡볶이 떡, 어묵, 양파, 대파, 육수를 넣고
   중간 불에서 5~10분간 저어가며 끓인 후
   불을 끈다. 참기름, 통깨를 섞는다.
   *무에서 나오는 수분이 적을 경우
   육수를 조금씩 추가해서 농도를 조절한다.

채소 듬뿍 떡잡채

무 떡볶이는 아직 매워서 먹지 못하는 둘째 준이를 위한 메뉴랍니다. 아삭하게 씹히는 채소들과 좋아하는 고기 덕분에 서운할 일 없이 맛있게 먹어주더라고요.

🕐 20~25분
🍴 2~3인분

- 가래떡 250g(또는 떡볶이 떡)
- 쇠고기 잡채용 100g
- 양파 1/2개(100g)
- 파프리카 1/4개(50g)
- 피망 1/2개(50g)
- 당근 1/4개(50g)
- 느타리버섯 1줌(50g)
- 조리유 2큰술
- 참기름 1작은술
- 통깨 약간

양념
- 원당 2작은술
- 다진 마늘 1작은술
- 양조간장 5작은술

1. 가래떡은 5×0.5cm 크기로 길게 썬다.
   ★가래떡이 딱딱할 경우 찬물에 담가 하나씩 떼어낸 후 끓는 물에 데친다.
2. 볼에 양념 재료를 섞는다.
   양념 1작은술은 쇠고기와 버무린다.
3. 가래떡에 남은 양념, 참기름을 넣고 버무린다.
4. 양파, 파프리카, 피망, 당근은 가늘게 채 썬다.
   느타리버섯은 가닥가닥 떼어낸다.
5. 달군 팬에 조리유를 두르고 쇠고기를 넣어 센 불에서 2분간 볶는다.
6. ④를 넣고 1~2분, 가래떡을 넣고 1분간 볶는다.
   불을 끄고 참기름, 통깨를 더한다.

있을 건 다 있는 **엄마표 편의점**

세 가지 삼각주먹밥

편의점 삼각김밥이 마냥 먹고 싶은 아이들에게 골라 먹는 재미가 있는 엄마표 삼각주먹밥을
만들어주세요. 매력적인 감칠맛의 고등어 묵은지맛, 톡톡 통들깨에 명란까지 씹히는 통들깨 명란맛,
은은한 단짠이 포인트인 당근 우엉 밥새우맛까지! 넉넉히 만들어 냉동실에 두면
방학 때, 바쁜 아침, 간식으로, 언제든 든든한 무적 주먹밥 되겠습니다.

통들깨 명란주먹밥

고등어 묵은지주먹밥

당근 우엉 밥새우주먹밥

초간단 · 도시락 · 밀프렙 · 두뇌발달

고등어 묵은지주먹밥

- ⏱ 10~15분
  (+ 고등어 굽는 시간)
- 🍴 4개 분량

- 따뜻한 밥 1과 1/2공기(300g)
- 순살 고등어 1쪽
- 묵은지 2장(또는 배추김치)
- 양조간장 1큰술
- 매실액 1큰술(또는 올리고당)
- 참기름 1작은술(또는 들기름)

1 손질 고등어는 에어프라이어에 넣고 제품 포장지에 적힌 시간대로 노릇하게 굽는다.

2 묵은지는 속을 털어내고 물기를 꼭 짠 다음 송송 썬다.

3 큰 볼에 모든 재료를 넣고 구운 고등어를 으깨가며 섞은 후 주먹밥을 만든다.

통들깨 명란주먹밥

- ⏱ 10~15분
- 🍴 4개 분량

- 따뜻한 밥 1과 1/2공기(300g)
- 저염명란 1과 1/2개(45g)
- 송송 썬 쪽파 4큰술
- 마요네즈 1작은술
- 들기름 1작은술(또는 참기름)
- 통들깨 1큰술(또는 통깨, 검은깨)

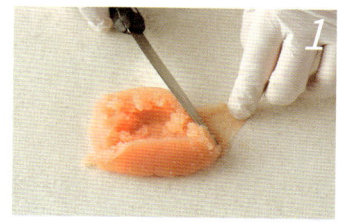

1 명란은 길게 반으로 썬 후 칼등으로 알을 발라낸다.

2 볼에 모든 재료를 넣고 섞은 후 주먹밥을 만든다.

당근 우엉 밥새우주먹밥

- ⏱ 10~15분
- 🍴 4개 분량

- 따뜻한 밥 1과 1/2공기(300g)
- 밥새우 1/2컵(또는 잔멸치)
- 잘게 다진 당근 3/4컵
- 잘게 다진 우엉 1/4컵
- 조리유 1작은술
- 양조간장 2작은술
- 올리고당 1작은술
- 참기름 1작은술(또는 들기름)

1 달군 팬에 조리유, 당근, 우엉을 넣고 중간 불에서 2~3분간 볶는다.

2 볼에 모든 재료를 넣고 섞은 후 주먹밥을 만든다.

Tip
▶ **당근, 우엉을 다른 재료로 대체하기**
당근, 우엉은 동량(1컵)의 다진 애호박, 브로콜리, 버섯 등으로 대체해도 좋아요.

Tip
▶ **냉동 보관하기**
주먹밥은 넉넉히 만들어 냉동실에 두었다가 전자레인지에 데우면 바쁜 아침이나 아이들 간식으로 빠르게 차릴 수 있어요(냉동 1개월). 평평한 밀폐용기에 펼쳐 담되, 2단으로 겹쳐 담을 경우 중간에 종이포일을 깔고 쌓아주세요.

있을 건 다 있는 **엄마표 편의점**

엄마표 컵누들

빠르게 익는 편이라 먹기도,
요리하기도 좋은 간편한
쌀국수를 활용해 뚜껑 있는
그릇에 내어주면 마치
컵라면 느낌이 나지요.

초간단   면역력

- 🕐 10~15분
- 🍴 2인분

- 버미셀리면 30g 2개
- 부추 1/4줌(약 10g)
- 팽이버섯 1/4줌(약 10g)
- 달걀 1개
- 육수 4컵
  (또는 물과 무첨가 코인육수,
  800㎖)
- 국간장 2큰술
- 요리술 1큰술(50쪽)

1 부추, 팽이버섯은 2cm 길이로 썬다.

2 높이감 있는 내열용기 2개에
   버미셀리면, 부추, 팽이버섯을 나눠 넣는다.
   ＊WECK 유리용기를 사용했으나
   다른 것도 무관하다.

3 냄비에 육수, 국간장, 요리술을 넣고
   센 불로 끓어오르면 약한 불로 줄인다.

4 달걀을 둘러가며 붓고 중간 불로 올려
   1분간 젓지 않고 끓인다.

5 ②에 나눠 붓고 뚜껑을 덮은 후
   5분간 버미셀리면을 익힌다.
   ＊고춧가루, 파프리카가루를 더해
   매콤하게 즐겨도 좋다.

라이스페이퍼 새우 애호박만두

맛 조합이 좋은 새우와
애호박을 굵게 다져
라이스페이퍼에 돌돌 말기만
하면 건강 만두가 됩니다.
아이들에게 돌돌 마는 것을
시켜보면 너무 잘 만드니
주말에 함께 만들어보세요.

두뇌발달 면역력

⏱ 10~15분(+ 애호박 절이기 10분)
🍽 2인분(8개 분량)

- 라이스페이퍼 8장
  (또는 데친 양배추, 알배기배추)

만두소
- 냉동 생새우살 약 20마리(140g)
- 애호박 1/2개(135g)
- 소금 1/2작은술(애호박 절임용)
- 대파 10cm
- 전분 2큰술
- 다진 마늘 1작은술

초간장
- 양조간장 2큰술
- 식초 1큰술
- 참기름 1/2큰술
- 고춧가루 1/2작은술

1 애호박은 가늘게 채 썬다. 대파는 송송 썬다.
  새우는 굵게 다진다.
  ✱새우의 씹히는 식감이 좋다면 굵게 다지고,
  부드러운 식감을 원한다면 곱게 다진다.

2 볼에 애호박, 소금을 넣고 10분간 절인 후
  물기를 꼭 짠다.

3 볼에 새우, 대파, 애호박, 전분,
  다진 마늘을 넣어 섞어 만두소를 만든다.

4 라이스페이퍼를 미지근한 물에 살짝 적신 후
  펼쳐 만두소 1/8분량을 올리고 양옆, 위 아래를
  접어 말아준다. 같은 방법으로 7개 더 만든다.

5 찜기의 물이 끓어오르면 겹치지 않게 올려
  4~5분간 익힌다. 초간장을 곁들인다.
  ✱달군 팬에 조리유를 두르고
  노릇하게 구워도 좋다.

있을 건 다 있는 **엄마표 편의점**

라이트 또띠야와퍼

아이들이 하마 입처럼 벌리고 먹는 와퍼예요. 한번 해보면 정말 쉽고 간단해 앞으로 햄버거집에 갈 일이 없을지도 몰라요.

🕐 **15~20분**
🍴 **2개 분량**

- 통밀또띠야 2장
- 슬라이스 토마토 2쪽 (1cm 두께)
- 슬라이스 적양파 2쪽 (0.7cm 두께)
- 로메인 2장(또는 양상추)
- 다진 쇠고기 200g
- 소금 1작은술
- 슬라이스 치즈 2장
- 조리유 1작은술 + 1작은술

소스
- 마요네즈 2큰술
- 토마토케첩 2큰술
- 양조간장 2작은술

1 토마토, 적양파는 동그랗게 썰고, 로메인은 한입 크기로 썬다. 볼에 소스 재료를 섞는다.

2 다른 볼에 다진 쇠고기, 소금을 넣고 치댄 후 1/2분량씩 또띠야에 펼쳐 올린다.

3 달군 팬에 조리유 1작은술을 두르고 또띠야의 쇠고기가 팬의 바닥에 닿도록 올려 중약 불에서 3~5분간 구운 후 그릇에 옮겨 담는다.

4 또띠야의 1/4지점을 가위로 자른다. 소스를 나눠 바른 후 토마토, 치즈, 로메인, 양파를 사진과 같이 올린다.

5 1/4씩 접어 부채꼴 모양을 만들어 완성한다.

Tip
▶ 색다르게 즐기기
과정 ③까지 진행한 후 재료를 넣고 반으로 접어 팬에 살짝 구워도 좋다.

모닝빵 딥디쉬 피자

모닝빵을 눌러 도톰하게 만든 후 홈메이드 라구 소스를 넉넉히 넣어주면 풍미 가득한 딥디쉬 피자가 완성됩니다.

초간단 / 면역력

⏱ 10~15분
🍴 4개 분량

- 모닝빵 4개
- 라구 소스 4큰술 (또는 시판 토마토 소스, 64쪽)
- 슈레드 피자치즈 4큰술
- 허브가루 약간
- 후춧가루 약간

1. 모닝빵은 가운데를 구멍을 내 꾹꾹 눌러준다.
   ★빵은 파내지 않고 구멍을 낸 다음 눌러 양옆을 도톰하게 만든다.

2. 구멍에 라구 소스를 넣고 슈레드 피자치즈를 올린다.

3. 에어프라이어에 넣고 150°C에서 7분간 익힌다. 허브가루, 후춧가루를 뿌린다.
   ★에어프라이어의 사양에 따라 온도와 시간을 조절한다.

있을 건 다 있는 **엄마표 편의점**

과일살사 나초칩

아이들 간식으로 국내산 옥수수칩을 넉넉히 사두고 챙겨주고 있어요. 담백한 맛이 그냥 먹어도 좋지만 잘게 썬 과일, 양파, 파프리카와 함께 살사를 만들어주면 맛도 영양적으로도 좋더라고요.

상큼한맛 · 초간단 · 장건강

○ 10~15분
○ 2인분

- 국내산 구운 옥수수칩 1봉

과일살사
- 키위 2~3개(또는 딸기, 복숭아, 참외, 제철 과일)
- 다진 파프리카 2큰술
- 다진 양파 2큰술
- 레몬즙 1큰술
- 올리브유 1작은술
- 소금 약간
- 후춧가루 약간

1. 키위는 굵게 다진다. 파프리카와 양파는 작게 다진다.
2. 볼에 살사 재료를 모두 섞은 후 옥수수칩과 함께 곁들인다.

Tip
▶ **국내산 구운 옥수수칩 구입하기**
초록마을이나 쿠팡에서 구입합니다. 현미뻥과자나 얇은 누룽지에 올려 먹어도 좋아요.

NO오븐 사과쉬폰케이크

살캉살캉하게 씹히는 사과 덕분에 더욱 기분 좋은 사과쉬폰케이크입니다. 밀가루, 버터 없이 전자레인지로 간단히 완성되니 아침식사로도 아이들이 많이 찾는답니다.

⏱ 10~15분
🍴 1~2인분

반죽
- 사과 1/4개
- 달걀 2개
- 아몬드가루 5큰술
- 베이킹파우더 1/5큰술
- 원당 1큰술
- 시나몬가루 1작은술
- 소금 1꼬집

토핑
- 사과 1/4개
- 원당 1작은술
- 시나몬가루 1/2작은술

1. 반죽용 사과는 한입 크기로 썬다. 토핑용 사과는 굵게 다진다.

2. 푸드프로세서에 반죽 재료를 모두 넣고 간다.
   ★식감을 더하고 싶다면 반죽 재료의 사과 약간을 큼직하게 썰어 반죽에 넣어도 좋다.

3. 내열용기에 조리유(약간)를 바른 후 반죽을 넣어 뚜껑을 덮는다.

4. 전자레인지(700W)에서 4분간 젓가락으로 찔렀을 때 반죽이 묻어나오지 않을 때까지 익힌다.
   ★전자레인지 사양에 따라 시간을 조절한다.

5. 다른 내열용기에 토핑 재료를 넣고 섞은 후 전자레인지에 1분간 돌린 다음 ④의 케이크에 올린다.

있을 건 다 있는 **엄마표 편의점**

NO밀가루 폭신 바나나브레드

촉촉한 바나나브레드 역시 간식으로도 아침으로도 좋은 건강 베이킹 메뉴입니다. 밀가루, 버터 없이도 원재료만으로 이렇게 폭신하고 맛있다니! 갓 만들어 따뜻할 때 호호~ 불며 맛보세요.

초간단   두뇌발달

⏱ 10~15분
🍽 2~3인분
(9×13×3cm 용기 1개 분량)

- 바나나 2개
  (작은 바나나는 3개, 200g)
- 달걀 3개
- 아몬드가루 100g
- 베이킹파우더 2작은술
- 시나몬가루 1작은술(생략 가능)

1 볼에 바나나를 넣고 으깬다.

2 달걀을 넣고 섞은 후 아몬드가루, 베이킹파우더, 시나몬가루를 넣고 섞는다.

3 내열용기에 조리유(약간)를 발라준 후 ②의 반죽을 넣고 뚜껑을 덮는다.

4 전자레인지(700W)에서 8분간 젓가락으로 찔렀을 때 반죽이 묻어나오지 않을 때까지 익힌다.
★전자레인지 사양에 따라 시간을 조절한다.

5 구워진 바나나브레드를 먹기 좋게 썬다.
★메이플시럽, 시나몬가루를 곁들여도 좋다.

항산화 아사이볼

신선한 과일과 베리류를 갈아
각종 토핑과 함께 올려 먹는
아사이볼(Acai bowl).
더운 여름이면 달기만 한
빙수 대신 즐겨보세요.
좋아하는 토핑을 가득 올리면
든든함까지 챙길 수 있어요.

○ 10~15분
🍴 2~3인분

- 냉동 바나나 1개(1컵)
- 냉동 블루베리 10큰술(1.5컵)
- 그릭요거트 1통(80g)
- 무가당 아몬드밀크 약 2/3컵
  (또는 무가당 두유, 우유, 140㎖)
- 레몬즙 1작은술
- 아사이베리가루 2작은술
  (생략 가능)

토핑
- 땅콩버터
- 제철 과일
- 그래놀라(322쪽)
- 견과류
- 씨앗류

1 푸드프로세서 혹은 믹서에 토핑을 제외한
   모든 재료를 넣고 부드럽게 간다.
   ★ 냉동 과일은 약간 녹은 상태에서 갈면
     더 잘 갈린다.

2 그릇에 담고 원하는 토핑을 더한다.

Tip

▶ **아사이베리가루**
  브라질 아마존 지역에서 나는
  아사이베리 열매를 건조, 분말한
  것이에요. 폴리페놀이 풍부해
  항산화 슈퍼푸드로 잘 알려져 있지요.

▶ **냉동 블루베리를 다른 재료로 대체하기**
  각종 베리류(딸기, 산딸기 등)로
  대체해도 좋아요.

있을 건 다 있는 **엄마표 편의점**

아보카도 초콜릿무스

잘 익은 아보카도의 부드러운 식감에 코코아가루와 당류를 섞은, 유학시절 케이크로 만들어 홈파티에 자주 내갔던 인기 메뉴예요. 아이들에게도 당연히 인기만점! 좋은 지방을 함께 섭취할 수 있어 안심하고 먹여요.

초간단 면역력

🕐 10~15분
🍽 2인분

- 아보카도 1개
- 무가당 코코아가루 2~3큰술
  (기호에 따라 가감)
- 무가당 아몬드밀크 6큰술
  (또는 무가당 두유, 우유)
- 올리고당 3큰술
- 소금 약간
- 치아씨드 1큰술(생략 가능)

토핑
- 견과류
- 씨앗류

1 아보카도는 과육만 분리한다.
2 푸드프로세서 혹은 믹서에 토핑을 제외한 모든 재료를 넣고 부드럽게 간다.
3 그릇에 담은 후 원하는 토핑을 더한다.
　＊냉동실에 넣어두었다 먹으면 아이스크림 질감으로 즐길 수 있다.

네 가지 홈메이드 아이스크림

냉동 과일과 요거트만 있으면 아이스크림을 뚝딱 만들 수 있어요. 골라먹는 재미가 있는 건강 홈메이드 아이스크림으로 시원한 여름나기를 해보아요. 아이, 어른 할 것 없이 모두 좋아한답니다.

상큼한맛 · 초간단 · 장건강

🕐 10~15분
🍴 각 2~3인분

딸기요거트 아이스크림
- 냉동 딸기 3큰술
- 떠 먹는 요거트 3큰술
- 올리고당 2~3큰술

망고요거트 아이스크림
- 냉동 망고 3컵
- 떠 먹는 요거트 3큰술
- 올리고당 2큰술

땅콩버터 아이스크림
- 냉동 바나나 3개
- 무가당 아몬드밀크 약 2/3컵
  (또는 무가당 두유, 우유, 140㎖)
- 땅콩버터 2~3큰술
- 올리고당 2큰술

초코바나나 아이스크림
- 냉동 바나나 3개
- 무가당 카카오가루 3큰술
- 무가당 아몬드밀크 약 2/3컵
  (또는 무가당 두유, 우유, 140㎖)
- 올리고당 1큰술

1 과일은 미리 얼리거나 냉동 제품을 준비한다.
2 각각의 재료를 믹서에 갈아 완성한다.

있을 건 다 있는 **엄마표 편의점**

두유 그릭요거트 & 그래놀라 & 청포도 탕후루

신맛은 덜하고 고소함은 더한 두유 그릭요거트에 그래놀라, 탕후루를 곁들였어요. 그래놀라는 공식만 알면 다양하게 활용 가능하고요, 설탕 없이 과일을 얼려만든 탕후루도 더 건강하고, 재밌게 먹을 수 있어요.

두유 그릭요거트

- 10~15분 (+ 발효시키기 8시간 이상)
- 약 1ℓ

- 무첨가 두유 1팩(950㎖)
- 비건 요거트스타터 1포
  (또는 농후발효유 1개, 120㎖)

1. 내열용기에 모든 재료를 넣고 섞는다.
2. 전자레인지에서 뚜껑을 열고 1분 30초, 뚜껑을 덮고 1분 30초간 돌린다.
3. 전자레인지 안에서 그대로 8시간 이상 발효 시킨다.
   ★취향에 따라 유청분리기로 유청을 분리시켜 꾸덕한 식감으로 먹어도 좋다.
   ★자기 전에 만들어두면 편리하다.

Tip

▶ 비건 요거트스타터 구입하기
두유의 고소함은 극대화하며 신맛은 최소화할 수 있게 종균을 배합해 만든 전용 유산균이에요. 유당이 없어 유당불내증인 사람도 먹을 수 있지요. 온라인에서 구입 가능해요.

 고단백   장건강

그래놀라

- 50~55분
- 약 6컵

- 압착오트 3컵
- 견과류 1.5컵(호두, 아몬드슬라이스, 피칸, 마카다미아)
- 씨앗류 1.5컵 (해바라기씨, 호박씨, 햄프씨드)
- 올리브유 1/2컵(100㎖)
- 메이플시럽 1/2컵(또는 올리고당, 꿀)
- 소금 1/4작은술

1. 볼에 압착오트, 견과류, 씨앗류를 섞은 후 올리브유, 메이플시럽, 소금을 넣고 섞는다.
2. 오븐 팬에 펼쳐 담고 150°C로 예열한 오븐에서 중간중간 섞어가며 15분씩 3회, 총 45분간 굽는다.
3. 완전히 식힌 후 보관한다.
   ★완전히 식어야 바삭한 식감을 낼 수 있다.

Tip

▶ 그래놀라 공식 알아보기
고체류(오트밀, 견과류, 씨앗류) : 액체류(올리브유, 시럽)의 비율은 6:1입니다. 비율 내에서 기호에 맞게 종류나 양을 조절하면 돼요.

▶ 색다르게 즐기기
그래놀라를 완전히 식힌 후 건과일 1/2컵을 더해도 좋아요.

 밀프렙   두뇌발달

청포도 탕후루

- 5~10분(+ 얼리기 2시간 이상)
- 3~4인분

- 청포도 1송이(또는 샤인머스켓)

1. 청포도는 깨끗이 씻어 한 알씩 떼어낸 후 키친타월로 물기를 없앤다.
2. 냉동실에 넣고 2시간 이상 얼려 완성한다.
   ★실온에 20~30분 정도 꺼내두면 약간 녹아 슬러쉬 같은 식감으로도 즐길 수 있다.

 초간단   면역력

INDEX 주 재료별

[채소 & 과일]

당근
저수분 원팬 나물 138
당근좋아 당근라페 144
당근스테이크 146
당근채 치즈전 146
우엉 당근볶음 164
무지개 샐러드 라이스볼 280
가을 뿌리채소 샥슈카 298
당근 우엉 밥새우주먹밥 310

오이
참치 오이 비빔밥 100
연어 지라시스시 102
깨 듬뿍 오이나물 142
새콤 달콤 오이채무침 142
들기름 오이 메밀국수 290

애호박
저수분 원팬 나물 138
살캉 애호박찜 154
애호박 쇠고기조림 156
감자 애호박 고추장찌개 179
라이스페이퍼 새우 애호박만두 313

가지
가지장조림 162
중화풍 돼지고기 가지볶음 206
전기밥솥 돼지고기 가지밥 266

버섯
팽이버섯 순두부덮밥(팽이버섯) 112
들깨 감자옹심이(표고버섯) 116
원팬 모닝 또띠아(양송이버섯) 124
담백 표고버섯볶음(표고버섯) 158
새송이버섯조림(새송이버섯) 158
매콤 버섯두루치기(느타리버섯) 160
바삭 팽이버섯구이(팽이버섯) 160
버섯 들깨 보양탕(모둠 버섯) 182
발사믹 찹스테이크(양송이버섯) 192
맵지 않은 파개장(느타리버섯) 198
숙주무침 버섯 닭갈비(느타리버섯) 218
새송이버섯떡 집코바치킨(새송이버섯) 226
버섯 명란솥밥(모둠 버섯) 270
두유 옹심이뇨끼(모둠 버섯) 292

감자
완두콩 감자수프 120
아삭 감자채무침 172
감자 애호박 고추장찌개 179
뼈 없는 순살감자탕 216
감자 닭다리곰탕 284
감자 치즈호떡 306

고구마
양배추 듬뿍 고구마찜닭 224
가을 뿌리채소 샥슈카 298
고구마크룽지 307

우엉 & 연근
우엉 당근볶음 164
두 가지 양념의 연근무침 166
닭고기 연근조림 168
뿌리채소 돈지루 214
대파 고기 소스 우엉솥밥 274
당근 우엉 밥새우주먹밥 310

무
저수분 원팬 나물 138
무 들깨나물 170
밥새우 무조림 170
홈메이드 강황단무지 174
오징어 뭇국 180
무 밀푀유나베 196
뿌리채소 돈지루 214
무 떡볶이 308

브로콜리 & 콜리플라워
양배추 오믈렛 88
새우 브로콜리 유부초밥 94
브로콜리 버무리 삼총사 150
브로콜리 새우볶음 152
갈릭 마요 소스 새우구이 240
콜리플라워 라이스 김치볶음밥 262

양배추
양배추 순두부그라탱 114
ABC 화이트스무디 137
상큼 퍼플스무디(적양배추) 137
들깨 양배추샐러드 148
요거트 양배추코울슬로 148
양배추 김무침 148
양배추 듬뿍 고구마찜닭 224
오야코동 250
양배추 고기파이 294

알배기배추
누룽지 배추닭죽 106
사골 배추 만두국 116
칼칼 알배기배추나물 140
콩가루 배추국 181
알배기배추 샤부샤부 194
해물 백짬뽕 242
통깨 알배기배추솥밥과 순두부장 272

콩나물 & 숙주
전자레인지 콩나물밥 92
새콤 숙주무침 172
쇠고기 청경채 숙주볶음 190
숙주무침 버섯 닭갈비 218

시금치
시금치 새우 프리타타 90
저수분 원팬 나물 138
시금치 호두나물 140
동남아풍 시금치덮밥 252
무수분 토마토카레 256

깻잎
뼈 없는 순살감자탕 216
깻잎 돼지불고기 200
올리브유 깻잎 오징어구이 238

청경채
쇠고기 청경채 숙주볶음 190
해물 백짬뽕 242

파프리카
파프리카 오일절임 176
발사믹 찹스테이크 192
구운 파프리카 탕수육 204
파프리카 닭고기 원팬라이스 276

토마토 & 방울토마토
토.달.감 스튜 118
토마토 오일절임 176
치즈 토마토 제육볶음 202
무수분 토마토카레 256
토마토 새우 원팬라이스 278
무지개 샐러드 라이스볼 280
토마토 샥슈카 296
라이트 또띠야와퍼 314

아보카도
명란 아보카도밥 98
아보카도 스프레드 베이글 122
무지개 샐러드 라이스볼 280
아보카도 초콜릿무스 320

과일
과일 맛간장(사과, 레몬) 62
그릭 바나나 스프레드 베이글(바나나) 122
사과 에그샌드위치(사과) 126
제철 과일오나오(각종 과일) 128
ABC 화이트스무디(바나나, 사과) 137
트로피컬 그린스무디(바나나, 망고, 파인애플) 137
상큼 퍼플스무디(바나나, 블루베리) 137
목살 사과조림(사과) 208
과일살사 나초칩(키위) 316
NO오븐 사과쉬폰케이크(사과) 317
NO밀가루 폭신 바나나브레드(바나나) 318
항산화 아사이볼(바나나, 블루베리) 319
딸기요거트 아이스크림(딸기) 321
망고요거트 아이스크림(망고) 321
땅콩버터 아이스크림(바나나) 321
초코바나나 아이스크림(바나나) 321
청포도 탕후루(청포도) 322

[고기 & 달걀]

쇠고기
만능 라구 소스(다진 쇠고기) 64
고기소보로(다진 쇠고기) 66
든든 소불고기(불고기용) 72
베이직 미트볼(다진 쇠고기) 74
애호박 쇠고기조림(불고기용) 156
쇠고기 청경채 숙주볶음(안심) 190
발사믹 찹스테이크(안심) 192
알배기배추 샤부샤부(샤부샤부용) 194
무 밀푀유나베(다진 쇠고기) 196
맵지 않은 파개장(불고기용) 198
두부 쇠고기전골 246
쇠고기 마늘종볶음밥(다진 쇠고기) 260
톳조림밥(다진 쇠고기) 264
대파 고기 소스 우엉솥밥(불고기용) 274
양배추 고기파이(다진 쇠고기) 294
토마토 샥슈카(다진 쇠고기) 296
채소 듬뿍 떡잡채(잡채용) 309

돼지고기
만능 라구 소스(다진 돼지고기) 64
베이직 미트볼(다진 돼지고기) 74
깻잎 돼지불고기(불고기용) 200
치즈 토마토 제육볶음(불고기용) 202
구운 파프리카 탕수육(잡채용) 204
중화풍 돼지고기 가지볶음(다진 돼지고기) 206
목살 사과조림(목살) 208
등갈비구이(등갈비) 210
돼지고기 김치말이찜(목살) 212
뿌리채소 돈지루(대패삼겹살) 214
뼈 없는 순살감자탕(앞다릿살) 216
하얀 비지찌개(다진 돼지고기) 244
동남아풍 시금치덮밥(다진 돼지고기) 252
채소 듬뿍 된장 마파두부(다진 돼지고기) 254
해물 짜장덮밥(다진 돼지고기) 258
전기밥솥 돼지고기 가지밥(다진 돼지고기) 266

닭고기
닭고기 채소완자(닭안심) 76
닭안심텐더(닭안심) 78
누룽지 배추닭죽(닭다릿살) 106
닭고기 연근조림(닭다릿살) 168
숙주무침 버섯 닭갈비(닭안심) 218
일본식 대파 닭조림(닭다릿살) 220
레몬 간장 닭봉조림(닭봉) 222
양배추 듬뿍 고구마찜닭(닭다릿살) 224
새송이버섯떡 집코바치킨(닭다릿살) 226
랜치 소스 구운 크리스피치킨(닭다릿살) 228
오야코동(닭안심) 250
파프리카 닭고기 원팬라이스(닭다릿살) 276
무지개 샐러드 라이스볼(닭안심) 280
삼계 도토리묵사발(닭안심) 282
감자 닭다리곰탕(닭다리) 284

오리
부추 오리주물럭 230
들깨 소스 오리채소찜 232

달걀
반숙란 86
달걀 스크램블 86
전자레인지 달걀찜 86
양배추 오믈렛 88
시금치 새우 프리타타 90
전자레인지 김치달걀밥 92
검은콩 낫또 김치밥 98
명란 아보카도밥 98
참치 오이 비빔밥 100
토.달.감 스튜 118
매생이 달걀국 183
오야코동 250
원팬 쌀국수 볶음면 288
여름채소와 옥수수 샥슈카 298
가을 뿌리채소 샥슈카 298
엄마표 컵누들 312
NO밀가루 폭신 바나나브레드 318

[해산물 & 건어물]

해산물
연어소보로(연어) 68
오징어소보로(오징어) 70
시금치 새우 프리타타(새우) 90
새우 브로콜리 유부초밥(새우) 94
명란 아보카도밥(명란) 98
연어 지라시스시(연어) 102
새우 순두부탕(새우) 110
브로콜리 새우볶음(새우) 152
오징어 뭇국(오징어) 180
매생이 달걀국(매생이) 183
카레 고등어구이(고등어) 234
데리야끼 삼치구이(삼치) 235
깐풍 소스 임연수구이(임연수) 236
버터 레몬 소스 가자미구이(가자미) 237
올리브유 깻잎 오징어구이(오징어) 238
갈릭 마요 소스 새우구이(새우) 240
해물 백짬뽕(오징어, 새우, 홍합) 242
해물 짜장덮밥(오징어, 새우) 258
가자미 매생이솥밥(가자미, 매생이) 268
버섯 명란솥밥(명란) 270
해물 누룽지탕(냉동 해물) 286
원팬 쌀국수 볶음면(새우) 288
고등어 묵은지주먹밥(고등어) 310
통들깨 명란주먹밥(명란) 310
라이스페이퍼 새우 애호박만두(새우) 313

건어물
부추 멸치 치즈주먹밥(잔멸치) 94
황태 부추밥죽(황태) 104
오트밀 미역죽(미역) 108
밥새우 무조림(밥새우) 170
봄나물 된장국(두절건새우) 178
톳조림밥(생톳) 264
당근 우엉 밥새우주먹밥(밥새우) 310

[기타]

두부
새우 순두부탕(순두부) 110
팽이버섯 순두부덮밥(순두부) 112
양배추 순두부그라탱(순두부) 114
하얀 비지찌개(콩비지) 244
두부 쇠고기전골 246
채소 듬뿍 된장 마파두부 254
무수쿠 토마토카레(순두부) 256
통들깨 알배기배추솥밥과 순두부장(순두부) 272

김치
전자레인지 김치달걀밥 92
검은콩 낫또 김치밥 98
돼지고기 김치말이찜 212
하얀 비지찌개 244
콜라플라워 김치볶음밥 262
고등어 묵은지주먹밥 310

참치
접는 삼각김밥 96
참치 오이 비빔밥 100

오트밀
오트밀 미역죽 108
제철 과일오나오 128
견과류 초코오나오 128

견과류
견과류 초코오나오 128
시금치 호두나물 140
그래놀라 322

떡
새송이버섯떡 집코바치킨(떡볶이 떡) 226
무 떡볶이(떡볶이 떡) 308
채소 듬뿍 떡잡채(가래떡) 309

빵 & 또띠야
그릭 바나나 스프레드 & 아보카도 스프레드
베이글(통밀 베이글) 122
원팬 모닝 또띠야 124
사과 에그샌드위치(곡물빵) 126
모닝빵 딥디쉬 피자(모닝빵) 315

국수
원팬 쌀국수 볶음면 288
들기름 오이 메밀국수 290
엄마표 컵누들(버미셀리면) 312

<유아식 끝나자마자 시작하는 6~13세 기본 아동식>과 함께 보면 좋은 책

< 이유식 끝나자마자 시작하는 15~50개월 기본 유아식 >
이지연 지음 / 384쪽

아이는 잘 먹고, 엄마는 쉽게 준비하는
유아식 성공 기본 전략 & 레시피

- ☑ 아침식사, 한 그릇, 식판을 채울 밥, 국물, 반찬, 주말 별식까지, 아이들이 잘 먹는 레시피 216가지
- ☑ 유아기에 필요한 대표 영양소, 연령에 따른 한 끼 식사량 등 균형 잡힌 '영양 전략' 가이드
- ☑ 장보기 노하우, 식판 구성 방법 등의 '식사 준비 전략', 단골 재료 손질법, 육수 만들기 등의 '조리 전략' 소개
- ☑ 15~50개월 아이를 키우는 엄마 독자 서포터즈가 질문하고 저자가 직접 답변한 유아식 Q/A 게재

> " 이 책을 보고 그대로 따라하니 잘 먹이는 엄마가 되어 있더라고요.
> 이 책은 유아식의 정석입니다!
> – 온라인 서점 예스24
> m*****5 독자님 –